D1858802

BASTEI
LÜBBE

Über die Autorin:
Maggie Francis Conroy hat am kalifornischen Notre-Dame-College ihr Diplom in Psychologie absolviert und sich beruflich intensiv mit Kindern beschäftigt. Heute betreibt sie mit ihrem Mann Casey ihre gemeinsame Schulungs-, Kommunikations- und Designagentur *Conroy & Conroy*. Die beiden leben mit ihren vier Kindern in San Jose, Kalifornien.

Maggie Francis Conroy

Grenzenlose Liebe

Aus dem Amerikanischen von
Inga-Brita Thiele

BASTEI LÜBBE

BASTEI-LÜBBE-TASCHENBUCH
Band 61442

Erste Auflage: Dezember 1999

Deutsche Erstveröffentlichung
© Copyright 1997 by Maggie Francis Conroy,
Published in Arrangement with Autor
Originaltitel: A WORLD OF LOVE. The inspiring story of one couple's
odyssey into the world of international adoption.
Originalverlag: Kensington Publishing Corp., New York
© Copyright für die deutschsprachige Ausgabe 1999 by
Bastei-Verlag Gustav H. Lübbe GmbH & Co.,
Bergisch Gladbach
Redaktion: Elvira Willems
Einbandgestaltung: Manfred Peters
Titelfoto: Autorin
Satz: hanseatenSatz-bremen, Bremen
Druck und Verarbeitung: Cox & Wyman, Ltd.
Printed in Great Britain
ISBN 3-404-61442-9

Sie finden uns im Internet unter
http://www.luebbe.de

Der Preis dieses Bandes versteht sich einschließlich
der gesetzlichen Mehrwertsteuer.

Für Casey, Meghan, Nadja, Ana und Alesia.
Und, natürlich, für meine Mutter.

Danksagung

Autoren, die zum ersten Mal veröffentlichen, erkenne ich immer an ihrer Danksagung. Sie umfaßt normalerweise jeden Menschen, dem sie je begegnet sind, und ist oft länger als manches Kapitel. (Vielleicht für den Fall, daß ihr erstes Buch auch ihr letztes ist.) Bitte sehen Sie es mir nach, wenn ich nun das gleiche tue.

Dank an Elizabeth Cavanaugh dafür, daß sie meiner Geschichte eine Chance gab und mir die Verlagswelt erklärte. Dank an Tracy Bernstein dafür, daß sie mir die Verlagswelt ein zweites Mal erklärte und die Gratwanderung schaffte, mein Werk zu lektorieren, ohne mich dabei vor Angst völlig zu lähmen; ich weiß ihre Geduld zu schätzen. Dank an Jessa Vartanian dafür, daß sie mir das Manuskript aus den Armen riß, als ich sie zum ersten Mal bat, es zu lesen, und für ihre moralische Unterstützung in den mittleren Phasen der »Buchwehen«.

Karyn Dorcak, Sharon Wong, Kim Haley und Tobie Smith standen mir während des gesamten Prozesses mehr als hilfreich zur Seite – wenn ich meine »Tagesarbeit« nicht bewältigte, weil ich wieder einmal eine Nachtschicht zwecks Zusammenstückelung eines weiteren Kapitels eingelegt hatte. Marnie Morrison gebührt mein Dank für ihre Leistungen als »Ersatzmutter«.

Von diesem Buch einmal abgesehen, gäbe es unsere Familie in ihrem heutigen Zustand nicht ohne Bee Brown, Marge

Hurwitz, Bev Lamphere, Diana Revutsky und die vielen anderen Adoptionssachbearbeiter, Lehrerinnen, Erzieherinnen, Ärzte, Sozialarbeiter, Therapeuten und im Gesundheitswesen Tätige, die mit unserer Familie in Berührung gekommen sind. All diese Menschen haben sich das Sprichwort »Es braucht ein Dorf, um ein Kind großzuziehen« zu Herzen genommen.
Dies ist meine Chance, meiner Familie und meinen Freunden – schwarz auf weiß – mitzuteilen, wie dankbar ich für ihre Liebe und Unterstützung bin. Vielen Dank an euch alle.

Unsere Geschichte ist keinesfalls als genereller Wegweiser für Auslandsadoptionen zu verstehen. Ich schildere hier lediglich unsere Erfahrungen aus meiner persönlichen Perspektive. Die für Auslandsadoptionen geltenden Vorschriften, Gesetze und Kosten sind von Land zu Land verschieden und ändern sich ständig; jede Vermittlungsstelle hat ihre eigene Verfahrensweise und Einstellung. So mag es hier und da Übereinstimmungen geben, doch sollte man nicht aus den Augen verlieren, daß jede Adoption einzigartig ist. Ich hoffe, daß dieses Buch anderen hilft, eine Adoption – ob aus dem In- oder Ausland – als Möglichkeit zur Erweiterung ihrer Familie und Bereicherung ihres Lebens in Betracht zu ziehen.

Einleitung

24. Februar 1995
Als ich Nadja heute abend ins Bett brachte und zudeckte, sah sie mich an und sagte: »Mama, als ich noch in Rußland war, hab ich manchmal überlegt, wie es wäre, eine Mama zu haben. Dann haben sie gesagt, ich bekomme eine Mama und einen Papa. Aber ich hätte nie gedacht, daß ich eine ganze Familie bekomme! Jetzt hab' ich eine Mama, einen Papa, Schwestern, einen Opa und Omas und alles – für immer und ewig.« Und dabei grinste sie übers ganze Gesicht, so zufrieden war sie, daß sie dieses Los gezogen hatte: eine komplette Familie.

Nadjas Familie – unsere Familie – ist eine ganz normale Familie. Mein Mann Casey und ich leben in einem ruhigen, baumbestandenen Vorort in Nordkalifornien. Wir arbeiten beide außer Haus; unsere Abende und Wochenenden sind größtenteils mit den schulischen Veranstaltungen und sportlichen Aktivitäten unserer Kinder ausgefüllt. Unser Leben unterscheidet sich nicht sehr von dem Millionen anderer Ehepaare, die zügig auf die Vierzig zugehen. Doch es gab eine aufregende, etwa drei Jahre dauernde Phase in unserem Leben, durch die ich gelernt habe, daß ganz gewöhnliche Menschen außergewöhnliche Dinge vollbringen können, wenn sie sich auf Zufälle und Veränderungen einlassen und unerwartete Gelegenheiten beim Schopf packen.

Unser Sprung ins »Außergewöhnliche« begann mit dem simplen Wunsch, unsere Familie zu vergrößern – unserer Tochter Meghan, die damals sechs war, eine Schwester zu geben. Heute haben wir vier wunderbare Töchter, die auf vier verschiedenen Kontinenten geboren sind, und ein ganzes Arsenal von Anekdoten, mit denen wir sie auf viele Jahre hinaus in Verlegenheit bringen und unterhalten können. Dies ist die Geschichte unserer Familie.

1. Kapitel

Die Entscheidung

20. August 1991
Casey und ich haben heute eine schwerwiegende Entscheidung getroffen, die unser Leben verändern wird.

Über die Urheberschaft anderer wichtiger Wendepunkte unserer Ehe sind wir uns einig, nicht aber in der Frage, wer von uns zuerst auf die Idee kam, ein Kind zu adoptieren. Sicher ist, daß das Thema an unserem achten Hochzeitstag erstmals zur Sprache kam. Casey hatte zu diesem Anlaß ein ruhiges Mittagessen zu zweit geplant, was mich sehr beeindruckte, da normalerweise ich solche Unternehmungen vorschlage. Er hatte ein gemütliches italienisches Restaurant ausgewählt. Es lag zwar an einer verkehrsreichen Straße im Stadtzentrum von San Jose, doch der Weg zur Eingangstür war von blühenden Ranken und üppigem Grün umgeben, die den Stadtlärm abhielten. Wir saßen an einem Seitentisch ganz für uns und konnten uns in Ruhe über unsere Zukunftsträume unterhalten. Casey behauptet, er habe das Thema als erster angeschnitten, doch als Chronistin unserer Geschichte gebe ich meiner Version den Vorzug: Das Wunderbare war, daß wir beide – zum ersten und vielleicht letzten Mal in unserer Ehe – zur gleichen Zeit und mit gleicher Intensität den gleichen Wunsch hegten.
Wir hüllten uns in unsere neue, schwärmerische Idee wie in

eine warme Decke, machten es uns darunter mit Phantasiebildern von einem weiteren Kind gemütlich, das den Windeln bereits entwachsen wäre und fröhlich mit Meghan spielen würde. Wir lachten gemeinsam über die Frage, ob wir einen Jungen oder ein Mädchen adoptieren würden und wie alt das Kind sein solle. Wir fanden beide, daß dieses neue Familienmitglied aus einem Land außerhalb der Vereinigten Staaten kommen solle. Wir spielten Szenarien mit einem asiatischen Kind durch – einem Mädchen, beschlossen wir, etwa vier Jahre alt. Sie war hübsch, lieb und aufgeweckt. Wir schwelgten im Glück der Ahnungslosen.

Zurückblickend bin ich froh, daß ich mit Casey so träumen konnte. Für viele Menschen ist eine Adoption der letzte Ausweg nach einer schmerzlichen Vorgeschichte ungewollter Kinderlosigkeit. Wir hatten das Glück, daß unser Entschluß einzig aus dem Wunsch heraus entstand, einem Kind, das bereits auf der Welt war, ein Heim zu geben. Wir hatten die Geburt unserer Tochter miterleben dürfen und malten uns nun in verklärten Farben aus, was es bedeuten würde, sich eines Lebens weniger bekannter Herkunft anzunehmen. Die Adoption war reine Theorie, eine Idee, eine großartige Möglichkeit, zwei einander im Alter näherstehende Kinder zu haben, nachdem wir uns mit dem Familienzuwachs fünf Jahre Zeit gelassen hatten. Wir waren voller Optimismus, weil wir keine Ahnung hatten, was es bedeutet, ein Kind aus einem anderen Land zu adoptieren.

Unsere Seifenblase wirklichkeitsfremder Erwartungen platzte erst Wochen später, als wir uns mit den harten Realitäten einer Auslandsadoption konfrontiert sahen. Ich glaube nicht, daß wir wirklich dachten, es würde so einfach werden wie in unserer Phantasie. Wir wußten, daß die herkömmliche Methode, ein Kind zu bekommen, mit mindestens neun Monaten materieller, körperlicher und emotionaler Strapazen – und für mich mit weiteren Monaten hormonellem Aufruhr – verbunden war, doch eine Adoption war auf ihre Weise ein nicht weniger geheimnisvoller Vorgang. Obwohl es mir während der Schwangerschaft manchmal so vorkam, als habe ein fremdes Wesen von meinem Körper Besitz ergriffen, war es wunderbar zu spüren, wie Meghan sich in mir drehte und um sich boxte. Ich hatte das Gefühl, entscheidenden Anteil an ihrer Geburt zu haben. Ich ernährte mich gesund (meistens), überwachte mein Gewicht (mit Schrecken) und konnte mich mit Fragen und Sorgen an meine Ärztin wenden. Ich träumte, ich würde zum errechneten Termin einen Wurf Welpen zur Welt bringen oder ein Ungeheuer von einem Kind, das bei der Geburt schon laufen konnte und sich über meine Unfähigkeit als Mutter beschwerte. Aber allen anderen Müttern, mit denen ich sprach, ging es genauso. Ich litt keinen Mangel an Rollenvorbildern und unentgeltlichen Ratschlägen. Meinen unübersehbar schwangeren Körper nahmen andere Frauen als Einladung, mir ihre Entbindungsgeschichten zu erzählen (meist von drei Tage währenden Wehen und Kaiserschnitten). Aber ganz gleich, wie beängstigend diese Erzählungen oder meine Rückenschmerzen auch waren, ich wußte, daß ich normal und auf dem richtigen Weg war.

Mit der Adoption war es von Anfang an etwas ganz anderes. Wie wir bald feststellen sollten, hatten wir, nachdem das Adoptionsverfahren einmal in Gang gesetzt war, eigentlich keinerlei Kontrolle mehr über unsere Situation, sondern nur noch die Wahl zwischen der einen oder der anderen unbekannten Größe. Auch unsere Freunde und Familienmitglieder konnten uns in dieser für sie ebenso rätselhaften Sache nicht recht beruhigen oder mit Rat und Tat zur Seite stehen. Trotz ihrer emotionalen Unterstützung waren wir in unseren Entscheidungen ganz auf uns gestellt.

Heute könnte ich Hunderte von Adoptionsvereinen und Vermittlungsstellen im ganzen Land aufzählen, aber als wir mit unserer Suche begannen, hatten wir keine Ahnung, an wen wir uns um Informationen wenden sollten. In unserer typischen Art, neue Herausforderungen anzugehen, begann Casey über die Konsequenzen der geplanten Familienerweiterung nachzudenken, während ich herauszufinden versuchte, wie sich diese Absicht möglichst schnell in die Tat umsetzen ließ. Ich nahm mir die gelben Seiten vor und schlug unter »A« wie Adoption nach.

Die erste Adoptionsvermittlung schickte uns eine Broschüre, aus der uns reizende Kinder und Familien anlächelten. Aus ihrem Informationsmaterial erfuhr ich, daß es sich um eine von Adoptiveltern gegründete Organisation handelte, deren Tätigkeit sich hauptsächlich auf Kinder aus südamerikanischen Ländern konzentrierte. Ihre nächste Informationsveranstaltung war für Oktober angesetzt. Oktober! Wir konnten unmöglich vier Wochen warten, um die Sache in Gang zu bringen. (Man muß bedenken, daß dies noch in der anfänglichen »Das dürfte nicht so schwierig sein; laß uns einfach loslegen«-Phase war.) Ich rief trotzdem an, um uns zu der Veranstaltung anzumelden, nahm in der Zwischenzeit aber Kontakt zu einer zweiten Vermittlungsstelle auf.

Bee Brown von ACCEPT, einer nicht gewerblichen Adoptionsvermittlung und -beratung, sagte, wir könnten einen Termin bekommen, sobald es uns paßte. »Wie wäre es mit morgen?« fragte ich. Ich stellte mir vor, man würde uns im Büro der Vermittlungsstelle gleich Fotoalben mit Kindern, die auf eine Adoption warten, vorlegen. Mir spukte sogar die Idee durch den Kopf, daß uns ein bestimmtes Foto gleich ins Auge springen würde als *das* Kind, das für uns bestimmt sei. Dann bräuchten wir nur noch den Papierkram zu erledigen und das Kind vom Flughafen abzuholen. Wenn wir gleich anfangen, dachte ich, können wir vielleicht bis Neujahr schon ein Kind haben.

Als Casey und ich Bees Büro betraten, sahen wir dem Bevorstehenden voller Optimismus entgegen. Ich saß wie auf glühenden Kohlen angesichts der Aussicht, vielleicht schon an diesem Morgen mein zukünftiges Kind zu sehen. Casey war viel ruhiger – eher neugierig als nervös. Bee ist eine reizende Frau von sehr kultiviertem und energischem britischem Auftreten. Sie begrüßte uns herzlich und mit festem Händedruck. Wir nahmen auf zwei bequemen Stühlen vor ihrem großen Schreibtisch Platz, stellten uns vor und erzählten ihr begeistert von Meghan. Die Wände und Regale ihres Büros waren voller farbenprächtiger Stickarbeiten, Puppen, Figürchen und anderer kunstgewerblicher Erzeugnisse, die fremde Kulturen aus aller Welt repräsentierten. Ich brauchte einige Minuten, um das alles in mich aufzunehmen, bevor ich mich auf Bees Worte konzentrieren konnte. Meine Aufregung, die exotische Ausstattung des Raums und Bees starke persönliche Ausstrahlung gaben mir das Gefühl, am Beginn eines großen Abenteuers zu stehen.

Bee erklärte uns, daß ihre Organisation Adoptionsbewerbern behilflich sei, indem sie einen Sozialbericht erstellte (die Beurteilung eines Sozialarbeiters, ob die Familie in der Lage ist, ein Kind aufzunehmen und für es zu sorgen), sowie bei Zusammenstellung der Unterlagen für die Einwanderungsbehörde half und bei der Suche nach und der Zusammenarbeit mit einer entsprechenden Adoptionskontaktstelle im gewählten Land.

Dann kamen wir zu den Realitäten. »Bevor wir weitermachen«, sagte sie, »würde ich Sie gern fragen, warum Sie sich entschlossen haben, ein Kind zu adoptieren.«

Eine verständliche Frage. Was war der wirkliche Grund, warum wir lieber ein Kind adoptieren wollten, als es auf biologischem Wege zu bekommen? Darauf gab es mehr als eine Antwort. Ich wußte nicht, was Casey dachte, doch ich fragte mich, wie um alles in der Welt ich etwas in kurzen Worten erklären sollte, was ich selbst nicht richtig verstand. Was, wenn ich keine plausible Antwort vorbringen konnte? Konnte man

uns ablehnen, weil wir keinen ausreichend guten Grund vorbrachten? *Warum wollte ich ein Kind adoptieren?*
Tausend Gedanken gingen mir durch den Kopf: Einem Kind ein Heim zu geben, das sonst vielleicht niemals eins haben würde, gäbe mir das Gefühl, gebraucht zu werden; ich wollte Meghan einen Bruder oder eine Schwester geben, die ihr im Alter nahestanden; ich war nicht erpicht darauf, die ganze »Windelgeschichte« noch einmal mitzumachen; ich hatte bereits eine wundervolle Schwangerschaft erlebt, war von den Wehen aber weniger begeistert gewesen; ich wußte, daß es schon genug Kinder auf der Welt gab, die ein Zuhause brauchten; die Vorstellung einer Adoption fühlte sich für mich irgendwie »richtig« an.
»Ich möchte ein Kind adoptieren, weil ich weiß, daß ich ein weiteres Kind lieben kann«, sagte ich schließlich leise – in der Hoffnung, sie würde meine ehrliche, wenn auch stark vereinfachende Antwort akzeptieren.
Bee sah zu Casey hinüber.
»Ich möchte, daß Meghan eine Schwester oder einen Bruder bekommt, der ihr im Alter näher steht, und ich bin nicht scharf darauf, den ganzen Babykram noch einmal mitzumachen«, sagte er.
Bee nickte und lächelte.
Uff! dachte ich erleichtert, es war keine Fangfrage. Ich fühlte mich allmählich etwas selbstsicherer.
»An welchem Punkt des Adoptionsverfahrens sind Sie?« fragte Bee.
»Wir fangen gerade erst an«, erzählte ich ihr. »Sie sind außer meiner Mutter der erste Mensch, mit dem wir über die Sache sprechen.«
Während wir uns immer wieder anlächelten, schilderten wir ihr unser frisch entworfenes Adoptionsszenario. Wir erklärten ihr, daß wir daran interessiert waren, ein Kind von etwa vier oder fünf Jahren zu adoptieren, und daß wir auf ein Ad-

optionsprogramm ohne lange Wartezeiten hofften, weil wir schon ein Kind hatten und unsere Familie möglichst bald vergrößern wollten. Als erfahrene Fachfrau erkannte Bee natürlich sofort, daß wir keine Ahnung hatten, was uns bevorstand. Unser Lernprozeß begann.

»Das wird sehr schwierig werden«, erklärte sie uns. »Es kann Monate dauern, überhaupt ein Kind zu finden, und dann müssen Sie darauf vorbereitet sein, von heute auf morgen in das jeweilige Herkunftsland zu reisen. Sie müssen unter Umständen dort bleiben, bis der ganze Behördenkram abgewickelt ist, oder das Kind dort lassen und zurückkehren, wenn die Gerichte soweit sind, die Adoption rechtskräftig zu machen.«

Unser Lächeln trübte sich etwas, aber wir fühlten uns der Sache noch gewachsen.

»Diese Kinder haben ein Recht darauf, etwas über die Kultur zu erfahren, in der sie eingeboren wurden«, fuhr Bee fort. »Wenn Sie ein älteres Kind adoptieren, können emotionale Probleme auftreten, mit denen Sie sich auseinandersetzen müssen. Das Kind kann aus einem Kinderheim oder von der Straße kommen. Auf jeden Fall ist es verlassen worden und hat einen schwierigen Start ins Leben gehabt. Viele Kinder sind unterernährt, und manche leiden an Entwicklungsstörungen oder körperlichen Behinderungen.«

Bei uns dämmerte allmählich das Verständnis für die vielschichtigen Probleme von Auslandsadoptionen.

Bee fuhr fort: »Wären Sie bereit, ein Kind mit besonderen Problemen aufzunehmen?«

»Welche Art von besonderen Problemen?« fragten wir.

»Nun, an körperlichen Problemen gibt es alles von Gaumenspalten über Blindheit bis zu fehlenden Gliedmaßen«, antwortete sie. »Es gibt auch Kinder mit schweren emotionalen Störungen aufgrund verschiedenster Formen von Mißhandlung, Mißbrauch oder Vernachlässigung. Sie müssen darüber nachdenken, was für Probleme Sie akzeptieren könnten, weil die Stellen, die diese Kinder vermitteln, darüber Bescheid wissen müssen. Positiv für Sie könnte sich auswirken, daß Kinder über drei schwerer zu vermitteln sind; das könnte Ihre Wartezeit verkürzen.«

Endlich etwas Positives. Warum waren ältere Kinder schwerer zu vermitteln? Waren wir in der Lage, ein Kind mit besonderen Problemen aufzuziehen? Mein Kopf schwirrte vor unbeantworteten Fragen. Meine Phantasiebilder begannen sich aufzulösen.

Bee neigte sich weiter vor und kam zu den finanziellen Fragen. »Haben Sie schon darüber nachgedacht, was eine Adoption kostet?« fragte sie behutsam.

»Ach, keine Sorge,« antwortete ich strahlend – froh, daß zumindest *dies* kein Hindernis sein würde. »Caseys Firma hat ein Adoptionsprogramm, das uns bis zu dreitausend Dollar Adoptionskosten erstattet.«

Bee sah sorgenvoll drein. »Nun, unsere Gebühren für den Sozialbericht und die Zusammenstellung der Unterlagen werden sich auf etwa zweitausendfünfhundert belaufen. Die Vermittlungsstelle oder Anwaltskanzlei, die die Adoption im Herkunftsland betreut, wird Auslagen haben. Die Reise in das Land kann mindestens weitere dreitausend kosten, und in den meisten Ländern fallen zusätzliche Verwaltungsgebühren an. Die billigsten Auslandsadoptionen belaufen sich auf etwa zehntausend Dollar – und die meisten kommen wesentlich teurer.«

Ich hatte plötzlich einen Kloß im Hals. Dreitausend Dollar waren uns wie eine Menge Geld vorgekommen. Schließlich sagte ich: »Nun ja, wir werden die finanziellen Fragen halt nach und nach klären müssen, wie sie sich ergeben.« (Ich hatte nicht die geringste Vorstellung, wie wir solche Beträge aufbringen sollten.)

»Haben Sie über eine Inlandsadoption nachgedacht?« fragte Bee. »Dabei sind die Kosten wesentlich geringer.«

Wir erklärten ihr unsere Ängste, uns emotional an ein Kind zu binden, das uns wieder weggenommen werden könnte, falls die leiblichen Eltern es sich anders überlegten. Wir erzählten ihr von Freunden, die einen achtjährigen Jungen verloren hatten, nachdem er über ein Jahr lang als ihr Sohn bei ihnen gelebt hatte. Seine leibliche Mutter, die das Sorgerecht während der ersten sieben Jahre seines Lebens nicht hatte ausüben wollen, hatte sich geweigert, die endgültige Adoptionsfreigabe zu unterschreiben. Unsere Freunde und ihr Adoptivsohn waren völlig niedergeschmettert. Das Leiden dieses sensiblen Jungen mitzuerleben – der geglaubt hatte, endlich ein dauerhaftes Zuhause gefunden zu haben, nur um dann wieder entwurzelt zu werden –, war eine Erfahrung, die ich nie vergessen werde. Für seine Adoptiveltern war der Verlust unerträglich. Sie sind kurz darauf aus der Gegend weggezogen, weil sie nicht an einem Ort bleiben wollten, der so traurige Erinnerungen für sie barg.
»Ich weiß, daß das nicht oft passiert, aber wir möchten das Risiko nicht eingehen«, sagte ich.
Ich schwankte mittlerweile zwischen dem Gefühl »Wir schaffen das!« und völliger Verzweiflung über die Unmöglichkeit des Ganzen.

Bee begann, uns etwas über die verschiedenen Länder zu erzählen, aus denen Adoptionen möglich waren. »Wir hatten uns vorgestellt, ein Mädchen aus Asien zu adoptieren«, warf Casey ein. Diese Entscheidung hatte keinen bestimmten Grund. Vielleicht lag es daran, daß Casey sich immer schon für die asiatische Kultur interessiert hat. Außerdem orientiert sich unser religiöser Glaube an ökumenischen Leitbildern und wurde von jeher stark durch asiatische Einflüsse aus dem Buddhismus und Hinduismus geprägt.
Bee schaute sich eine Liste in Asien bestehender Adoptionsprogramme an. In Vietnam waren Auslandsadoptionen

zu der Zeit nicht zulässig, und auch sonst war die Zusammenarbeit sehr problematisch. In China wurde als Vorausleistung eine »Schenkung« an die Regierung in Höhe von 5000 Dollar – in bar – verlangt, was die Sache sehr kostspielig machte.

»In vielen asiatischen Ländern verstehen die Leute nicht, warum ein Paar ein Mädchen adoptieren möchte«, erklärte Bee, »besonders, wenn sie schon eine Tochter, aber noch keinen Sohn haben. Es macht sie mißtrauisch. Es kursieren Gerüchte, daß Leute asiatische Mädchen als Dienstboten adoptieren. Und zur Adoption stehende Mädchen über drei sind schwer zu finden, weil viele zu Prostitutionszwecken verkauft werden.«

Ich hätte weinen können. Ich wußte, daß es auf der Welt Millionen von Kindern gab, die ein Zuhause brauchten. Warum war das Adoptionsverfahren so schwierig? Kein Wunder, daß nicht mehr Kinder adoptiert wurden. Wie konnten Regierungen ihre Kinder als Mittel zur Devisenbeschaffung einsetzen? Das Problem war nicht der Mangel an Kindern, die ein Heim brauchten, sondern die Bürokratie.

»Könnten Sie sich vorstellen, ein schwarzes Kind zu adoptieren?« fragte Bee.

»Sicher. Wir würden gerne ein schwarzes Kind adoptieren.«

Nun erfuhren wir von den Problemen bei der Adoption schwarzer Kinder durch weiße Familien. Es gibt Organisationen, die nicht wollen, daß schwarze Kinder bei weißen Eltern aufwachsen. »Wären Sie bereit, das Kind in eine schwarze Kirche zu schicken? Gibt es in Ihrer Gegend schwarze Familien? Das sind alles Fragen, die man bedenken muß.«

Indien war eine Möglichkeit, doch die Wartezeiten für Adoptionen durch Nichtinder betrugen zwei bis drei Jahre. »Zu lang«, sagte ich. »Wir können unmöglich zwei Jahre auf unseren Familienzuwachs warten. Es wäre Meghan gegenüber nicht fair, die Sache so lange hinzuziehen.« (Es war einfach,

Meghan als Ausrede vorzuschieben; in Wirklichkeit war *ich* es, die nicht so lange warten wollte.)
»Was ist mit Rußland?« fragten wir. Wir interessieren uns beide seit unserer Collegezeit sehr für die russische Geschichte und sind durch Vermittlung von Freunden an einem russischen Partnerstadtprogramm beteiligt.
»In Rußland sind Auslandsadoptionen verboten. Wie sieht es mit Südamerika aus?«
Südamerika hatten wir nicht in Erwägung gezogen. Wir wußten nicht viel über die Geschichte des Kontinents und hatten auch keine spezielle Beziehung zu seiner Kultur. Aber wir waren für jedes Land aufgeschlossen.
Bee erörterte verschiedene Möglichkeiten in Südamerika. Kolumbien weckte unser Interesse, weil die Adoptionen dort nicht durch Rechtsanwälte, sondern durch die Sozialbehörden abgewickelt werden. (In unserem »kollektiven Unbewußten« hegten Casey und ich ein tief verwurzeltes Mißtrauen gegen Rechtsanwälte, und wir waren nicht erpicht darauf, mit einem ausländischen Anwalt zusammenzuarbeiten.) Es handelte sich um eines der weniger kostspieligen Adoptionsprogramme, und die Wartezeiten waren angeblich kürzer als bei anderen südamerikanischen Ländern.
Bee zeigte uns Fotos von Kindern, die ihre Organisation vermittelt hatte, und gab uns so das Gefühl, daß wir eine Auslandsadoption vielleicht erfolgreich bewältigen konnten, wenn es anderen Eltern auch gelungen war. Die Eltern auf den Fotos sahen allerdings älter und reicher aus als Casey und ich. Sie wirkten selbstsicher, ihrer Sache gewiß. Bestimmt waren sie besser informiert gewesen, als sie damit anfingen. Was hatten sie erwartet? Was hatte sie veranlaßt, sich für eine Adoption zu entscheiden? Waren sie bei ihrem ersten Termin genauso verunsichert gewesen wie wir? Jetzt wirkten sie jedenfalls alle zufrieden und glücklich.
Bee beendete unser Gespräch schließlich, indem sie uns er-

klärte, daß wir uns nicht sofort für ein Land entscheiden müßten. Wenn wir weiterhin an einer Auslandsadoption interessiert seien, könnten wir anrufen und einen Termin mit Marge Hurwitz, der Sozialarbeiterin, vereinbaren.
Unsere Stimmung beim Verlassen des Büros war eine ganz andere als bei unserer Ankunft. Ich fühlte mich wie vor den Kopf geschlagen – verstört und völlig durcheinander. Casey war entgeistert. Bee hatte uns die harte Realität vor Augen geführt, doch obwohl es uns vorkam, als wären all unsere Idealvorstellungen zuplatzt, waren wir immer noch wild entschlossen, weiterzumachen und ein Kind zu adoptieren – oder etwa nicht?
Wir gingen die Straße hinunter, um ein Lokal zu suchen, wo wir etwas essen konnten. Eine Weile waren wir beide sehr still. Dann öffneten sich bei mir die Schleusen. »Warum mußte sie so negativ sein?« jammerte ich. »Ich hätte wissen müssen, daß die Dinge nicht ganz so einfach sind, wie ich sie mir vorgestellt habe, aber so etwas habe ich nicht erwartet. Warum muß alles so schwer sein? Wie um alles in der Welt sollen wir zehntausend Dollar aufbringen?«
Im Weitergehen sprachen wir über unsere Ängste und unsere Enttäuschung. Doch dabei fielen uns auch die positiven Dinge wieder ein, die Bee erwähnt hatte. Sie waren im Gespräch zwischen all den bestürzenden Wahrheiten fast untergangen, aber sie waren da. Bee war nicht so sehr negativ als vielmehr offen und ehrlich gewesen. War es nicht besser von vornherein zu wissen, worauf wir uns einließen, so daß wir uns besser vorbereiten und die richtige Entscheidung treffen konnten? Die Kinder, die wir auf den Fotos gesehen hatten, waren wunderbar – und war das nicht der Sinn des Ganzen, ein Kind, das Teil unserer Familie werden würde? Welche wichtigen Veränderungen im Leben sind schon einfach?
Wir schwankten hin und her zwischen Zuversicht und Entmutigung, aber als Fazit blieb doch: Wir wollten diese Adop-

tion. Wir würden es gemeinsam durchstehen. Zusammen würden wir es irgendwie schaffen.

Am selben Tag noch unterzeichneten wir einen Vertrag mit ACCEPT, stellten einen Scheck über 500 Dollar aus und vereinbarten unseren ersten Termin mit Marge. Wir hatten einen Anfang gemacht.

2. Kapitel

Der Sozialbericht

14. November 1991
Heute kommt Marge zu uns, um unseren Sozialbericht zu erstellen. Ich bin mit den Nerven am Ende.

Niemand, dessen Schränke so chaotisch aussehen wie meine, ist begeistert, wenn sein Zuhause offiziell begutachtet wird. Und es sollte ja nicht nur unser Zuhause unter die Lupe genommen werden, sondern auch die Stabilität unserer Ehe, unsere Qualitäten als Eltern und (schluck) unsere Finanzen. Wieso hatte sich niemand für diese Details interessiert, als ich Meghan zur Welt brachte? (Nun ja, außer meiner Mutter.) Damals hatte sich niemand überzeugen wollen, ob ich wußte, was ich tat, und ob ich meinem Baby ein gutes Heim bieten konnte. Solange wir die Arztrechnungen bezahlten, war alles in Ordnung. Aber jetzt mußten wir plötzlich Finanzkraft und Steuerehrlichkeit unter Beweis stellen. Wir erhielten eine ganze Mappe voller Formulare, die wir ausfüllen sollten, um unsere Eignung als Eltern zu belegen.
Natürlich ist es wichtig sicherzustellen, daß Kinder in ein geeignetes Zuhause vermittelt werden; dennoch kam es uns etwas entwürdigend vor, unsere Zukunft als Eltern in die Händen einer Sozialarbeiterin zu legen, die wir nicht einmal kannten.
Allerdings gab uns Marge, unsere Sozialarbeiterin, von An-

fang an ein gutes Gefühl. Sie befragte Casey und mich zusammen – und anschließend getrennt – nach den Gründen für unseren Adoptionswunsch, um sicherzugehen, daß wir beide das gleiche wollten. Marge machte ganz klar, daß es ihr oberstes Ziel sei, so viele Kinder wie möglich zu vermitteln. Ihre Aufgabe sei nicht zu entscheiden, ob wir ein Kind verdienten, sondern uns aufzuklären und sicherzustellen, daß ein Kind in unserer Familie gut aufgehoben war. Bei der Überprüfung unserer Finanzlage ging es hauptsächlich darum, ob wir ohne staatliche Unterstützung für die Grundbedürfnisse eines weiteren Kindes aufkommen konnten. Sie half uns, die wahren Gründe für unseren Adoptionswunsch klarer zu sehen, und ich wußte schon nach unserem ersten Gespräch, daß sie uns helfen würde, unseren Traum zu verwirklichen.

Vor Marges Hausbesuch hatte ich eine Woche lang geputzt. Obwohl ich ihr vertraute, hatte ich die Stimme meiner Großmutter im Ohr: »Denk daran, Margaret, du wirst nach der Gepflegtheit deines Haushalts beurteilt. Reinlichkeit kommt gleich nach Frömmigkeit.« Ich hatte Gerüchte gehört, daß Sozialarbeiter mitunter die Mülltonnen nach Spirituosenflaschen oder Pornoheften durchsuchten. Ich dachte, Marge wäre vielleicht gesetzlich verpflichtet, jedes Detail unseres Zuhauses auf seine Eignung zu überprüfen. Ich war fast enttäuscht, als sie sich nur kurz im Haus umsah, bemerkte, wie hübsch Meghans Zimmer sei, und bei einer Tasse Tee begann, ihren Bericht zu schreiben. Wollen Sie nicht unter die Betten schauen? hätte ich am liebsten gefragt. Ich könnte den Herd von der Wand rücken, damit Sie sehen können, wo ich zum ersten Mal in meinem Leben gekehrt habe – Sie würden nicht glauben, was ich dahinter alles gefunden habe!

Aber Marge schien sich bereits überzeugt zu haben, daß wir keine düsteren Geheimnisse verbargen. Wir hatten ja schon bei unseren Terminen in ihrem Büro jedes Vergehen eingestanden, dessen wir uns je schuldig gemacht hatten. Casey hatte während seiner Schulzeit einem Kind eine Gitarre gestohlen. Ich nahm Prozac, um eine Stoffwechselstörung in Schach zu halten. Wir hatten Studiendarlehen von mehreren tausend Dollar abzuzahlen. Wir offenbarten die dunklen Punkte unserer Familiengeschichte: die Tatsache, daß Caseys Vater ein trockener Alkoholiker ist, das gehäufte Auftreten von Depressionen in meiner Familie. Bei unseren Treffen mit Marge kamen Themen zur Sprache, die daheim im Mittleren Westen streng tabu waren. Aber offenbar war das harmlos im Vergleich zu dem, was sie schon alles zu hören bekommen hatte. »Jede Familie hat ihre Geschichte«, versicherte sie uns. Als wir einräumten, es hätte zeitweise Spannungen in unserer Ehe gegeben, sagte Marge, es würde sie mehr beunruhigen, wenn wir *keine* Probleme hätten. »Paare, die hierher kommen und behaupten, sie hätten sich noch nie gestritten, machen mir wirklich Sorgen.«

Marge schrieb ihre Berichte mit der Hand in unserer Gegenwart, während wir ihre Fragen beantworteten. Sie tat das, wie sie uns erklärte, damit wir sofort wußten, was über uns geschrieben wurde, und etwaige Mißverständnisse berichtigen könnten. Die einfachen Fragen kamen zuerst: Name, Geburtsdatum, Beruf, Jahreseinkommen, Größe, Gewicht, Augenfarbe usw. – grundlegende Informationen, nach denen sich jeder Mitarbeiter der Einwanderungsbehörde ein klares Bild von unserem Äußeren und unserem Leben machen konnte.

Wir erzählten Marge von unserer Kindheit.

Mr. Conroy kam am 26. Januar 1959 in Oregon als zweites von sechs Kindern zur Welt ... Er sagt, seine Kindheitsjahre seien geborgen und glücklich gewesen. Mrs. Conroy wurde am 12. November 1956 in Iowa als mittleres von drei Kin-

dern geboren ... Beide Elternteile seien stets liebevoll und fürsorglich gewesen.

Bei meinem Einzelgespräch wollte Marge von mir wissen, wie ich an diesen Punkt meines Lebens gelangt sei. Ich mußte einen Augenblick darüber nachdenken. Ich war tatsächlich mit fünfundzwanzig hauptsächlich deshalb nach Kalifornien gezogen, weil ich in einer Collegebroschüre gelesen hatte, daß alle Studenten des am College Notre Dame in Belmont, Kalifornien, angebotenen Aufbaustudiums in Psychologie sich selbst einer Therapie unterziehen mußten. Mir hatte man in jungen Jahren beigebracht, daß nur Menschen, die eigentlich in die Klapsmühle gehörten, Psychotherapie in Anspruch nahmen oder gar, Gott bewahre, einen Psychiater aufsuchten. Über größere Probleme sprach man nicht. Die unausgesprochene, aber unumstößliche Familienregel lautete: »Wenn man etwas nicht erwähnt, existiert es auch nicht.«

Nun, dachte ich nach der Lektüre dieser Broschüre, es ist ja nicht so, als sei ich verwirrt oder emotional gestört. Ich interessiere mich nur für Familiendynamik. Getreu meinem Motto »Warum einfach, wenn es auch kompliziert geht?« zog ich über 3000 Kilometer von zu Hause fort (obwohl ich in Kalifornien keine Menschenseele kannte), nahm mehrere Studiendarlehen auf und nahm das Studium der Psychologie auf, nur um meine eigene Psyche zu verstehen. Meine Familie war nicht gestörter als andere Familien, die aus mehr als einem Mitglied bestehen; ich konnte nur keine rechte Richtung für mein Leben finden. Ich wohnte allein, arbeitete als Justizsekretärin – wobei ich von Glück sagen konnte, daß ich diesen Job mit meinem Abschluß in Bildender Kunst überhaupt bekommen hatte – und war unsterblich in einen jungen Mann verliebt, der keinesfalls bereit war, sich auf eine feste Beziehung einzulassen. Mein Leben lief nicht so wie geplant, und

das tat weh, auch wenn ich eigentlich nie einen richtigen Lebensplan gehabt hatte.
Ich rief das College an und fragte, ob ich mich auch zum Sommersemester einschreiben könnte. Wie das Schicksal es wollte, versicherte man mir am Telefon fälschlicherweise, das wäre kein Problem und schickte mir die Anmeldungsformulare. Als ich im Februar 1981 eintraf, machte die Zulassungsstelle zu meinem Glück eine Ausnahme und gestattete mir, ein Semester früher an den Kursen teilzunehmen und eine Studentenwohnung mit zwei anderen Studentinnen zu teilen.
Derweil versuchte Casey, einen Doppelabschluß in Geschichte und Englisch zu erwerben. Er studierte seit seinem Schulabschluß an diesem College und wohnte inzwischen als wissenschaftlicher Assistent auf dem Hochschulgelände. Wegen eines Durcheinanders mit den Studienplänen mußte er ein zusätzliches Semester investieren, um an einem letzten Kurs teilzunehmen, bevor er seinen Abschluß machen konnte. Ich kam also etwas früher, Casey blieb etwas länger, und es dauerte nicht lange, bis wir uns bei den Studenten-Briefkästen begegneten – ich in der verzweifelten Hoffnung auf einen Brief von zu Hause und Casey in Begleitung einer hinreißenden Brünette namens Lisa. Obwohl es die Geschichte vielleicht interessanter machen würde, muß ich berichten, daß es keine Liebe auf den ersten Blick war.
Keiner von uns beiden hatte eine neue Beziehung im Sinn. Ich war immer noch in meinen Freund in Iowa vernarrt und wußte, daß ich nur von ihm loskommen konnte, indem ich soviel Entfernung zwischen uns legte, wie es mir möglich war, ohne einen Ozean zu überqueren. Casey hatte erst kurz zuvor eine Beziehung beendet und genoß nun seine Freiheit. Aber Notre Dame war ein kleines College, und Casey war der einzige Bewohner des Hochschulgeländes, der ungefähr in meinem Alter war, also begegneten wir uns bald

immer öfter und wurden gute Freunde. Eine entspannte College-Atmosphäre mit langen esoterischen Diskussionen, nächtelangem Feilen an Seminararbeiten und dem Gefühl, daß man gerade lernt, die Welt zu retten, ist sehr geeignet, Menschen einander näher zu bringen. Da unsere einzigen Verpflichtungen darin bestanden, rechtzeitig zu unseren Kursen zu kommen und in die Mensa zu gehen, bevor sie zumachte, hatten wir die Muße, uns in stundenlangen, intensiven und tiefschürfenden Gesprächen kennenzulernen. In gewisser Weise war dies genau die Therapie, um derentwillen ich hergekommen war. Ich erzählte Casey Dinge aus meinem Leben, über die ich noch nie mit jemandem gesprochen hatte. Nach und nach wurde mir klar, daß ich eine stabile und verbindliche Beziehung wollte und brauchte und daß so etwas möglich war. Als Casey mir das erste Mal sagte, daß er mich liebe, wußte ich nicht, was ich antworten sollte. Daß mich jemand liebte, erschien mir aufregend und zugleich beängstigend, aber ich fand bald Gefallen daran und lernte, sein Vertrauen in die Liebe zu teilen. Zwei Jahre später feierten wir eine wunderschöne Trauung unter freiem Himmel mit zwanglosem Empfang, zu dem alle Gäste etwas zu essen mitbrachten. (»Wenn man das in Kalifornien so macht, wird es wohl in Ordnung sein«, seufzte meine Mutter.)

Im ersten Jahr unserer Ehe trat ich eine Praktikumsstelle im örtlichen Krankenhaus an. Ich wurde einer Therapiegruppe zugeteilt, in der Kinder mit »Anpassungsschwierigkeiten« und »emotionalen Störungen« behandelt wurden. Ich hatte keine Ahnung, was das heißen sollte (und weiß es bis heute nicht), war aber entschlossen, diesen Kindern möglichst viel Liebe und Aufmerksamkeit zu schenken. Bestimmt werden sie positiv reagieren, wenn sie merken, daß sich jemand wirklich für sie interessiert, sagte ich mir. Ich war mit meinem Studium fast fertig und fest überzeugt, mit den wie auch

immer gearteten emotionalen Problemen dieser bedauernswerten Kinder umgehen zu können. Ich begann meine Tätigkeit in dem Glauben, daß schließlich kein Kind mehr Lebenserfahrung haben könne als ich. Ein verhängnisvoller Irrtum.
Die Gruppe bestand aus Kindern in der »Latenzphase«, so genannt, weil in dieser Phase zwischen dem 6. und dem 10. Lebensjahr die sexuelle Entwicklung angeblich ruht. (Casey und ich nannten sie bald die »nicht ganz so latenten Kinder«.) Am ersten Tag stellte mich mein Praktikumsbetreuer einem Jungen vor, der nach seinem Aussehen etwa neun war.
»Johnny«, sagte er, »das ist Maggie; sie wird heute an unserer Gruppe teilnehmen.«
»Hallo, Johnny«, sagte ich mit einem Lächeln und beugte mich auf seine Augenhöhe hinunter, wie ich es gelernt hatte. »Wie geht's denn so?«
»Leck mich, Schlampe«, zischte er, stürmte davon und schmiß sich in einen Sessel.
»Du meine Güte«, sagte ich und sah meinen Betreuer an – zu konsterniert, um mich gleich wieder aufzurichten.
»Willkommen in der Gruppe«, sagte er und streckte mir die Hand entgegen.
Das war der Beginn meiner tatsächlichen Ausbildung im Umgang mit Kindern. Wie mir bald klarwurde, waren meine bisherigen Erfahrungen nur Spielerei gewesen. Jetzt mußte ich mit Kindern Bekanntschaft schließen, die sonst niemand kennenlernen wollte, und herausfinden, wie ich sie hinter ihren Bollwerken aus Schmerz und Wut erreichen konnte. Ich erfuhr, daß meine gelegentlich etwas schweigsame Familie im Vergleich zu dem, was viele Kinder zu Hause erleben das reine Paradies war. Meine Gefühlsverwirrung der Welt gegenüber verblaßte im Vergleich zu den Problemen, denen diese Kinder Tag für Tag ausgesetzt waren. Ich lernte die Liebe, die ich in meiner Kindheit empfangen hatte, zu würdigen und verstand allmählich, welch enorme Verantwortung es be-

deutet, ein gesundes Kind aufzuziehen. Mir wurde bald klar, daß ich diese Kinder nicht von ihren inneren Dämonen befreien, ihnen aber vielleicht eine leise Ahnung der Wahrheit vermitteln konnte: Daß sie gute und wertvolle Menschen waren.

Ich lernte, daß es einer intakten Familienstruktur bedarf, um einem Kind Liebe und Halt zu geben. Ganz gleich, wie sehr wir uns bemühten, verbrachten wir doch nur eine begrenzte Zeit mit den Kindern. Diese Kinder wurden als *Problemfälle* klassifiziert, dabei waren sie oft noch die gesündesten Mitglieder einer aus den Fugen geratenen Familie. Viele Eltern oder Erziehungsberechtigten erwarteten, daß wir ihre Kinder wieder *in Ordnung bringen* sollten, damit sie keinen Ärger mehr machten, waren aber selbst nicht bereit, zur Lösung der Probleme beizutragen. Meine eigentliche Ausbildung in Psychologie hatte gerade erst begonnen, und mit zunehmender Erfahrung lernte ich, auf diese Kindern zuzugehen und sie als Individuen zu sehen, nicht als »gute Kinder« oder »böse Kinder«. Nach Abschluß meines Praktikums wurde ich als psychologische Betreuerin der Gruppe eingestellt und übernahm außerdem eine Teilzeitstelle in einem Kindergarten, um meine Tage auszufüllen.

Soviel ich dabei lernte und so sehr ich meine Arbeit schätzte, hatte ich doch sechzehn Monate später, kurz vor Meghans Geburt, das Gefühl daß die Atmosphäre im Krankenhaus für eine frischgebackene Mutter zu stressig sei. Da die meisten Kinder ohnehin in eine ältere Gruppe versetzt wurden, gab ich meine Tätigkeit am Krankenhaus auf und suchte mir eine volle Stelle in einem Kindergarten, in den ich Meghan mitnehmen konnte, wenn sie alt genug war.

Mit anderer Leute Kinder war ich immer wunderbar zurechtgekommen und hatte die Eltern »meiner Kinder« mit einer Menge guter Ratschläge beglückt. Ich war mir sicher, mit einem eigenen Kind spielend fertig zu werden. Ich war es ge-

wöhnt, tobsüchtige Kinder zu beruhigen, während die Eltern hilflos daneben standen. Als Erzieherin wußte ich genau, was in welcher Situation zu tun war, und ließ andere großzügig an meinem Fachwissen teilhaben. Dann wurde ich Meghans Mutter und mit ihrer Hilfe ein wesentlich bescheidenerer und mitfühlenderer Mensch. Der liebe Gott hatte es gut mit mir gemeint und mir genau das Kind gegeben, das mich bei jeder Gelegenheit aus der Fassung brachte. Besonders peinlich war es, als sie älter wurde und sich bei ihren neuen Kindergärtnerinnen viel besser benahm als bei mir. Ich hatte das Gefühl, ich müßte alle Eltern anrufen, mit denen ich jemals zu tun hatte, und offiziell Abbitte leisten.
Meghan fing mit sechs Monaten an zu sprechen, und sobald sie begriffen hatte, daß es Regeln gab, begann sie, jede von uns aufgestellte Regel eingehend zu testen. Sie war ein erstaunliches Baby und schon als Kleinkind ein nicht zu unterschätzender Machtfaktor in unserer neugegründeten Familie. Heute ist mir klar, daß Meghan unser Trainingsprogramm für künftige erzieherische Herausforderungen war – ein Fortgeschrittenenkurs in Geduld. Damals jedoch konnte ich einfach nicht begreifen, wie aus der Kombination unserer Gene genau das eine Kind hatte hervorgehen können, mit dem ich nicht fertig wurde. Ich tröstete mich, indem ich Casey die Schuld an ihrer starken Persönlichkeit gab, doch meine Mutter zerstörte diese Illusion bei einem unserer wöchentlichen Telefongespräche »Es tut mir leid, Margaret«, sagte sie. »Als du noch klein warst, hielt mich die Hoffnung am Leben, daß es dir eines Tages genauso ergehen würde wie mir damals. Es klingt, als sei mein Wunsch in Erfüllung gegangen.« Caseys Mutter gestand später, sie habe sich seinerzeit ähnliches gewünscht. Eine doppelte Vorbelastung!
Die Frage nach einem zweiten Kind kam nur selten zur Sprache. Während Meghans ersten fünf Lebensjahren waren wir überzeugt, ein Kind sei schon mehr, als wir verkraften konn-

ten. Aber jetzt war Meghan älter und wir waren wesentlich erfahrenere Eltern. Als sie in die Grundschule kam, nahm ich eine Stelle als künstlerische Leiterin des Kinder-Entdeckungsmuseums in San Jose an. Hier erstellte ich zwar Illustrationen für Kinder, arbeitete aber nicht den ganzen Tag direkt mit ihnen zusammen. Ich hatte das Gefühl, daß ich die Energie für ein weiteres eigenes Kind aufbringen könnte.
»Wir sind beide soweit und haben das Gefühl, daß wir mit allem fertigwerden können«, sagte ich.
»Danke«, erwiderte Marge und begann zu schreiben.

Ms. Conroy hat ihr Vordiplom 1980 erworben ... Sie lernte Casey kennen, während sie am College Notre Dame in Kalifornien für ihren Diplomabschluß studierte. Sie hat im Erziehungswesen und als Psychologin gearbeitet ...

Unser Sozialbericht hätte Bände gefüllt, wenn Marge alles aufgeschrieben hätte, was wir ihr erzählten. Aber sie hatte viel Übung darin, die Dinge auf das Wesentliche zu reduzieren. Später erzählte sie uns, unsere Offenheit und Flexibilität hätten sie von unserer Eignung als Adoptiveltern überzeugt. Das Bewußtsein, daß hier mein ganzes Leben auf dem Prüfstand war, trieb mich dazu, Kleinigkeiten – etwa Entscheidungen, die ich getroffen hatte – unverhältnismäßig aufzubauschen, und bei jedem Wort, das aus meinem Munde kam, fragte ich mich: Werden sie uns deshalb ablehnen? Schlimmer hätte meine Paranoia nur noch werden können, wenn ich bei diesen ersten Gesprächen nicht vollkommen offen und ehrlich gewesen wäre.
Auch Casey schilderte Marge seinen abwechslungsreichen Berufsweg. Er hatte seine Jobsuche mit einem Studienabschluß in Geschichte, großen Erwartungen und langjährigen Erfahrungen als Kellner begonnen und schließlich die erste Stelle angenommen, die er finden konnte – als Vertreter für

Kopiergeräte. (Casey erzählte mir, einer seiner Professoren habe einmal bemerkt, eine geisteswissenschaftliche Ausbildung gebe dem Studenten die Fähigkeit, die edleren Dinge des Lebens zu schätzen, und ein Wertsystem, das sie für ihn unerschwinglich mache.) Er haßte die Vertriebstätigkeit. Sein Chef wollte ihn davon überzeugen, »aggressive« Verkaufsmethoden seien der einzige Weg, sich gegen die Konkurrenz durchzusetzen. Casey war nicht gerade der »aggressive« Verkäufertyp. Man kann sich leicht denken, daß er sich in seinem neuen Beruf nicht lange hielt.

Seinen nächsten Streifzug in die Arbeitswelt unternahm er als Energieberater. Seine Aufgabe bestand darin, Energiesparmaßnahmen an Wohngebäuden wie Außenverkleidungen, Wärmedämmungen und die Installation neuer haustechnischer Geräte zu inspizieren. Wenn die Arbeiten ordnungsgemäß durchgeführt waren, konnten die Eigentümer im Rahmen der Energiesparförderung Darlehen und Steuerermäßigungen in Anspruch nehmen. Diese Arbeit gefiel ihm, weil er sich selbst und andere auf einem Gebiet, das ihn interessierte, weiterbilden konnte. Nach drei Jahren fand er allerdings, er hatte alles gelernt, was er dort lernen konnte. Jetzt drängte es ihn, in der freien Wirtschaft zu arbeiten.

Casey begann, alle seine Bekannten in der freien Wirtschaft – die in der Umgebung von San Francisco hauptsächlich aus High-Tech-Unternehmen besteht – anzurufen, um sie über ihr Unternehmen und ihre Arbeit auszufragen. Er war ein guter Zuhörer und fand bald heraus, was ihnen an ihrer Arbeit ge- oder mißfiel. Er beendete diese Gespräche immer damit, daß er sich die Namen weiterer Personen geben ließ, die er anrufen konnte. Nachdem er über einen Zeitraum von sechs Monaten etwa fünfundzwanzig solcher Informationsgespräche geführt hatte, bot ihm die Firma Apple Computer eine freiberufliche Mitarbeit als technischer Autor an. Ein Jahr lang bearbeitete er Projekte für Apple, wo er sein Talent als Verfasser technischer Unterlagen entwickelte und perfektionierte. Seine harte Arbeit brachte ihm schließlich eine feste Autorenstelle in einer Schulungsorganisation von Apple ein. Zum Zeitpunkt des Gesprächs mit Marge arbeitete er als Schulungsentwickler und Projektmanager für interaktive Schulungen auf Macintosh-Computern.

Mr. Conroy war in verschiedenen Berufen tätig, bevor er eine Stellung bei der Firma Apple Computer annahm, für die er seit fünf Jahren technische Unterlagen verfaßt und Computerschulungen konzipiert.

Casey und ich sprachen über unsere Erziehungsmethoden – Auszeiten statt Klapse, positive statt negativer Verstärkung, Konsequenz, Konsequenz, Konsequenz – und einmal mehr über die Herausforderungen, die Meghans Erziehung mit sich brachte. »In der einen Minute ist sie das liebste Kind auf der Welt und in der nächsten das starrköpfigste Geschöpf, das mir je begegnet ist«, sagte Casey.
»Wenn einer von uns ›nein‹ sagt, geht sie und fragt den anderen. Wir müssen ständig auf der Hut sein und uns abstimmen, damit sie uns nicht austrickst«, fügte ich hinzu.
»Wie wunderbar, so ein selbständiges und intelligentes Kind zu haben«, sagte Marge mit wissendem Lächeln. »Das klingt nach einer ganz normalen Sechsjährigen.«

Meghan, die leibliche Tochter der Conroys ... ist witzig, sehr aufgeweckt und sprachgewandt. Sie haben beide Freude an der Erziehung ihrer Tochter und nehmen an allen Aspekten ihres Lebens Anteil. Beide sind überzeugt, daß Konsequenz, Einfühlungsvermögen und Zuhörenkönnen wichtige Eigenschaften guter Eltern sind.

Ich konnte kaum glauben, was für ein tolles Paar wir auf dem Papier abgaben.

... Sie ist eine reizende, sensible und intelligente Frau.
... Er ist herzlich, klug und redegewandt.
... Sie bieten ein von emotionaler Sicherheit und Stabilität geprägtes häusliches Umfeld und viele anregende Aktivitäten.
... Beide sind körperlich gut in Form und sehr aktiv ...
... Ich kann die Vermittlung eines kleinen Mädchens an dieses sympathische und innerlich gefestigte Paar wärmstens empfehlen.

»Mann, das klingt nach wirklich großartigen Menschen«, strahlte ich Casey an. »Also, ich würde gern von uns adoptiert!«
Nach diesem hervorragenden Sozialbericht schien es uns an der Zeit, Meghan in unsere Pläne einzuweihen. Ich wußte, daß sie sich immer eine Schwester oder einen Bruder gewünscht hatte – ich wußte allerdings nicht, wie sie wirklich darauf reagieren würde. Vor allem auf ein älteres Kind, das groß genug sein würde, sich an all ihren wichtigen *Sachen* zu vergreifen.

Alltägliche Familienangelegenheiten besprachen wir meist am Küchentisch, zwischen Tür und Angel oder in Meghans Zimmer vor dem Schlafengehen. Als wir uns mit ihr im Wohnzimmer niederließen, wußte Meghan also gleich, daß etwas im Busch war.
Wir präsentierten die Neuigkeit im bestmöglichen Licht. Wir hatten das Thema früher schon theoretisch gestreift und erinnerten sie nun an die Etagenbetten, von denen die Rede gewesen war. Sie würde eine Schwester, eine Spielgefährtin, eine Vertraute bekommen. Wir betonten, wie wichtig Meghan als »große Schwester« sein würde – war das nicht aufregend?

Meghan sah uns an, als müsse sie diese neuen Informationen erst abwägen, und sagte dann: »Okay, cool.«
»Hast du noch irgendwelche Fragen dazu?«, erkundigte ich mich, bereit, auf etwaige Einwände oder Sorgen einzugehen.
»Ja, eine.«
Casey und ich beugten uns vor.
»Darf ich oben schlafen?«
Wir stießen einen Seufzer der Erleichterung aus. Aber wo war die typische Neugier unserer Sechsjährigen – die Meghan, die in allen Dingen um ihre Meinung gefragt werden wollte, von der Essensplanung bis zur Auswahl ihrer Socken? Offenbar erschien ihr die bloße Vorstellung – in Ermangelung eines leibhaftigen Kindes – nicht besonders aufregend oder bedrohlich. Nach einer kurzen Pause kam noch eine Frage.
»Kann ich jetzt rausgehen und spielen?«
Wir glaubten, jetzt, wo Meghan Bescheid wußte, sei unser Adoptionsvorhaben startklar und unter Kontrolle. Wir ahnten ja nicht, daß die »schwerwiegenden Entscheidungen« gerade erst angefangen hatten.

3. Kapitel

Warten

8. Februar 1993
Heute waren wir beim kolumbianischen Konsulat in San Francisco, um unsere Unterlagen beglaubigen zu lassen. »Beglaubigen« heißt in diesem Falle, daß jedes Blatt von einem kolumbianischen Beamten abgestempelt wird – für 15 Dollar je Stempel. Als wir nach Hause kamen, wartete schon ein neues Formular aus Kolumbien auf uns – drei Blätter, doppelseitig bedruckt, und alles auf Spanisch. Es wird niemals ein Ende nehmen. Ich frage mich langsam, ob ich dazu verdammt bin, den Rest meines Lebens Adoptionsformulare auszufüllen.

Ein achtzehnmonatiger, voll bezahlter Forschungsurlaub auf Hawaii würde im Nu verfliegen. Die achtzehn Monate vor meinem dreißigsten Geburtstag verstrichen in Windeseile, obwohl ich mich heftig dagegen sträubte. Aber wenn man versucht, ein Kind zu adoptieren, können achtzehn Monate wie eine Ewigkeit scheinen. Sie wären lang genug für zwei neunmonatige Schwangerschaften, sind aber ohne jede Ergebnisgarantie. Verstehen Sie mich nicht falsch; wir lungerten derweil keineswegs untätig herum. Die achtzehn Monate waren angefüllt mit Papierkram, Fingerabdrücken, Papierkram, Gesprächsterminen, Papierkram, Konsulatsstempeln, Papierkram, ärztlichen Untersuchungen, Papierkram, Refe-

renzen und, selbstverständlich, Papierkram. Und Papierkram nicht nur auf Englisch, sondern auch auf Spanisch. Jedesmal, wenn wir glaubten, das kolumbianische Adoptionsverfahren allmählich zu durchschauen, lernten wir etwas Neues dazu.
Marges Sozialbericht wurde Ende November fertig. Wir waren noch dabei, weitere von der Einwanderungsbehörde geforderte Unterlagen zusammenzustellen: unsere Heiratsurkunde beim Rathaus zu besorgen, uns Geburtsurkunden aus unseren Heimatorten schicken zu lassen, Referenzen von Freunden einzuholen. Als unser Sozialbericht an die Einwanderungsbehörde abgesandt war, verwies man uns an eine in Oregon ansässige Organisation namens PLAN, die uns beim Kontakt mit den kolumbianischen Sozialbehörden unterstützen sollte. Nachdem wir einen Vertrag unterschrieben und weitere Formulare ausgefüllt hatten, teilte man uns eine Kolumbianerin namens Mercedes als Vermittlerin zu. Im Juni 1992 verbanden wir einen Besuch bei Caseys Verwandten in Portland mit einem Gesprächstermin bei Mercedes. Ich hegte die Hoffnung, sie könnte uns erzählen, wie unser zukünftiges Kind sein würde. Vielleicht, dachte ich, haben sie schon eins für uns ausgesucht.
Wir kamen uns sehr fleißig vor und dachten, wir hätten bürokratische Wunderwerke vollbracht. Mercedes machte uns jedoch klar, daß wir bislang nur an der Oberfläche gekratzt hatten. Teil des Problems war unser mangelndes Verständnis der »Adoptionsuhr«. Wenn man uns einen Zeitrahmen nannte – zum Beispiel sechs Monate, um ein Kind »adoptionsfertig« zu machen –, dachten wir, die Uhr liefe ab dem Moment, in dem *wir uns um ein Kind beworben hatten.* Wie wir noch herausfinden sollten, hieß das aber sechs Monate ab dem Zeitpunkt, zu dem das allerletzte Dokument ausgestellt, quittiert, notariell beglaubigt und in jeder anderen nur denkbaren Weise »offizialisiert« worden war. *Das* ist der Moment, ab dem die Uhr läuft. Wir hatten nicht vor, unsere Meinung zu än-

dern und auf eine Adoption zu verzichten; da so etwas jedoch vorkommt, so erfuhren wir, würde unser Fall erst dann bearbeitet, wenn alle Dokumente vorlägen. Am Anfang ließen wir uns Zeit; wir dachten, da die andere Seite das Kind ja noch durch die Mühlen der Bürokratie schleusen müsse, würden wir ungefähr zur gleichen Zeit soweit sein wie unser kleines Mädchen. Falls die kolumbianischen Behörden irgendwelche Unterlagen früher haben wollten oder ein Kind für uns ausfindig gemacht hätten, würden sie uns das schon mitteilen – dachten wir. Das war ein Irrtum, und unser Gespräch mit Mercedes machte uns klar, daß wir die Vervollständigung unserer Unterlagen wesentlich dynamischer vorantreiben mußten.

Als wir zum Auto zurückgingen, brach ich in Tränen aus. »Ich komme mir so dumm vor«, jammerte ich. »Warum muß das alles so kompliziert sein? Ich möchte doch nur noch ein Kind. Was machen wir nur falsch? Kein Wunder, daß nicht mehr Leute Kinder adoptieren – warum sollten sie sich diesen Zirkus antun? Ich versuche, etwas zu tun, das ich erst durchschaue, wenn ich es falsch gemacht habe. Warum hat Mercedes uns nicht erklärt, daß es so schwierig sein würde? Warum kann sie es nicht einfacher machen?«

Casey hielt mich in den Armen, bis meine Klagen und Tränen versiegten. »Wir schaffen es«, versicherte er mir. »Niemand kann die Sache einfach machen. Wir müssen eben Schritt für Schritt vorgehen. Mercedes tut, was sie kann; sie kann das System für uns nicht ändern.«

»Na ja, wenigstens kennt sie uns jetzt persönlich – nicht bloß als Aktenzeichen«, sagte ich erschöpft. »Hoffentlich waren wir ihr sympathisch.«

Nach unserem Gespräch mit Mercedes war uns eins klar: Wir mußten unsere Angelegenheiten erledigen und unseren Teil des Verfahrens unter Dach und Fach bringen, bevor sich die Mühlen der Adoption quietschend in Bewegung setzen würden. Ich rief bei ACCEPT an und ließ mich mit Bev verbinden, die für die Bearbeitung der Unterlagen zuständig war. »Ich weiß, daß Sie mir diesen Kram hundertmal am Telefon erklärt haben, aber ich komme vorbei und bringe meine Mappe mit Formularen mit. Bitte, bitte, darf ich bei Ihnen im Büro sitzen bleiben, bis jedes einzelne dieser Formulare ausgefüllt ist?«

»Ich dachte schon, Sie würden nie fragen«, scherzte sie in offensichtlicher Erleichterung ob der Aussicht, daß meine täglichen Anrufe ein Ende haben würden.

Um die Dinge zusätzlich zu komplizieren, ergab sich auch noch die Möglichkeit, unser erstes eigenes Haus zu kaufen. Meine Mutter bot uns an, uns einen Teil der Anzahlung vorzustrecken, da Immobilienpreise und Zinsen gerade niedrig waren. Das Schicksal testete unsere Belastungsgrenzen durch eine neue Trainingsrunde: Hypotheken, Gebäudeversicherung, Grundsteuern und all die anderen Feinheiten des Immobilienerwerbs. Unsere Wahl fiel auf ein weiß verputztes Häuschen im spanischen Stil, das in einer guten Wohngegend, aber an einer verkehrsreichen Straße lag (und deshalb für uns erschwinglich war). Es war klein – zwei Schlafzimmer, ein Bad –, aber wir fanden, ein eigenes Haus mache den Nachteil wett, daß unsere beiden Mädchen sich ein Zimmer würden teilen müssen. Außerdem hatte es wunderschöne Hartholzböden, bezaubernde, handmodellierte Stuckverzierungen und eine neu eingerichtete Küche. Wir brauchten ja kein so großes Haus, dachten wir. Wenn wir geahnt hätten ...

Ein weiterer Stolperstein für uns war das gänzlich andere Zeit- und Bürokratieverständnis der Kolumbianer. Wenn der kolumbianischen Sozialbehörde das Geld für Porto ausging, verschickte sie eben keine Briefe mehr, bis sie die nächste Portozuteilung erhielt. Am Anfang nahm ich das alles mit Gelassenheit. Aber meine Frustration wuchs, während Monat um Monat voll Durcheinander und endloser Verzögerungen verstrich. Mercedes war inzwischen an die Ostküste umgezogen. Sie gab uns alle Informationen und Anweisungen telefonisch durch, und ihres starken Akzents wegen konnte ich froh sein, wenn ich auch nur die Hälfte davon verstand.

»Ich habe Sie gewarnt, daß es nicht einfach sein würde«, erinnerte Bee uns.

»Du schaffst es schon; du hast es noch immer geschafft«, tröstete mich meine Mutter.

»Ich weiß, daß das Warten schwer ist«, sagte Marge.

»Wird denn jemals etwas passieren?« fragte Meghan.

»Versucht ihr immer noch, ein Kind zu adoptieren?« fragten die Nachbarn.

Nach einer Weile fragten unsere Freunde nicht mehr nach. Sie wußten, daß ich ihnen Bescheid sagen würde, wenn es etwas Neues gab, und wollten mich nicht aufregen. Doch eigentlich fehlten mir diese Gespräche. Wie schon erwähnt, bot während meiner Schwangerschaft das Baby unerschöpflichen Gesprächsstoff. Aber man kann sich schließlich nicht ewig über sein letztes polizeiliches Führungszeugnis unterhalten. Die wenigsten Leute interessieren sich für die Einzelheiten des kolumbianischen Pflegekinderwesens – wer kann es ihnen verdenken? Und wer schenkt schon gerne Babysachen für ein anonymes Überraschungskind, das vielleicht erst in einem Jahr kommt? Beim ersten Thanksgiving-Fest nach unserem Adoptionsentschluß hatte ich Freunden und Familie verkündet, im nächsten Jahr um diese Zeit würden wir ein weiteres Kind haben. Beim nächsten Thanksgiving verzichtete ich auf derartige Voraussagen und tat mir selbst ziemlich leid. Aber inzwischen hatten wir zumindest auch das letzte Formular ausgefüllt. Jetzt blieb nur noch das Warten, das uns viel schwerer fiel als das Ausfüllen endloser Formulare.

Auch meine berufliche Laufbahn war in der Schwebe. Ich hatte beschlossen, meine Stelle am Kindermuseum aufzugeben und mich selbständig zu machen. Ich dachte, als Grafike-

rin und Layouterin könnte ich auf freiberuflicher Basis mehr verdienen. Ich würde mir die Arbeitszeit im Hinblick auf unsere Reise nach Kolumbien – falls dieser Tag jemals eintreten sollte – flexibel einteilen können und mehr Zeit mit Meghan und ihrer neuen Schwester verbringen. Mehr Zeit, mehr Geld, bessere Arbeitsbedingungen ... Jeder Selbständige, der das liest, wird sich vor Lachen den Bauch halten. Aber die Herausforderung tat mir gut. Das Bemühen um die Akquisition von Firmenkunden und die Einarbeitung in die Feinheiten der Betriebsführung hielten mich auf positive Weise beschäftigt, während wir auf die Vermittlung eines Kindes warteten.
Einige Zeit später kündigte Casey bei Apple, und wir gründeten gemeinsam die Design- und Kommunikationsagentur Conroy & Conroy. Casey steuerte die »Worte« bei, ich die »Bilder«. Wir mußten ohne den eigentlich eingeplanten Adoptionszuschuß und all die anderen wundervollen Sozialleistungen der Firma Apple auskommen (der Abschluß einer privaten Krankenversicherung traf uns besonders hart), aber es war eine befriedigende Erfahrung, unsere eigenen Chefs zu sein, und unser Unternehmen wuchs. Wenn nur unsere Familie das gleiche getan hätte.
Im März 1993 schließlich – achtzehn endlose Monate nach Aufnahme des Adoptionsverfahrens – kam der Anruf, auf den wir gewartet hatten. Nur daß er nicht ganz unseren Erwartungen entsprach.

4. Kapitel

Maria

Brief von Mercedes, März 1993

Lieber Casey, liebe Maggie,
ich schicke Ihnen anbei die Informationen und die Farbkopie eines Fotos von dem Mädchen, über das wir am Telefon gesprochen haben und das ich vom Alter her am geeignetsten für Sie halte.
Bitte nehmen Sie sich ausreichend Zeit, die Informationen durchzulesen, und geben Sie mir dann Bescheid.

Endlich sollte uns ein Kind zur Adoption vermittelt werden. Es handelte sich um ein drei Jahre altes Mädchen namens Maria. Die Sache hatte allerdings einen Haken. Maria litt an Wachstumsstörungen, Rachitis und diversen anderen gesundheitlichen Problemen. Sie war als neuntes Kind einer armen Bauersfrau zur Welt gekommen, die sich weigerte, ihre Geburt zur Kenntnis zu nehmen. Die Mutter behauptete, sie sei überhaupt nicht schwanger gewesen und habe keine Ahnung, wo Maria hergekommen sei. Sie weigerte sich, für ihr neues Baby zu sorgen, und ihr Mann plagte sich den ganzen Tag auf den Feldern, um den Lebensunterhalt für die Familie zu verdienen. So versuchten Marias Schwestern, sie zu versorgen, so gut sie konnten. Aber Maria gedieh nicht und entwickelte Anzeichen von Unterernährung.

Schließlich schritten die Sozialbehörden ein und gaben sie in Pflege. Man wußte nicht, welche langfristigen Folgen die Unterernährung für ihr Wachstum und ihre Entwicklung haben würde, aber es schien ihr gut zu gehen. Ob wir gern ein Bild von ihr sehen würden?

»Können Sie es per Eilpost schicken?« rief ich.

»Immer mit der Ruhe, Maggie«, mahnte Casey.

Als das Päckchen mit Marias Bild ankam, riß ich es sofort auf; ich schnappte nach Luft. Das war unser Kind. Sie war wunderschön. Ihre dunkelbraunen Augen sahen genau aus wie meine, als ich in ihrem Alter war. Wir konnten nicht genau einschätzen, wie klein sie war, aber das Männerbein, das mit auf dem Foto war, sah riesig aus.

Wir vereinbarten sofort einen Termin mit unserer Kinderärztin, um uns über die möglichen Auswirkungen einer Unterernährung zu informieren – etwas, worüber wir uns nie zuvor den Kopf hatten zerbrechen müssen. Sie äußerte sich sehr vorsichtig zu Marias lückenhafter Krankengeschichte.

»Ich kann Ihnen nicht sagen, inwieweit Nahrungsmangel und Entwicklungsstörungen sich auf ihr Gehirn ausgewirkt haben«, sagte Dr. Morgan zu uns. »Vielleicht werden Lernstörungen auftreten, aber das heißt nicht, daß sie kein erfülltes und glückliches Leben führen kann.«

»Was ist mit ihrer Größe?« fragte Casey.

»Sie wird vielleicht immer vergleichsweise klein bleiben, aber sofern sie nicht an anderen unerkannten Krankheiten leidet, sollte sie bei richtiger Ernährung und medizinischer Versorgung relativ gesund sein.«

Ich fragte mich, was »relativ« hieß. Casey überschüttete sie mit einem Schwall medizinischer Fragen.

»Unterm Strich sieht es so aus«, sagte sie schließlich. »Die Sache ist ein Risiko. Ich kann keine sicheren Voraussagen über Marias gesundheitliche Entwicklung machen. Sie müssen entscheiden, ob Sie mit sehr wahrscheinlich eintretenden

gesundheitlichen Problemen und Lernstörungen umgehen können.«
Wir bedankten uns bei Dr. Morgan und fuhren nach Hause, ohne unterwegs viel zu reden. Ich starrte Marias Foto an, das ich fest umklammert hielt. Ich wollte dieses Kind nicht verlieren.
Wir wußten, daß die meisten Kinder, die sich in der Obhut der Sozialbehörden befanden, irgendwelche gesundheitlichen Probleme hatten; wir hatten nur nicht konkret mit etwas gerechnet, das uns damals als hochgradiges Risiko erschien. Ich war niedergedrückt, weil wir nach einer so langen Wartezeit eine so schwierige Entscheidung treffen sollten. Wie konnten wir mit offenen Armen ein Kind in unsere Familie aufnehmen, über das wir so wenig wußten?
Zu den Unterlagen für Kolumbien hatte auch ein Fragebogen gehört, in dem wir angeben mußten, welche besonderen Probleme wir bei einem Kind akzeptieren würden. Es war uns unsäglich schwer gefallen, diese Fragen zu beantworten. Wären wir bereit, ein Kind mit nur einem Arm aufzuziehen? Ein blindes Kind? Wie sah es mit einem Kind aus, das sexuell mißbraucht oder psychisch mißhandelt worden war? Was war mit Mehrfachbehinderungen? Wie hoch lag in unserer Familie die Toleranzgrenze für den Umgang mit solchen Problemen?
Woher sollten wir das wissen? Als Meghan zur Welt kam, hoffte ich einfach auf das Beste, wußte aber, daß ich irgendwie mit jedem Problem, vor das sie mich stellen mochte, fertigwerden mußte. Selbst ein Kind, das kerngesund zur Welt kommt, kann später schwere Gesundheitsstörungen entwikkeln. Damals hatte niemand von mir verlangt, bei der Entscheidung für ein Kind jede nur mögliche genetische Panne zu berücksichtigen. Aber jetzt forderte man uns auf, ganz klar festzulegen, mit welchem Grad an Unvollkommenheit wir leben konnten. Jetzt mußten wir entscheiden, ob wir Ma-

ria akzeptieren konnten, ein Kind aus Fleisch und Blut, das eine Vielzahl gesundheitlicher Probleme mit sich bringen würde. Sie war viel mehr als nur ein Kästchen auf einem Formular.

Mein Entschluß stand schon fest. Er stand seit dem Moment fest, in dem ich Marias Bild gesehen hatte. Casey war sich weniger sicher.

»Ihre gesundheitlichen Probleme bedeuten nur, daß sie uns braucht«, sagte ich.

»Ach Maggie, versuch doch mal, die Sache rational zu sehen«, sagte Casey.

»Sie ist schon von einer Mutter abgelehnt worden.«

»Ich würde gern auf eine weniger riskante Vermittlung warten.«

»Aber wir haben uns so abgerackert und so lange auf *diese* Vermittlung gewartet.«

»Wenn Maria ernsthafte gesundheitliche Probleme hat, weiß ich nicht, ob unser Geld für die ganzen Arztrechnungen reicht.«

»Wir treiben das Geld schon irgendwie auf.«

»Was, wenn Maria soviel Zeit und Aufmerksamkeit in Anspruch nimmt, daß Meghan sich übergangen fühlt, weil sie gesund ist?«

»Wenn wir sie ablehnen, weisen wir vielleicht etwas zurück, das uns vom Schicksal bestimmt ist.«

»Es könnte aber auch Schicksal sein, daß wir die Gelegenheit bekommen haben, uns die Sache nochmal in Ruhe zu überlegen.«

»Muß unser Kind perfekt sein, damit wir es lieben können? Sie wird vielleicht kein Genie. Ist das so wichtig?«

»Nein, aber wir müssen darüber nachdenken, was es für unsere Familie bedeuten könnte, dieses Kind zu adoptieren.«

»Wie können wir aufgrund eines Berichts einer Sozialbehörde von einer Seite Länge *jemals* sicher sein, ob ein Kind das richtige für uns ist? Wir wissen nicht, was die Zukunft bringt.«

»Ich habe ein ungutes Gefühl. Ich möchte vorsichtig sein.«

»Ich liebe dieses Kind.«

»Ich kann mich nicht in ein Foto verlieben. Ich brauche mehr Informationen.«

»Ich kann nicht auf eine neue Vermittlung warten. Was, wenn sie uns ans Ende der Liste setzen?«

»Dann warten wir halt. Ich möchte lieber warten und sicher sein, daß ich die richtige Entscheidung treffe.«

»Ich liebe dieses Kind«, sagte ich.

»Ich weiß«, seufzte Casey und nahm mich in die Arme.

»Ich liebe dieses Kind.«

»Ich weiß.«

Irgendwann spät in der Nacht fiel die Entscheidung. Meine innere Überzeugung war sehr stark, und Casey wußte aus Erfahrung, wie bezwingend sie sein konnte. Das Adoptionsverfahren hatte uns beide zermürbt, und wir wollten mit unserem Leben vorankommen, auch wenn das hieß, uns auf etwas einzulassen, auf das wir vielleicht nicht ganz vorbereitet waren. Casey wollte gern rational sein, gab aber zu, daß auch er das Gefühl hatte, Maria hätte unseren Weg nicht gekreuzt, wenn wir diese Herausforderung nicht bewältigen könnten. Wir waren beide sicher, daß wir eine Menge von ihr lernen könnten, egal, was auch passierte.

Am nächsten Tag, vierundzwanzig Stunden nachdem wir das Bild und die Informationen über Maria erhalten hatten, teilten wir der kolumbianischen Adoptionsvermittlung telefonisch mit, daß wir sie nehmen würden. Wir hatten beide kein Auge zugetan.

Ich verbrachte die nächsten Tage im »Babyfieber«. Wir zeigten Meghan das Bild von Maria. Ich ging Kleider kaufen, um sie mit nach Kolumbien zu nehmen. Wir schmiedeten Reisepläne. Ich suchte ein Foto von mir im Alter von drei Jahren heraus und verschickte es zusammen mit Marias Foto an Verwandte und gute Freunde. Die Fotos waren sich unglaublich ähnlich.

Endlich, nach all der langen Zeit, gab es einen Anlaß zum Feiern: Wir konnten uns auf ein leibhaftiges Kind vorbereiten. Aber mit dem Schicksal ist es eine merkwürdige Sache. Zwei Wochen später erhielten wir noch einen Anruf von der Adoptionsvermittlung. Marias besonderer Probleme wegen hatten die kolumbianischen Sozialbehörden die Informationen über sie gleich an mehrere Vermittlungsstellen weitergegeben. So hatten gleichzeitig mit uns noch viele andere Familien über Maria nachgedacht. »Wie schade für diese anderen Familien«, dachte ich.

Schade für uns, wie sich herausstellte. In genau diesem Augenblick befand sich ein anderes Ehepaar bereits in Kolumbien, um Marias Adoption rechtskräftig zu machen. Sie würde ihr Kind werden, nicht unseres.

Die Nachricht traf mich wie ein Schlag in die Magengrube. Ich wollte, daß unsere Vermittlungsstelle diesen schrecklichen Fehler rückgängig machte. Ich wollte, daß sie diese andere Familie – die ich mir als skrupellose Kidnapper vorstellte – davon überzeugten, daß es sich um ein tragisches Mißverständnis handelte, daß wir bereits die Eltern dieses kleinen Mädchens waren. Ich war fassungslos darüber, daß man ein Kind mehr als einer Familie versprach. Ich war wütend über die Kaltschnäuzigkeit der kolumbianischen Sozialbehörden, deren Haltung in meinen Augen auf »neues Spiel, neues Glück« hinauslief. Wie konnte man so sadistisch sein. Ich war wütend auf die Überbringerin der schlechten Nachricht, eine Sachbearbeiterin der Vermittlungsstelle, der ich noch nie begegnet war. »Wie konnte das passieren?« schrie ich in den Hörer. »*Wie konnten Sie zulassen, daß das pas-*

siert?! Ist so etwas schon einmal passiert? Gibt es keine Gesetze, die einen vor so etwas schützen?!«
»Wir wußten nichts davon«, antwortete die Sachbearbeiterin ruhig. »Es tut uns furchtbar leid, aber Sie müssen auch sehen, daß Maria an liebevolle Eltern vermittelt worden ist. Sie wird ein ausgezeichnetes Zuhause haben.«
Mein Gehirn war nicht bereit, diese Tatsache zur Kenntnis zu nehmen. *Wir* sollten doch ihre liebevollen Eltern werden! Ich wollte mehr wissen – vielleicht konnte ich eine Lösung finden, Besuchsrechte, eine offene Adoption, ich griff nach jedem Strohhalm. »Aus welchem Land kommen sie?« fragte ich. »Wie heißen sie? Können wir ihnen schreiben, um zu erfahren, wie es Maria geht?«
Natürlich konnte man uns solche Informationen nicht geben, und später kam es selbst mir lächerlich vor, daß ich danach gefragt hatte. Aber zu der Zeit schien es mir sehr wichtig, das zu wissen. Ich war nicht bereit, den Gedanken an Maria aufzugeben.
Ich weinte. Ich konnte gar nicht aufhören, zu weinen. Ich weinte um Maria, um die langen Monate des Papierkrams und des Wartens, um die vielen Sorgen und Hoffnungen, die wir in dieses Verfahren investiert hatten, um sie zu finden. So etwas durfte doch einfach nicht passieren. Ich fing an, Casey und mir die Schuld zu geben. Wenn wir gleich ja gesagt und das erste Flugzeug nach Kolumbien genommen hätten, wären dann wir die Familie gewesen, die Maria adoptieren durfte? Ich wußte, daß meine Gefühle unvernünftig waren. Ich wußte, daß ich engherzig und selbstsüchtig war. Ich hätte Gott danken sollen, daß Maria endlich ein Zuhause hatte und keinen Tag länger auf liebende Eltern warten mußte. Ich hätte Gott danken sollen, daß ich Meghan und Casey hatte und sie lieben durfte. Ich hätte fähig sein sollen, das Ganze in einem größeren Zusammenhang zu sehen, aber das gelang mir nicht. Ich war wütend auf die kolumbianischen Sozialbehör-

den, weil sie einer anderen Familie erlaubt hatten, uns unser Kind wegzunehmen. Ich war wütend auf Mercedes, weil sie nicht besser Bescheid wußte, als sie die Informationen an uns weitergab. Ich war wütend auf ACCEPT, weil sie uns nicht geschützt hatten. Ich war aufgebracht über Familie und Freunde, weil sie nicht nachempfinden konnten, was ich fühlte, und böse auf die Welt, weil sie erwartete, daß ich mein alltägliches Leben weiterlebte. Und ich war ganz besonders erbost über mich selbst, weil ich geglaubt hatte, Herrin einer Situation zu sein, die sich meiner Kontrolle vollkommen entzog. Ich versank in Trauer, einem Gefühl des Versagens und der Unzulänglichkeit.

Caseys Enttäuschung und Trauer äußerten sich ganz anders als meine, was mir damals wie Verrat erschien. Er bemühte sich, für Meghan und mich stark zu sein, aber ich wollte, daß er genauso erschüttert und verletzt war wie ich. Er konnte leichter akzeptieren, daß Maria nicht unser Kind sein würde. Er hatte sein Herz nicht so an Marias Foto gehängt wie ich. Er hatte sich entschieden, auf Nummer Sicher zu gehen, bevor er sein Herz verschenkte. Ich beneidete ihn um diese Fähigkeit und haßte ihn dafür. Seine Stärke war mir kein Trost, sie machte mich wütend!

Ich glaube, daß Casey von der Intensität meiner Gefühle überrascht war. Er war sogar etwas erleichtert, daß das Leben die Bürde dieses unbekannten Kindes mit seinen besonderen Problemen von uns genommen und einer anderen Familie übertragen hatte, die vielleicht besser als wir in der Lage war, sie in ihrer Entwicklung zu fördern. Er akzeptierte das einfach als eine Wendung unseres Lebenswegs. Warum konnte ich das nicht? Weil ich zuerst trauern mußte. Es schien mir, als hätte ich ein Kind verloren, ein Kind, das mit mir verwachsen war, als sei es immer schon dagewesen. Niemand konnte verstehen, warum ich einem Kind, daß ich nie in den

Armen gehalten oder auch nur leibhaftig gesehen hatte, so intensive Gefühle entgegenbrachte. Eine Sozialarbeiterin erzählte mir später, wie lächerlich sie es fände, daß Menschen ihr Herz an die Fotografie eines Kindes hängten. Ich habe dazu nichts gesagt; ich wußte, sie würde niemals begreifen, daß man die Seele eines Kindes jederzeit unvermittelt spüren und deshalb eine Bindung zu ihm herstellen kann. Manchen Menschen kann das schon beim Anblick einer »bloßen Fotografie« passieren. Mir war es mit Maria so gegangen.
Nach einiger Zeit war ich imstande, mich halbwegs über Marias glückliches Los zu freuen, obwohl ich mir immer noch konkrete Beweise dafür wünschte, daß es ihr in ihrem neuen Zuhause gut ging – Beweise, die ich nie erhalten werde. Mein Egoismus verwandelte sich, und meine Entschlossenheit, einem anderen Kind ein Heim zu geben, wurde noch stärker. Allmählich verstand ich, daß Caseys Art, mit unserem Verlust umzugehen, nicht »schlecht« oder »falsch«, sondern einfach »anders« war.

Im Rückblick glaube ich, Maria zu verlieren, war so etwas wie eine Fehlgeburt. Ich kenne all die Ermunterungen und gutgemeinten Kommentare, die man in dieser Situation zu hören bekommt: »Auf diese Weise verhindert die Natur, daß mißgebildete Kinder zur Welt kommen.«
»Du kannst immer noch ein anderes Kind bekommen.«
»Besser, es passiert zu Beginn der Schwangerschaft als später.«
»Zumindest war es noch kein *richtiges* Kind.« Heute weiß ich, daß solche Kommentare einer trauernden Mutter nicht helfen. Ich sage nur noch: »Es tut mir so leid für dich.« Maria hat mir die Fähigkeit zu Einfühlung und Anteilnahme geschenkt. Ich werde sie immer lieben.

5. Kapitel

Diana

Aus der Anforderungsliste einer Adoptionsvermittlungsstelle, 1993:

> H. Polizeiliches Führungszeugnis. Sie können bei der Staatspolizei eine Anfrage beim Bundeszentralregister beantragen, die Auskunft über Ihr Vorstrafenregister bzw. das Nichtvorhandensein eines solchen gibt. Dazu werden Ihre Fingerabdrücke auf speziellen Formblättern abgenommen und überprüft. (Dieser Vorgang ist nicht mit der Abgabe von Fingerabdrücken für die Einwanderungsbehörde und deren Überprüfung zu verwechseln. Es handelt sich um zwei unterschiedliche Verfahren.) Klären Sie mit den zuständigen Stellen zunächst telefonisch, was Sie benötigen und wann Sie es erhalten können. Da ein solches Führungszeugnis notariell beglaubigt werden muß, kann es in manchen Verwaltungsbezirken nur innerhalb bestimmter Geschäftszeiten abgeholt werden. Paare sollten nach Möglichkeit versuchen, ein gemeinsames Führungszeugnis für beide zu bekommen; falls dies nicht möglich ist, sind auch getrennte Führungszeugnisse kein Problem (die Beglaubigung kommt dann jedoch teurer).

Marge gab mir einen Stapel Adoptionszeitschriften mit Geschichten von Adoptiveltern. »Lesen Sie die«, sagte sie. »Das wird Ihnen helfen, die Dinge in der richtigen Perspektive zu sehen. In all den Jahren, die ich im Adoptionswesen tätig bin, habe ich noch nie erlebt, daß es einer beharrlichen Familie nicht gelungen wäre, ein Kind zu adoptieren. Ich habe auch noch nie erlebt, daß eine Familie länger als zwei Jahre warten mußte. Geben Sie nicht auf.«

Die Geschichten machten mir Hoffnung. Staunend las ich, was Menschen alles durchgestanden hatten, um einem Kind ein Zuhause zu geben. Manche Adoptionen erschienen einfach – von Anfang bis Ende nur einige Monate Papierkram. Es kann also wirklich so laufen, wunderte ich mich. Andere Geschichten waren geradezu lächerlich kompliziert: Monate-, manchmal jahrelanges Warten in einem fremden Land auf die Ausreiseerlaubnis für ein frisch adoptiertes Kind; Adoptionsprogramme, die wenige Tage vor Eintreffen der Ausreisegenehmigung für das Kind eingestellt wurden. Diese Geschichten zeugten von der erstaunlichen Kraft, die Menschen allen Widrigkeiten zum Trotz antreibt, ein Kind zu suchen, dem sie ein neues Zuhause geben können. Die tapferen Familien, von denen ich las, hegten einen so starken Wunsch nach einem Kind, daß sie dafür all ihre finanziellen und emotionalen Reserven investierten. Wenn sie es schaffen konnten – oft unter viel entmutigenderen Bedingungen als wir –, dann konnten wir es auch.

So nobel meine neugewonnenen Einsichten klingen mögen, pflegte ich doch immer noch mindestens einmal die Woche bei Bee anzurufen, um darüber zu jammern, wie schwer das Warten war. Ich fühlte mich geradezu schuldig, wenn ich nicht jeden Tag irgend *etwas* tat, um unser Kind zu uns zu holen. Es war, als ob ich fühlen konnte, daß es irgendwo darauf wartete, von mir gefunden zu werden.

Casey nahm die ständigen Verzögerungen mit Gelassenheit. Er hielt sich an unseren festen Glauben, daß »alles seine Zeit hat«. Ich hingegen war diesem Glauben abtrünnig geworden und betrachtete Caseys Fähigkeit, einfach sein normales Leben weiterzuleben, als einen schweren Charakterfehler. Ich wollte, daß er meine seelischen Aufs und Abs mitmachte. Wir führten einen altvertrauten Ehetanz auf und traten uns dabei ständig auf die Zehen. Ich war ungeduldig und ständig in Bewegung; Casey war entspannt und schwamm mit dem Strom. Ich habe festgestellt, daß zwei Menschen, auch wenn sie einander lieben, sich nicht immer zur gleichen Zeit auf den gleichen Bahnen bewegen. Am Ende kommen die Dinge meist wieder ins Lot, aber die Zeit bis dahin kann die reinste Hölle sein.

Die Nachrichten von Mercedes waren entmutigend. Die Verwaltung der kolumbianischen Sozialbehörden wurde gerade völlig umgekrempelt. Sachbearbeiter, mit denen sie seit Jahren zu tun hatte, wurden durch andere ersetzt, die keine Ahnung hatten, wer sie war. Sie brauchte Tage, um zu diesen neuen Sachbearbeitern auch nur durchzudringen. »Sie sind in neue Büroräume umgezogen«, bekamen wir eines Tages zu hören. »Bis sie sich da häuslich eingerichtet haben, passiert überhaupt nichts.«

Dann teilte sie uns mit, daß unsere ganzen Unterlagen abhanden gekommen waren. Wir waren machtlos, konnten nur klägliche Fragen stellen wie: »Ja, wissen sie denn nicht mehr, wo sie die Akten zuletzt gesehen haben?«

Bee verstand, daß ich in Bewegung bleiben mußte. Sie machte mir Vorschläge, an welche Gruppen ich mich um Unterstützung wenden sollte, und rief, wann immer sie konnte, selbst in Kolumbien an, um zusätzliche Informationen zu bekommen. Während ich ihr die traurige Geschichte von den verlorengegangenen Unterlagen erzählte, hörte ich ein Rascheln von Papieren, auf das eine lange Pause folgte und dann: »Nun, Maggie, ich weiß nicht, ob ich Ihnen hiervon überhaupt etwas erzählen sollte ...« Eine weitere Pause. »Ich habe hier gerade einen Brief von einer Frau namens Diana Revutsky bekommen. In Rußland sind Auslandsadoptionen neuerdings wieder zulässig, und sie gründet dort ein neues Adoptionsprogramm. Das Gute daran ist, daß sie in der Nähe von San Francisco sitzt. Das Schlechte ist, daß wir noch keine Erfahrungen mit ihr haben. Vielleicht sollten Sie sie anrufen und sich nach ihrem Programm erkundigen.«

Ich war begeistert. Endlich konnte ich etwas tun. Ich hatte eine Aufgabe. Ich rief auf der Stelle bei Diana an, und war von Anfang an verblüfft über die Energie, die Diana in ihre Arbeit steckte. Sie war offensichtlich bestrebt, keinen Augenblick zu verschwenden, was im völligen Gegensatz zu unseren bisherigen Erfahrungen mit Kolumbien stand. Ich war hingerissen! Sie erklärte, daß sie aus Georgien stamme. Während sie einer Freundin half, sich im Labyrinth der russischen Adoptionsgesetzgebung zurechtzufinden, war ihr aufgegangen, wie dringend auch hier jemand gebraucht wurde, der mit beiden Ländern vertraut war, um zwischen den beiden ganz unterschiedlichen Beamtenapparaten und Kulturen zu vermitteln. Also hatte Diana das letzte Jahr damit verbracht, Verbindungen zu russischen Kinderheimen und Behörden anzuknüpfen und ein Netz aufzubauen, das Amerikaner bei der Adoption russischer Kinder unterstützen sollte. Ihre Adoptionsvermittlung nannte sich The Russian Liaison, und sie war jetzt soweit, Klienten anzunehmen. Ich erzählte ihr, daß wir gerne ein Mädchen zwischen drei und fünf adoptieren wollten, und sie überraschte mich mit der umwerfenden Mitteilung, daß sie zwei Mädchen in dieser Altersgruppe habe, für die sie ein Zuhause suche. Ich war wie vom Donner gerührt.

»Wie heißen sie?« fragte ich und bemühte mich, wie eine ausgeglichene, gefaßte Person zu klingen, der man ein Kind anvertrauen konnte. Ich umklammerte den Telefonhörer fester, weil meine Hände zitterten.

»Nadja und Ruta«, antwortete sie und begann, die beiden

Mädchen zu beschreiben, ihre Geburtsdaten und in welchen Kinderheimen sie sich befanden, aber ich kann mich an kein einziges Wort erinnern, außer an »Ruta« und »Nadja«.
Ich würde gerne berichten, wie sich dieser erste Hinweis auf unser zukünftiges Kind anfühlte – aber die Empfindungen sind verschwunden. Was bleibt, ist nur die Erinnerung an eine überwältigende Gemütsbewegung. Ich hätte Diana gerne gefragt, ob ich sofort zu ihr ins Büro kommen könne, aber Casey war auf Geschäftsreise. Statt dessen vereinbarten wir einen Termin für den Tag, an dem Casey zurückkommen würde, und verabschiedeten uns. Ich hatte kaum den Hörer aufgelegt, als ich auch schon vor Freude anfing zu brüllen und durch den Raum zu tanzen. »Hurra, hurra«, schrie ich Zimmerdecke und -wände an. »Ich muß Casey auftreiben!«
Casey war in Arizona, wo er eine Schulung für Manager leitete. Ich rief mehrere Nummern an, bevor ich jemanden fand, der ihn aufspüren und ans Telefon holen konnte. »Was ist passiert?« fragte er atemlos in Erwartung einer größeren Katastrophe.
»Wir haben vielleicht ein Kind!« sagte ich. »Aus Rußland!«
Ich weiß nicht recht, wie es auf Casey wirken mußte, von seiner wirr redenden Frau aus einem wichtigen Seminar herausgeholt zu werden, um sich eine Geschichte nicht etwa über ein, sondern gleich über zwei Kinder erzählen zu lassen, nicht aus Kolumbien, sondern aus Rußland und nicht durch Mercedes vermittelt, sondern durch eine Frau namens Diana, von der er noch nie gehört hatte. »Ach und übrigens, Schatz, auf dem Weg vom Flughafen nach Hause haben wir einen Termin bei Diana, um uns die Bilder der Mädchen und einen Vertragsentwurf anzusehen.« Nach so einer Aktion überlegt man es sich in Zukunft wohl zweimal, sein Zuhause zu verlassen – oder zurückzukehren.
Als Meghan an dem Tag aus der Schule kam, versuchte ich,

meine Aufregung im Zaum zu halten. Schließlich hatten wir ihr auch schon alles über Maria erzählt, und dann war die Sache ins Wasser gefallen. Diesmal wollte ich sicher sein, bevor ich mit ihr über die Angelegenheit sprach. Sie war erfreut, ihre Mutter in so guter Laune vorzufinden. Wir gingen sogar ein Eis essen – vor dem Abendessen! Meghan war klug genug, keine Fragen zu stellen. Sie sagte nur: »Chocolate Chip, bitte.«

Casey und ich erschienen mit einem breiten Lächeln bei Diana. (Das wurde allmählich unser standardmäßiger Gesichtsausdruck.) Auf unserem emotionalen Adoptions-Bungee befanden wir uns entschieden im Aufschwung, aber wir wußten beide, daß es von hier oben auch wieder ein weiter Weg nach unten war. Casey war von Dianas russischem Akzent sofort fasziniert und wollte wissen, wie man auf Russisch »Guten Tag« sagt. *»Sdrastwyitje«,* antwortete sie, und Casey sprach es ihr perfekt nach. Mir war sofort klar, daß es mit mir und der russischen Sprache nichts werden würde. Selbst ein einfaches »Guten Tag« schien meine artikulatorischen Fähigkeiten zu überfordern. »Hi«, sagte ich.

Diana war freundlich und liebenswürdig und bestand darauf, uns kühle Getränke zu besorgen, bevor wir uns unterhielten. Ich wollte nur die Fotos sehen. Casey wollte ihr endlose Fragen über ihre Arbeit in Rußland stellen. Sie zeigte uns Fotos von Kindern, die sie gerade an andere Familien vermittelte. Sie sahen alle reizend aus. »Ich würde jedes davon adoptieren«, dachte ich bei mir. »Wie hübsch und gesund sie aussehen.« Schließlich zeigte sie uns die Bilder von Ruta und Nadja. Wie sollten wir uns bloß entscheiden? Sie waren beide niedlich, aber was hieß das schon, und war »niedlich« ein Kriterium?

Ich listete Argumente für das eine oder das andere Kind auf:

☆ Meine Mutter heißt Ruth; Ruta klingt so ähnlich wie Ruth.

☆ In meiner Collegezeit hatte ich eine Katze namens Nadja.

☆ Ruta trägt eine Brille; sicher braucht sie uns mehr als Nadja, die offenbar auch ohne Brille gut sieht.

☆ Ich war früher einmal aktive Turnerin und schwärmte für Nadja Comaneci.

☆ Ruta hat dunklere Haare als Nadja. Vielleicht wird sie uns ähnlicher sehen.

☆ Nadja sieht aus, als bräuchte sie eine Familie, die sie tröstet.

☆ Ruta sieht aus, als bräuchte sie eine Familie, die ihr das Lächeln beibringt.

Diese tiefschürfenden Überlegungen waren nicht gerade die beste Grundlage für eine vernünftige Entscheidung. Casey sah aus, als würde er seine eigenen Eindrücke ebenso erfolglos gegeneinander abwägen. Wir sahen Diana an. »Wie sollen wir uns bloß entscheiden?«

Zum Glück kam Diana uns zur Hilfe. »Nadja ist ein Jahr älter als Ruta. Sie wird bald in ein Kinderheim für ältere Kinder wechseln müssen. Die Entscheidung liegt natürlich ganz bei Ihnen, aber Nadja wird wenig oder gar keine Aussichten haben, aus dem nächsten Kinderheim heraus adoptiert zu werden.« Sie erklärte uns, daß in den russischen Kinderheimen für ältere Kinder weniger Betreuer zur Verfügung stehen und die Altersunterschiede groß sind. Für die neu dazukommenden Kinder kann das Leben sehr hart sein; sie dienen den älteren Kindern oft als wehrlose Zielscheiben, an denen sie ihre eigenen Frustrationen abreagieren.

»Ich werde für beide Mädchen ein Zuhause finden, aber bei Nadja muß es schnell gehen.«

Ich sah mir Nadjas Foto noch einmal an. Maria hatte ich so

schnell ins Herz geschlossen. Warum fühlte ich bei Nadja nicht die gleiche Anziehung? Sie schien ein nettes Kind zu sein, auch wenn ihre Haare aussahen wie von einem schlechtgelaunten Friseur in einer finsteren Kammer mit stumpfer Schere geschnitten. Diana erklärte, daß man den Kindern häufig die Haare schnitt, damit sie keine Läuse bekamen. Nadja hielt eine Puppe fest an sich gedrückt, als wolle sie sie vor dem Fremden beschützen, der das Foto gemacht hatte. Ihre Augen waren klein und etwas verquollen, als hätte sie nachts nicht genug Schlaf bekommen. Ihr Lächeln wirkte unecht, zaghaft, ein Lächeln auf Befehl, nicht aus Fröhlichkeit. Trotzdem sah sie gesund und gut gepflegt aus. Was war mit mir los? Warum rührte sie nicht an mein Herz?

Es gibt zwar Eltern, die um die Welt reisen, um ein Kind heimzuholen, das sie noch nie gesehen haben, doch die meisten bekommen vorher ein einziges Foto. Das Foto von Nadja war unsere einzige Verbindung zu ihr. Wir starrten es oft an, versuchten, ihre Persönlichkeit zu enträtseln – aus diesem Sekundenbruchteil, den sich die Kamerablende auf ihre Welt geöffnet hatte. Ich bin heilfroh, daß ich mich niemals mit einem Familienschnappschuß oder – Gott bewahre – meinem Führerscheinfoto für irgend etwas bewerben mußte. Man stelle sich vor, das ganze Leben hinge davon ab, ob die Frisur an diesem einen Tag gut saß. Heute erkläre ich den Leuten, daß man bei einer Auslandsadoption die endgültige Entscheidung nur aufgrund des Wunsches nach einem Kind treffen kann. Auf alle anderen Informationen ist kein Verlaß; das ist einfach so.

Ich wußte, daß wir jedes der beiden Kinder adoptiert hätten. Warum zögerten wir also? Ich kann dazu nur sagen, daß wir uns vor etwas zu schützen suchten, das einfach zu gut schien, um wahr zu sein. Diana drängte uns nicht; sie gab uns den Vertrag zum Durchlesen. »Nehmen Sie sich einfach etwas Zeit, die Sache zu überdenken, und sagen Sie mir dann Be-

scheid«, sagte sie. Fast als könne sie Gedanken lesen, fügte sie mit einem Blick auf mich hinzu: »Keine Angst, ich zeige die Bilder niemand anderem, bis Sie sich entschieden haben.«
Casey und ich gingen zum Mittagessen in ein Restaurant, aber ich war nicht besonders hungrig. Wir sprachen über Dianas Arbeit und über Nadja. Aber wir waren unsicher und wußten nicht warum. Wo lag das Problem? Warum zögerten wir jetzt, nachdem wir fast zwei Jahre lang an dieser Sache gearbeitet hatten? Wir hatten beide Vertrauen zu Diana. Worauf warteten wir? Nach einigem Hin und Her wurde uns klar, daß wir auf eine neue Maria warteten. Nadja war nicht Maria. »Das ist *unser* Problem, mit dem wir uns auseinandersetzen müssen«, sagte Casey. »*Nadja* ist unser Kind. Was gibt es da noch nachzudenken?« Er hatte völlig recht. Wir fühlten uns beide erleichtert und unserer selbst wieder sicher. Wir baten darum, das Telefon des Restaurants benutzen zu dürfen, und riefen aufgeregt bei Diana an. »Können wir jetzt gleich noch einmal vorbeikommen?« fragte Casey. »Wir möchten den Vertrag unterschreiben und anfangen, die Unterlagen für Nadja zusammenzustellen.« Wir umarmten uns voll Begeisterung und sausten zurück zu Diana. Den Rest des Tages verbrachten wir damit, Nadjas Foto jedem zu zeigen, der bereit war hinzusehen, ob wir ihn kannten oder nicht. Jedesmal, wenn wir jemand von unserem Glück erzählten, fühlten wir uns überzeugter, daß Nadja tatsächlich das Happy-End unserer Geschichte sein würde.
Mit Dianas Unterstützung erledigten wir den Papierkram, der uns bei den kolumbianischen Behörden Monate gekostet hatte, für Rußland innerhalb weniger Tage. Mit Nadjas Foto – dem Foto eines wirklichen Kindes – vor Augen gingen wir, was Fingerabdrücke, Formulare und Arzttermine betraf, wesentlich dynamischer zu Werke. Wir stellten ein Album mit Fotos von unserem Haus und unserer Familie zusammen, um es an die Direktorin von Nadjas Kinderheim zu schicken.

Diana gab uns kurze Russischlektionen. Wir hörten im Auto russische Sprachkassetten. Sogar Meghan horchte andächtig den russischen Sätzen, die eine weibliche Stimme aus dem Lautsprecher sprach, und versuchte gemeinsam mit uns, sie nachzusprechen. (Meghan und ich konnten niemanden direkt ansprechen, da wir bei der Aussprache mancher Laute unweigerlich zu spucken begannen.) Zuerst konnten wir noch mithalten – die Buchstaben des Alphabets zu wiederholen, war nicht weiter schwierig, solange wir uns nicht erinnern mußten, was wir gerade gesagt hatten. Später jedoch, als die Stimme von uns verlangte, Sätze aus bis zu vier Wörtern zu wiederholen, konnten wir nur noch lachen.
»Mein Mann ist verschwunden«, sagte die Frau auf dem Tonband auf Englisch und wiederholte dann auf Russisch etwas, das für mich klang wie: »Tjonr fkfdldoeoritjehdkgflskdjhghf dlfkgjririeoririt didiejthtlrkejerjrkt.«
Als sie fertig war, konnte ich mich nicht einmal mehr erinnern, wie das erste Wort geklungen hatte, geschweige denn es nachsprechen.
»Du solltest in Rußland gut auf dich aufpassen«, sagte ich zu Casey, »weil ich dich nicht einmal vermißt melden kann, wenn du abhanden kommst!«
Drei Monate nach unserer ersten Begegnung mit Diana erfuhren wir unseren Reisetermin: Freitag, den 8. Oktober. Diana teilte uns diesen Termin aus Rußland mit, wo sie bis zum Abschluß unserer Adoption bleiben würde. Sie wollte sichergehen, daß es keine Probleme oder Überraschungen gab, wenn wir dort ankamen. Wir würden zusammen mit einem anderen Paar, das ebenfalls in San Jose wohnte, nach Rußland fliegen. Sie wollten zwei Jungen aus demselben Kinderheim adoptieren, in dem auch Nadja war. Sie hießen Steve und Frances Smith, und wir riefen sie während der Reisevorbereitungen häufig an, um uns mit ihnen zu beraten. Was für Mäntel nehmen Sie mit? Was glauben Sie, wie das Wetter

wird? Nehmen Sie Mineralwasser mit? Wie werden Sie Ihr Geld mit sich führen? Wir blieben mit unseren Fragen und Unterhaltungen jedoch im Oberflächlichen – ich glaube, beide Seiten hatten Angst, sich zu weit einzulassen, für den Fall, daß bei einer etwas schiefginge. Wir wußten aus eigener Erfahrung, daß sich die Sache noch im letzten Moment zerschlagen konnte. Aber trotzdem machte es Spaß, unsere Einkaufslisten mit einem anderen Paar durchzusprechen, das genauso durcheinander und aufgeregt war wie wir.
Nach der harten Arbeit, die es gekostet hatte, unsere Unterlagen auf Vordermann zu bringen (wir hatten so lange gewartet, daß einige Dokumente schon wieder ungültig waren und wir von vorne anfangen mußten), wollten und brauchten wir etwas Zeit für unser Familienleben mit Meghan. So fuhren wir mit meinem Bruder Chuck, seiner Frau Penny und ihren beiden Söhnen Anthony und Ashton in den Yosemite National Park. Wir verbrachten ein wunderbares Wochenende, fuhren Fahrrad, unternahmen lange Spaziergänge, beobachteten die Hirsche, igelten uns in unserer gemütlichen Ferienhütte ein und blendeten die Außenwelt völlig aus. Casey und ich bewegten uns wieder im gleichen Rhythmus, statt feindselig Distanz zu wahren. »Denk nur«, sagte ich zu Casey, »das nächste Mal, wenn wir herkommen, wird Meghan eine Schwester haben.«
Als wir nach Hause kamen, erfuhren wir, daß in Rußland politische Unruhen ausgebrochen waren.

6. Kapitel

Rußland

Newsweek
Zwölf Tage, nachdem Boris Jelzin das konservative Parlament aufgelöst hatte, floß in Moskaus Straßen Blut. Angesichts der sich zuspitzenden Krise ließ Jelzin Sonntag nachmittag in Moskau den Ausnahmezustand ausrufen, wenige Stunden, nachdem Demonstranten Polizeikordons angegriffen und die Windschutzscheiben von Panzerfahrzeugen zertrümmert hatten und schließlich auf das Gelände des Parlamentsgebäudes, des Weißen Hauses, durchgebrochen waren, in dem sich immer noch mehr als 100 Abgeordnete verschanzt hielten. Er ließ Regierungstruppen in den Straßen aufmarschieren und schien bereit, den Aufstand nötigenfalls mit Gewalt niederzuschlagen.

Als wir Anfang Oktober 1993 für die Reise nach Rußland packten, lauschten wir natürlich den Nachrichten über den Putsch in Moskau. Während wir Geschenke für das Kinderheim kauften, löste Boris Jelzin das russische Parlament auf und kündigte vorgezogene Neuwahlen an. Während wir darüber grübelten, wieviel Mineralwasser wir mitnehmen sollten, stand das Weiße Haus in Moskau unter Belagerung durch schwere Artillerie.
Diana wohnte in Moskau in der Nähe des Weißen Hauses. Wir machten uns Sorgen um ihre Sicherheit. Vier Tage vor

unserer Abreise riet das US-Außenministerium offiziell von Reisen in die russische Republik ab, aber für uns war es undenkbar, noch länger zu warten. Falls es zu größeren Unruhen kommen sollte, wollten wir Nadja rechtzeitig herausholen; die Tore für Auslandsadoptionen konnten sich jederzeit wieder schließen.

Unser Leben war ein Chaos aus hektischen letzten Vorbereitungen. Man sollte nicht glauben, daß wir nach fast zweijähriger Wartezeit auf dieses Ereignis jetzt wie die aufgescheuchten Hühner umherrannten, aber so war es. Tausende von Details und Problemen mußten berücksichtigt werden. Wir mußten uns um Impfungen, Visa, Geschenke und Reiseausrüstung kümmern. Wir mußten Arbeitsprojekte für Kunden zum Abschluß bringen. Ich schrieb drei Seiten voll detaillierter Anweisungen für die Freunde, die sich um Meghan kümmern würden, solange wir fort waren. Noch am Tag vor unserer Abreise hetzten wir uns ab, um ein Dokument beglaubigen zu lassen, welches besagte, daß wir alle gesundheitlichen Probleme akzeptieren würden, die Nadja haben mochte – bekannter oder unbekannter Natur. (Wir bemühten uns, nicht darüber nachzudenken, was das bedeuten konnte.)

Meghan beschwerte sich bitterlich, daß sie nicht mit uns kommen durfte, bis sie erfuhr, daß jeder, der nach Rußland reisen wollte, eine Spritze in den Po bekam. Das führte zu einem sofortigen Sinneswandel. »Ist schon okay«, erklärte sie. »Ich bleibe lieber zu Hause bei meinen Freunden.«

Am Abend vor unserer Abreise rief Dianas Mann, Jephim, praktisch stündlich an, um letzte Anweisungen von Diana durchzugeben. Eine große, dunkelhaarige Frau namens Natascha würde uns vom Flughafen abholen. Sie würde unseren Fahrer mitbringen. Gegen Mitternacht teilte Jephim uns mit, daß unser gesamtes Geld – ein Betrag im Wert von rund 6000 Dollar, den wir bar mit uns führen mußten – aufgrund von Problemen mit Falschgeld in Rußland nicht vor 1990 gedruckt sein durfte. Wir mußten so viel Geld mitnehmen: Alle Zahlungen für Kinderheimgebühren, Unterbringung, Reisekosten, Übersetzungsgebühren und sonstige Paß-, Botschafts- und Verwaltungsgebühren mußten vor Ort bar geleistet werden.

Ungefähr zu diesem Zeitpunkt fiel mir ein, daß wir kein Testament hatten – was mir verantwortungslos erschien, und so fing ich an, eines aufzusetzen. Da saßen wir nun, sortierten aus einem riesigen Stapel Geldscheine die »alten« Scheine aus, bearbeiteten letzte Änderungen an beruflichen Projekten und legten schriftlich fest, wer sich im Falle unseres Todes um Meghan kümmern und wo unsere Asche verstreut werden sollte (falls sich die Sache nicht durch einen Flugzeugabsturz erledigte). Ein beschaulicher Augenblick der Vorfreude auf die Aufnahme eines neuen Familienmitglieds in unser Heim? Ganz sicher nicht!

Als Meghan an diesem Morgen wach wurde, kuschelten wir uns mit ihr unter unsere Steppdecke. Sie sah der Aussicht, während unserer Abwesenheit bei Freunden zu wohnen, sehr tapfer entgegen, fragte sich aber, wie sie ohne ihre Eltern zurechtkommen würde. Wir waren noch nie so lange getrennt gewesen. Es kam mir vor, als würde ich einen Teil von mir zurücklassen. Zuerst hatten wir Meghan mitnehmen wollen, damit sie bei unserer ersten Begegnung mit Nadja dabeisein konnte, aber Diana riet uns ab. »Das wird kein Familienurlaub«, sagte sie. »Das Reiseprogramm ist viel zu anstrengend für ein Kind.« Bei genauerer Überlegung war mir auch klar, daß wir in diesen ersten paar Tagen unsere ganze Aufmerksamkeit ohne Ablenkungen auf Nadja würden konzentrieren müssen. Ich wollte sie keiner potentiellen Geschwisterrivalität aussetzen, bevor sie uns überhaupt kennengelernt hatte. So kuschelten wir drei uns aneinander und flüsterten Liebesbekundungen, bis es für Meghan Zeit wurde, in die Schule zu gehen.

Danach brach die Hölle los. Ich hetzte zur Bank, um unser »altes« Geld gegen »neues« einzutauschen. (Die Kassiererin sah mich an, als hielte sie dies für eine neue besonders raffinierte Methode zur Geldwäsche!) Da wir die ganze Verpflegung, Kleidung und Geschenke nicht in die Koffer gequetscht bekamen, begann Casey im letzten Augenblick, alle Sachen aus ihren Verpackungen zu nehmen und Wasserflaschen und mein kostbares amerikanisches Knabberzeug rauszuwerfen. Wir hätten um 12.00 Uhr das Haus verlassen sollen; um 12.30 Uhr fiel mir ein, daß ich vergessen hatte, die zusätzlichen Paßfotos zu besorgen, die wir für irgendeine neue, mir ohnehin unklare Dokumentanforderung benötigten. Wir quälten uns mit unserem ganzen Gepäck aus dem Haus, beluden Pennys Kleinbus, rasten zu einem Foto-Schnelldienst und flehten die Angestellte an, möglichst schnell ein paar Fotos von uns zu machen. Sie nahm einen Fön, um die Fotos schneller zu trocknen.

Als wir am Flughafen ankamen, fing ich an zu zittern. Ich hatte den größten Teil der Woche in einem Zustand der Betäubung zugebracht, während ich versuchte, alles zu erledigen. Jetzt kamen all meine Gefühle hoch. Mich plagten so viele Ängste. Wird die amerikanische Botschaft wegen der Unruhen schließen? Ist Diana in Gefahr? Werden sie Nadja aus dem Land lassen? Werden sie uns hineinlassen? Wird Meghan ohne uns zurechtkommen? Was um alles in der Welt tun wir hier? Penny bemerkte meine zitternden Hände und nahm sie in ihre. »Nun, jetzt ist es endlich soweit«, sagte sie, und wir mußten beide lachen, während uns gleichzeitig Tränen in den Augen standen. »Ich kann es kaum erwarten, meine neue Nichte kennenzulernen.«

»Danke für alles«, sagte ich aus tiefstem Herzen und umarmte sie. Es war tatsächlich soweit, unsere »Adoptions-Fruchtblase« war geplatzt, und Casey und ich waren auf dem Weg, unsere neue Tochter abzuholen.

Wir entdeckten die Smiths, kurz bevor wir das Flugzeug bestiegen. Dann saßen wir alle nebeneinander mit unseren Mänteln, Rucksäcken und diversen Plüschtieren. Da wir möglichst viel als Handgepäck mitnehmen wollten, blieb uns auf unseren Touristenklasse-Sitzen nicht allzuviel Platz. Ich beneidete die Smiths. Sie wirkten so ruhig und gelassen. Vielleicht wirkte ich auf sie ebenfalls gelassen, aber es gelang mir nur mit schierer Willenskraft, meine Nervosität zu unterdrücken. Ich wußte, wenn ich meine Gefühle jetzt nicht in Schach hielt, würde ich als nervliches Wrack in Rußland ankommen. Ich atmete tief durch und packte das mitgebrachte Buch aus. Den größten Teil des zehnstündigen Transatlantikflugs verbrachte ich mit Lesen. Schlafen war unmöglich – ich litt an einem »präadoptiven Streßsyndrom«, und das Adrenalin rauschte nur so durch meinen Körper. Wir hatten einen zweieinhalbstündigen Aufenthalt in Frankfurt, bevor wir nach weiteren drei Stunden Flug in Moskau landeten.

Casey kam mit einem Mitpassagier namens Sergej ins Gespräch, den er mit Fragen bestürmte, um seine russische Aussprache zu üben. Sergej hatte jede Menge Ratschläge auf Lager – manche davon wirklich besorgniserregend. Er erzählte uns, daß die Zollbeamten unter Umständen unser Geld würden zählen wollen. »Manchmal geben Beamte einen Tip an Kriminelle weiter, wenn sie feststellen, daß Touristen viel Bargeld dabei haben. Seien Sie vorsichtig.«

»Was soll das nun wieder heißen?« fragte ich Casey, als Sergej zu seinem Sitz zurückkehrte. »Wie sollen wir uns davor schützen? Sollten wir unser Bargeld lieber *nicht* deklarieren?«

»Ich habe keine Ahnung, aber ich denke, es ist gut, gewarnt zu sein.«

»Oh ja, ich fühle mich gleich viel besser. Jetzt brauche ich mir nicht mehr *auszumalen*, was alles schiefgehen kann; ich

habe statt dessen etwas *Reales*, um das ich mir Sorgen machen kann.«
»Entspann dich. Was kann denn schon schlimmstenfalls passieren?«
Das Wort *Gulag* schoß mir durch den Kopf.
Die Ankunft in Moskau war wirklich eine Erfahrung. Nicht nur, daß uns Sergejs freundliche Warnungen noch frisch im Gedächtnis waren, es kam uns vor, als wären wir auf einem anderen Planeten gelandet. Außer dem Strom der Passagiere, der sich durch die schwach erleuchteten Gänge mit Zementwänden ergoß, sah ich zunächst überhaupt keine Menschen. Dann kamen wir zu einer Reihe von Schaltern, an denen Soldaten unsere Pässe und Visa kontrollierten. Hinter der Zollkontrolle wartete eine Menschenmasse. Wir verloren die Smiths aus den Augen. Alle Gesichter, die ich sehen konnte, blickten ernst drein. Es kam mir vor, als hätten wir irgendwo auf dem Flug die mir vertraute Technicolor-Welt hinter uns gelassen und eine Welt in Grau betreten. Ein deplazierter Farbtupfer war jedoch übriggeblieben. Zwei texanische Geschäftsleute unterhielten sich lautstark und machten eine Menge Radau – ohne irgendeine Rücksicht auf die schweigsamen Menschen rundum. Sie steckten sich Zigaretten an und traten sie später mit ihren Stiefeln auf dem Boden aus. So fremdartig mir die Umgebung auch erschien, war ich über ihre Unhöflichkeit doch noch mehr irritiert. Häßliche Amerikaner, dachte ich.
Wir hatten Angst, man würde uns über unsere Koffer voller Kinderkleidung und Geschenke ausfragen. Ich konnte die noch aus meiner Kindheit im Kalten Krieg stammenden Vorstellungen vom »Reich des Bösen« nicht recht abschütteln. Würden sie denken, daß wir die Sachen hier verkaufen wollten? Was hielten sie davon, daß Amerikaner herkamen, um russische Kinder zu adoptieren? Nachdem wir fast eine Stunde lang angestanden hatten, fanden wir uns schließlich am

Zollschalter vor einem weiteren Soldaten – unsere einstudierten Antworten auf all die Fragen, mit denen wir rechneten, auf den Lippen. Er sah uns nicht einmal an. Er kritzelte etwas auf das Formular und winkte uns durch.

Wir entdeckten Natascha (genauer gesagt, sie fand uns in diesem Menschenmeer). Sie sollte unsere Hauptkontaktperson sein, solange wir in Moskau waren, aber Diana hatte es so eingerichtet, daß wir jeweils bei russischen Familien übernachten würden. Die Hotels in Moskau sind sehr teuer, und Diana wollte nicht, daß wir alleine zum Essen ausgehen mußten. Die Leute, die sie ausgewählt hatte (wärmstens empfohlen und eingehend begutachtet), waren gewillt, uns zum Preis von etwa 40 Dollar pro Nacht in ihren Wohnungen zu beherbergen und zu beköstigen. 40 Dollar entsprachen damals für viele Russen etwa einem Monatsgehalt, so daß beide Seiten davon profitierten. Unserem Fahrer sollten wir etwa 8 Dollar pro Stunde zahlen.

Natascha begrüßte uns mit strahlendem Lächeln, das sich etwas trübte, als sie uns erklärte, daß wir uns beeilen mußten. Seit Verhängung des Kriegsrechts galt in Moskau ab 23 Uhr eine Ausgangssperre – wir mußten so rechtzeitig in unserer Wohnung ankommen, daß der Fahrer noch nach Hause kam. Wir wußten nicht genau, welche Folgen eine Mißachtung der Ausgangssperre hatte, wollten aber keinesfalls, daß unser Fahrer in einem Moskauer Gefängnis landete, statt uns herumzuchauffieren.

Beim Verlassen des Flughafens wurde unser Wagen an einem Kontrollpunkt von Soldaten mit Maschinengewehren angehalten. Großartig, dachte ich, noch keine zwei Stunden im Land und schon haben wir Ärger mit dem Militär! Unser Fahrer holte Papiere aus dem Handschuhfach und stieg aus, um mit den Soldaten zu sprechen. Natascha, die mit den Smiths in einem anderen Auto saß, war nicht angehalten worden, so daß wir sie nicht fragen konnten, worum es ging. Casey und ich sahen einander nur mit weit aufgerissenen Augen an und warteten. Nachdem die Soldaten sich die Dokumente unseres Fahrers eingehend betrachtet hatten, stieg er wieder ins Auto und fuhr los. Er konnte nur wenige Worte Englisch: »Putsch – Revolution. Sie wollen ... Paß für mich, Paß für Auto.« Wir entspannten uns ein bißchen. Wie es schien, nur eine der vielen Schikanen im Leben eines Moskauers.

Und so fuhren wir über mit Schlaglöchern übersäte Straßen, je nach Lust und Laune des Fahrers, mal mit, mal ohne Scheinwerfer, uns in den Verkehr ein- und wieder herausfädelnd, ins Herz von Moskau hinein. Wir sahen keine Einfamilienhäuser, sondern nur riesige Wohnblocks aus Beton. An der Straße standen alle paar Meter kleine, hell erleuchtete Bretterbuden, die Snacks, Getränke und allerlei Kleinkram verkauften – Rußlands Kioske.

Als wir uns dem Stadtzentrum näherten und die Moskwa überquerten, erblickten wir den Kreml. Er war hell erleuchtet und sah märchenhaft unwirklich aus. Casey löcherte den Fahrer mit Fragen, die aus ein oder zwei Wörtern Russisch bestanden, und erhielt Antworten aus ein oder zwei englischen Wörtern. Er wollte alles über die Sehenswürdigkeiten wissen, an denen wir vorbeifuhren – die Gebäude, die Architektur, die Geschichte, die Politik. Es war erstaunlich, wieviel er auf diese Weise erfuhr, aber es war auch anstrengend. Außerdem konnte ich nur an Nadja denken. Ihr Kinderheim war in Kaliningrad alias Königsberg. Die Stadt liegt in einer russischen Provinz, die an die Ostsee grenzt und vom Hauptgebiet des Landes durch Weißrußland und Litauen abgeschnitten ist. Wir waren ihr zwar hier schon viel näher, aber immer noch so weit entfernt.

Wir trafen die Smiths um etwa 22 Uhr in der Gastwohnung, wo wir von einer älteren Frau begrüßt wurden, die offensichtlich seit geraumer Zeit damit beschäftigt war, eine Mahlzeit für uns vorzubereiten. Es gab Teller mit Aufschnitt, Würstchen, Kartoffeln und dick geschnittenem Graubrot. Zwei schwitzende Krüge und ein Topf mit roter Suppe standen in der Tischmitte. Tisch und Stühle füllten das Wohnzimmer weitgehend aus. Es gab kein Eßzimmer, und in die Küche paßte immer nur eine Person auf einmal, aber die Wohnung war nach russischen Maßstäben groß: Sie hatte zwei Schlafzimmer. Wir stellten unser Gepäck in einem davon ab, worauf man sich darin praktisch nicht mehr umdrehen konnte.

Unsere Gastgeberin hieß Ana und sprach kein Wort Englisch. Sobald unser Fahrer und Natascha gegangen waren, sahen wir Ana nur noch, wenn sie mit Essensnachschub zwischen Küche und Wohnzimmer hin und her huschte. (Sie war entsetzt, als Frances und ich später anboten, ihr beim Abräumen und Spülen zu helfen. Sie schaute drein, als würden wir sie womöglich bei Diana anschwärzen, daß sie ihre Aufgabe nicht richtig erledigte. Da wir ihr unsere Motive nicht erklären konnten, verzichteten wir auf weitere Hilfsangebote.) In der Wohnung wohnte außerdem noch ein kleines Mädchen namens Viktoria – Anas Enkelin, wie wir annahmen. Sie war so schüchtern, daß ich, selbst in dieser kleinen Wohnung, ihr Gesicht erst spät am nächsten Tag zu sehen bekam. Als ich sie das erste Mal in der Küche sah, schaute sie aus dem Fenster und wollte sich auf keinen Fall umdrehen. Diese Fremden aus Amerika jagten ihr offenbar große Angst ein. Ich fragte mich, ob Nadja ähnlich reagieren würde.

In unserem Zimmer standen zwei schmale Einzelbetten Fußende an Fußende. Wir vermuteten, daß wir in Viktorias Zimmer schliefen, weil kindliche Kohlezeichnungen an die Wände geheftet waren. Vielleicht teilte sie es auch mit ihrer Großmutter. Es war schwer zu sagen, wie viele Personen in der Wohnung lebten, wenn keine amerikanischen Besucher da waren. Sobald ich mich hingelegt hatte, sank ich tief in die

Matratze ein und hüllte mich in die dicke Steppdecke. Ich fiel sofort in tiefen Schlaf, wachte aber schon nach wenigen Stunden wieder auf und konnte nicht mehr einschlafen. All die Bilder, die ich mir in den letzten Wochen von Nadja gemacht hatte, gingen mir wieder und wieder durch den Kopf. Auch an Meghan mußte ich denken – ich stellte mir vor, daß sie uns vermißte, daß sie wünschte, sie könnte uns anrufen, bevor sie in die Schule ging, und wütend auf sich war, weil ihr nichts einfiel, wie sie uns erreichen konnte. Ich dachte daran, wie sie diesen Sommer eine Woche bei meiner Mutter in Iowa zu Besuch war. Es hatte ihr dort gut gefallen, aber wenn meine Mutter beschäftigt war, schlich sich Meghan ins Gästezimmer und rief uns per Ferngespräch an. Beim ersten Anruf fand ich das noch sehr schlau von ihr – mein kleines Mädchen wurde langsam erwachsen. Aber nachdem ich am selben Morgen bei der Arbeit einen zweiten Anruf bekam, mußte ich doch ein paar Regeln aufstellen. »Ich habe alle Nummern auswendig gelernt, unter denen du zu erreichen bist«, erzählte sie mir stolz. (Die einzige Methode, wie ich sie aus der Leitung bekam, war das Spiel »Mal schauen, wer am schnellsten auflegen kann«.) Der Himmel sei uns gnädig, falls Meghan ein russisches Telefonbuch in die Finger bekam. Diana hatte uns zwar vorgewarnt, daß es vielleicht nicht möglich sein würde, von Rußland in die Vereinigten Staaten zu telefonieren, aber ich wünschte doch, ich könnte Meghans Stimme hören und ihr sagen, daß wir heil und gesund waren. Schließlich, gegen 4 Uhr morgens, hörte ich, wie Casey sich herumwälzte. »Bist du wach?« fragte ich leise.

»Ja, komm rüber«, flüsterte er.

Ich quetschte mich zu ihm ins Bett, und wir kuschelten uns aneinander. »Ich kann einfach nicht glauben, daß Maggie und Casey Conroy im Herzen von Moskau in einem schmalen Bett liegen«, kicherte ich.

»Ich kann nicht glauben, daß wir beide in dieses schmale

Bett *hineinpassen.«* Wir lagen beide still und starrten an die Decke. »Ich möchte alles sehen, wo wir schon einmal hier sind«, sagte er schließlich. »Vielleicht könnte Diana für uns eine Tour nach St. Petersburg arrangieren.«
»Ich nicht, ich möchte nur Nadja sehen. Wir können später nochmal wiederkommen, wenn unsere Kinder reich sind und uns eine einmonatige Rundreise spendieren. Ich denke, wenn wir schon mal dabei sind, könnten wir auch noch Paris und Berlin einplanen.«
»Klingt gut.«
»Ist es nicht wirklich erstaunlich, dies alles?«
»Doch, ist es.«

Am nächsten Tag gingen wir für uns alle Flugtickets nach Kaliningrad kaufen. Wo immer möglich, bezahlten wir unsere Einkäufe selbst in amerikanischer Währung. Als wir unsere Aeroflot-Tickets kauften, wurde uns klar, warum wir neue, saubere Scheine mitbringen mußten. Die Kassiererin schob jeden Schein, den ich ihr gab, in einen automatischen Scanner. Einer der Scheine wurde von der Maschine sofort wieder ausgespuckt. Sie gab ihn mir mechanisch zurück und sagte: »Njet!« Stirnrunzelnd streckte sie die Hand nach einem ungefälschten Ersatzschein aus. Ich war peinlich berührt und hätte ihr gerne gesagt, daß das Geld unmöglich falsch sein konnte. Natascha warf mir einen »Mach jetzt bloß keine Szene«-Blick zu, und ich kramte rasch nach weiterem Bargeld, wobei ich darauf achtete, einen besonders respektabel aussehenden Schein zu erwischen.
Nachdem wir die Tickets gekauft hatten, veranstaltete der Fahrer mit uns eine Stadtrundfahrt. Wir fuhren am Weißen Haus vorbei, dem russischen Parlamentsgebäude, das kurz zuvor noch unter Belagerung gestanden hatte. Das Sonnenlicht spiegelte sich in den Fenstern der immer noch elegant wirkenden unteren Hälfte des Baus. In krassem Kontrast

hierzu war der obere Teil rußgeschwärzt, die Fensterscheiben durch den Beschuß zu Monatsbeginn zerstört. Es erschien irgendwie unwirklich, die in Herbstmäntel gekleideten Menschen mit ihren Paketen und Bündeln auf den Bürgersteigen zu sehen, die immer wieder anhalten mußten, wenn einer der vielen Soldaten sie zur Durchsuchung heranwinkte. In der Nähe lag die amerikanische Botschaft. Casey und Steve stiegen zum Fotografieren aus dem Wagen – was den Fahrer sichtlich nervös machte.

Als Casey über die Betonabsperrungen kletterte und erfolglos versuchte, einen der Wachposten in ein Gespräch zu verwickeln, begann unser Fahrer auf die umgebenden Gebäude zu zeigen. »Äh ... äh ...«, stotterte er und fuchtelte mit dem Finger in der Luft, während er nach dem richtigen englischen Wort suchte. Endlich fiel ihm das Wort wieder ein. »Heckenschützen«, sagte er.

»Ach, Heckenschützen!« sagte ich, froh, ihn zu verstehen, auch wenn wir nicht die gleiche Sprache sprachen. Dann erst drang das Wort in mein Bewußtsein. Er wollte uns einen Gefallen tun, indem er uns brachte, wohin wir wollten. Wir hatten ja keine Ahnung, daß es hier Heckenschützen gab!

»Laß uns fahren – jetzt sofort!« brüllte ich zu Casey hinüber, der nur widerstrebend ins Auto stieg.

Moskaus Aeroflot-Flughafen wirkt wie die schmuddelige Ausgabe eines großstädtischen Busbahnhofs in den Vereinigten Staaten. Amerikanische Bauaufsichtsinspektoren und Prozeßanwälte hätten ihre helle Freude an all seinen Bauschäden und offensichtlichen Verstößen gegen Bau- und Sicherheitsvorschriften. Treppen bröckelten vor sich hin, Türen ließen sich nicht öffnen; alles schien defekt zu sein. Da die Tickets nicht computergesteuert erstellt werden konnten, mußten alle Tickets, Quittungen und sonstigen Transaktionen von Hand abgewickelt werden, so daß sich vor den Abfertigungsschaltern lange Schlangen bildeten. Zum Glück war Natascha dabei, um für uns mit Scharen griesgrämiger Schalterangestellter zu verhandeln, die nicht allzu glücklich darüber schienen, daß man sie mit dem Anliegen behelligte, mit ihrer Fluggesellschaft fliegen zu wollen. Wir taten, was immer Natascha uns sagte, und gingen, egal wohin sie uns schickte.

Der Jet, den wir bestiegen, war alt und sah nicht sehr solide aus. Als wir die Treppe hochkletterten, bemerkte ich, daß eine gelbgrüne Flüssigkeit von der Unterseite einer Tragfläche tropfte – ich bemühte mich, sie zu ignorieren. Das Flugzeuginnere sah aus, als sei es seit Mitte der 50er Jahre nicht mehr angerührt, geschweige denn gewartet worden. Die vergilbten Wandverkleidungen blätterten ab, die Deckenbeleuchtung war trübe, die Sitzbezüge verschlissen, und viele Sitzgurte funktionierten nicht oder fehlten ganz. (Später erklärte Diana mir, daß die begrenzten Mittel in Rußland auf das jeweils Dringlichste verwendet werden müssen. »Was ist Ihnen lieber: Daß das Geld in Triebwerke und technische Ausrüstung des Flugzeugs investiert wird oder in Inneneinrichtung und Sitze?«) Wir fanden schließlich einige Sitze, die brauchbar aussahen. Die Stewardeß war eine stattliche, finster dreinblickende Frau in einer verblichenen, dunkelblauen Uniform. Sie ging während des dreistündigen Flugs zweimal den Gang auf und ab und schob ein Metallwägelchen vor sich her, dessen nicht zusammenpassende Räder heftig quietschten. Offensichtlich fand sie, daß Augenkontakt und ein Lächeln in ihrer Arbeitsbeschreibung nicht vorkamen. »*Poschalsta, poschalsta*«, leierte sie monoton. »*Poschalsta*« ist das russische Wort für »bitte«. Es war ihre Art, sich zu erkundigen, ob irgend jemand etwas wünschte, was aber weitgehend ignoriert wurde. Die meisten Passagiere hatten schon begonnen, von zu Hause mitgebrachte Wurst- und Käsebrote und Wodkaflaschen herumzureichen. Ich beobachtete diese Szene voll Interesse und zuckte jedesmal angstvoll zusam-

men, wenn wir in ein Luftloch fielen – was, wie mir schien, mit beunruhigender Regelmäßigkeit geschah. Wir fanden, daß schon dieser Flug allein unsere Bereitschaft bewies, alles nur Erdenkliche durchzustehen, um unser Kind heimzuholen. Wir fühlten uns stolz und abenteuerlich.
Am Flughafen wartete Diana mit zwei Frauen vom Kinderheim und zwei Fahrern auf uns. Ich umarmte sie herzlich – so froh war ich, sie zu sehen. Sie war vertraut und verläßlich und ich war mir sicher, daß jedes Problem bewältigt werden konnte, solange sie da war. Casey und ich wurden zu einer kleinen Zweizimmerwohnung gefahren, in der eine ältere Frau namens Alije mit ihrem Mann Wladimir wohnte. (Wladimir war derweil in ihre Datscha, eine kleine Wochenendhütte mit Gärtchen auf dem Land, verbannt worden. Wir lernten ihn erst zwei Tage später kennen.) Diana verließ uns, um Steve und Frances zu deren Wohnung zu begleiten.
Alije hatte, genau wie Ana, ein großes Festmahl vorbereitet. Auf dem mit Leinen und Spitze gedeckten Wohnzimmertisch schien ein kleines Hochzeitsbankett aufgefahren. Leider konnte ich nicht viel essen, weil ich so nervös war. Alije stand daneben und rang enttäuscht und besorgt die Hände. Ihr einziger Daseinsgrund war es, dafür zu sorgen, daß wir gut gefüttert wurden und es bequem hatten. Sie nahm ihre Aufgabe ernst, und mein mangelnder Appetit machte ihr einen Strich durch die Rechnung. Zum Glück konnte Casey für zwei essen. Natürlich schloß sie ihn sofort ins Herz, weil er ihre harte Arbeit zu würdigen wußte. Ich lernte bald zu warten, bis sie in der Küche war oder gerade nicht hinsah, um dann möglichst viel von meinem Essen auf Caseys Teller zu schieben. Als ich an dem Abend, an dem es Leber gab, meine Portion auf seinen Teller kippte, sah er mich an und sagte: »Jetzt bist du mir aber ganz schön was schuldig, Maggie.«

Nach dem Essen rief Diana an, um zu sagen, sie müsse einige

neue Informationen über Nadja mit uns besprechen. Als sie ankam, setzten wir uns alle an den Tisch. Diana sah so ernst drein, daß sich in meiner Magengrube ein ungutes Gefühl breitmachte.

»Nadja hat offenbar zugenommen«, fing Diana an. »Ihre Mutter war ziemlich fett. Sie hat nicht einmal gemerkt, daß sie schwanger war, bis das Kind kam. Nadja könnte ihre Statur geerbt haben. Die Direktorin des Kinderheims macht sich Sorgen, daß Sie sie vielleicht nicht mehr haben wollen, wenn Sie sie gesehen haben.«

Ich sah sie schockiert an. Was meinten sie mit übergewichtig? Wenn sie sich solche Sorgen machten, steckte vielleicht mehr dahinter als bloßes Übergewicht? Warum machten sie sich Sorgen darüber, wieviel Nadja wog? Casey und ich sahen einander an, versuchten, zwischen den Zeilen zu lesen.

»Die Direktorin des Kinderheims ist überzeugt, daß Amerikaner keine übergewichtigen Kinder wollen«, erklärte Diana uns. »Amerikaner wollen nur dünne Kinder. Die Direktorin will Nadja nicht vorbereiten oder ihr erzählen, daß wir sie mitnehmen, bis Sie sie gesehen und akzeptiert haben.«

Ich würde gern behaupten, ich wäre auf der Stelle aufgesprungen und hätte zu Diana gesagt, daß ich Nadjas Mutter sei, egal wie sie aussehe oder was für Probleme sie haben mochte. Aber ich war erschöpft, und Dianas ominöse Art versetzte mich in Panik. So saß ich bloß da, die Augen voller Tränen.

Diana erklärte uns, die Zweifel der Direktorin rührten daher, daß kurz zuvor die Adoption einer Achtjährigen namens Anja gescheitert sei. Die Direktorin glaubte, die amerikanische Adoptivmutter habe es sich anders überlegt, weil Anja ein Ohr fehlte. Alle waren schrecklich unglücklich über die Sache – vor allem Anja, deren Aufenthalt bereits verlängert worden war, um sie vor dem Kinderheim für ältere Kinder zu bewahren.

»Diese Kinderheime sind gefährlich«, erinnerte Diana uns.

»Die jüngsten Mädchen sind in Gefahr, von den älteren Jungen mißhandelt und sogar belästigt oder vergewaltigt zu werden. Das sind keine sicheren Orte. Kinder, die dahin kommen, haben wenig oder gar keine Aussichten mehr, adoptiert zu werden.«

Mir liefen die Tränen übers Gesicht.

Zum Glück bewahrte Casey die Ruhe und sagte: »Natürlich werden wir Nadja akzeptieren. Wir betrachten sie jetzt schon als unsere Tochter. Wir werden einfach unser Bestes tun, damit sie eine gesunde Ernährung und reichlich Bewegung bekommt.«

Es war so einfach. Warum hatte ich irgendwelche Zweifel gehabt? Nadja *war* bereits unser Kind. Meine Ängste entspranen meiner emotionalen Überlastung und dem tief verwurzelten Gefühl, daß in unserer Gesellschaft Menschen mit nicht ganz so perfekter Figur tatsächlich diskriminiert werden. Ist es nicht zutiefst menschlich, sich ein Kind zu wünschen, das jeder entzückend findet? Diejenigen, die Nadja kannten, berichteten uns, wie lieb und intelligent sie sei – warum sollte sie eine »perfekte« Außenhülle benötigen? Trotzdem war ich fast in diese Falle getappt. Ich konnte Dianas Vorsicht verstehen.

Ich sah dankbar zu Casey hinüber. Was ich in seinen Augen sah, verblüffte mich, denn ich wußte sofort, daß er das gleiche dachte wie ich. Was Nadja anging, waren wir uns sicher; die Sache war entschieden. Aber Casey und ich wollten auch dem Mädchen namens Anja helfen. Sie war etwas älter als Meghan, eine Konstellation, die wir vorher ausgeschlossen hatten. Aber ihre Geschichte machte uns betroffen. Wir fragten Diana, ob es möglich sei, Anja ebenfalls zu adoptieren. Diana wischte sich die Tränen ab – für sie war das Ganze ebenso gefühlsbeladen wie für uns. Alije schaute herein, durch das viele Schniefen beunruhigt. Schließlich sagte Diana: »Denken Sie nicht über Anja nach, bis Sie beide Mädchen morgen kennengelernt haben. Lassen Sie uns immer einen Schritt auf einmal tun. Sie können sich beide Mädchen ansehen und dann eine endgültige Entscheidung im Hinblick auf Nadja treffen.«

»Wir werden es uns nicht anders überlegen«, versicherten wir ihr beide.

Als Diana gegangen war, gingen wir erschöpft in unser Zimmer. Alije richtete unser Bett und machte sich dann ihr eigenes gleich vor der Schlafzimmertür im Wohnzimmer zurecht. Ich wollte nicht, daß sie mich noch mehr weinen hörte. Die Russen selbst sind eher stoisch, und ich fragte mich, was sie wohl von dieser Amerikanerin hielt, die nichts essen wollte und dauernd heulte.

Mitten in der Nacht zeigte sich dann Caseys typische Streßreaktion: Er sprach im Schlaf – laut. (Ich esse nicht. Er schreit im Schlaf.)

»Ja!« brüllte er mit erhobenen Armen. »Ich bin ein toller Cowboy, jawohl, ja!« Dann lachte er und begann, sich mit einem unsichtbaren Gesprächspartner zu unterhalten, der, soweit ich es verstand, ebenfalls ein Cowboy war. Ich machte »Sch!« und versuchte sogar, ihn durch Klapse ins Gesicht und auf die Schulter aufzuwecken. Ich hatte Alije vorher schon husten gehört und wußte daher, daß die Wände sehr hellhörig waren. Ich wollte mir gar nicht vorstellen, welchen Eindruck sie von unseren Gewohnheiten und Charakteren gewinnen mußte. Ich dachte nur, Gott sei Dank, versteht sie kein Englisch. Ich hoffe, ihr ist klar, daß er schläft!

Wir wachten auf, als es gerade hell wurde. Als ich aus dem Fenster blickte, sah alles nach einem klaren, sonnigen Tag aus. Ich wäre am liebsten sofort losgefahren. Ich konnte es kaum ertragen, noch einen Augenblick länger zu warten; ich hatte schon viel zu lange gewartet. Ich wollte meine Tochter kennenlernen. »Ich bin ganz in der Nähe, Nadja«, flüsterte ich. »Ich bin schon fast da.«

7. Kapitel

Nadja

11. Oktober 1993
Es war eine schöne Fahrt zu Nadjas Kinderheim, das zwei Autostunden außerhalb von Kaliningrad in einem kleinen Dorf namens Slawsk liegt. Die Straße war zu beiden Seiten von Birken gesäumt, die einen Tunnel aus Gelb-, Rot- und Orangetönen bildeten.

Um meine Nerven zu beruhigen, blickte ich aus dem Autofenster und war bald völlig fasziniert von den Bäumen. Sie bewachten und beschützten uns, schirmten uns, wie sie da in Reih und Glied standen, von der übrigen Landschaft ab, ganz wie die deutschen Soldaten, die sie im Zweiten Weltkrieg gepflanzt hatten. Damals war Kaliningrad eine deutsche Stadt namens Königsberg; wäre Nadja zu der Zeit geboren worden, wäre sie nicht als Russin, sondern als Deutsche auf die Welt gekommen. Bald würde sie die doppelte Staatsbürgerschaft Rußlands und der Vereinigten Staaten haben – und ihr Leben würde ganz anders verlaufen, als es hätte sein können. Diese farbenprächtigen Bäume schienen uns den Weg zu weisen auf unserer Fahrt, die das Schicksal eines Kindes verändern sollte, eines Kindes, das offiziell *Nadeschda Leonidowna Dubinina* hieß. Die Bäume sind mir als Symbol für das Ungewisse des Lebens in Erinnerung geblieben, wenn auch sie selbst die Ge-

schichte und das sie umgebende Chaos unversehrt überdauerten.
Ich versuchte, mir meine erste Begegnung mit Nadja vorzustellen, spielte die Szene immer wieder im Kopf durch. Ich würde sie ganz fest an mich drücken und sie dann sanft in meinen Armen halten und voll Glück in ihre Augen blicken. Sie würde ihrerseits mit einer warmen Umarmung reagieren und sich eng an mich kuscheln. Sie würde sofort spüren, daß ich ihre Mutter war. Wir würden einander auf den ersten Blick liebhaben.
Unterwegs erfuhren wir eine interessante Neuigkeit. Nadja war zwar schon fünf Jahre alt, aber noch nie in einem Auto gefahren. Sie hatte das Kinderheim noch nie verlassen. Ich hatte über diese Möglichkeit nicht nachgedacht und stellte unwillkürlich Vergleiche an. Meghan war mit sechs Monaten zum ersten Mal nach Iowa geflogen. Schon im Alter von einem Jahr war sie mit mir in den Kindergarten gegangen. Sie hatte überall in San Jose Freundinnen, bei denen sie oft über Nacht blieb. Noch bevor sie fünf wurde, waren wir zweimal mit ihr in Disneyland. Mit vier hatte sie Gymnastikunterricht bekommen; jetzt lernte sie Klavier spielen. Alles ganz normal für ein amerikanisches Kind. Nadja hingegen war niemals auch nur die Straße hinuntergegangen, geschweige denn, daß sie bei einer Freundin übernachtet hätte. Ihre Welt bestand ausschließlich aus dem Kinderheim und dessen immer gleichem Tagesablauf. Sie hatte nur mit Menschen Kontakt, die sich in ihre strikt regulierte Welt begaben. Ich hatte mir niemals richtig klargemacht, was wir von diesem kleinen Mädchen Ungeheuerliches verlangten. Sie sollte die einzige Umgebung, die sie je kennengelernt hatte, verlassen, um sich einer Welt voller Chaos und Reizüberflutung zu stellen. Unser Leben war *mir* manchmal schon zu stressig. Wie würde es erst für sie sein?
Schließlich fuhren wir beim Kinderheim vor. Es war ein gro-

ßes, gelbes Haus, das früher sicher einmal sehr hübsch gewesen war, jetzt aber heruntergekommen, fast verlassen wirkte. Im umzäunten Vorgarten ragten einige ramponierte Spielgeräte aus dem Gras.
Diana ging zuerst hinein und winkte uns nach einigen sehr langen Minuten, ihr zu folgen. Als wir aus dem Auto stiegen, kam uns die Direktorin des Kinderheims entgegen. Sie war eine kleine, energische Frau, deren Haar die Farbe reifer, roter Tomaten hatte. (Wie wir feststellten, sind viele russische Frauen sehr mutig in der Wahl ihrer Haarfarbe.) Wir folgten der Direktorin in die Eingangshalle, wo sie uns warten hieß. Es kamen immer mehr Mitarbeiterinnen hinzu, um zum ersten Mal einen Blick auf Amerikaner zu werfen. Mir war, als müßten sie mein Herzklopfen von der anderen Seite des Raums aus hören können. Wir waren alle so nervös! Plötzlich brachten zwei Betreuerinnen (übers ganze Gesicht strahlend) einen der Jungen für die Smiths herein. Er war so aufgeregt und glücklich! Als sie ihm sagten, daß Frances seine Mutter sei, rannte er auf sie zu und warf die Arme um sie. Dann umarmte er seinen neuen Vater. Ganz wie in meinen Phantasievorstellungen! Bald erschien sein älterer Bruder und tat es ihm nach. Es kam uns vor, als sähen wir eine Zeitlupen-Filmszene, in der lang verlorene Kinder endlich ihre Eltern wiederfinden – natürlich erst im letzten Augenblick –, während das zu Tränen gerührte Publikum die Taschentücher hervorkramt. Aber wo war Nadja?
Kurz darauf lotste Diana uns durch einen Korridor in ein großes Spielzimmer. Wir konnten Nadja nicht gleich entdecken. Keines der Kinder sah aus wie das Foto, das seit drei Monaten an unserem Kühlschrank hing. Dann erkannte Casey sie und griff nach meinem Arm, gerade, als eine Frau sie hochhob und in unsere Richtung lächelte. Sie sah etwas verquollen aus und war etwas stämmig, aber keineswegs fett. Sie hatte ein hübsches Kleid an, das jedoch drei Nummern zu

klein wirkte. Sie lächelte nicht. Diana war bei der Direktorin gewesen, um ihr zu versichern, daß wir unsere Meinung nicht ändern und Nadja auf jeden Fall adoptieren würden.

Dann wurden wir alle aus dem Spielzimmer zurück in die Halle gedrängt. *Unsere* Filmszene spielte sich nicht in Zeitlupe, sondern im Schnelldurchlauf ab und entsprach nicht im geringsten meiner Phantasievorstellung. Nadja wollte mich nicht einmal ansehen. Die Frauen um uns herum redeten auf sie ein, daß ich ihre Mama sei. Sie schubsten sie in meine Arme und sagten ihr, sie solle auf meinem Schoß sitzen, was bedeutete, daß ich mich mitten in der Halle auf den Boden setzen mußte. »Umarm sie, küß sie!« kommandierten sie. Sie tat all diese Dinge wie eine Aufziehpuppe.

Ich kann nicht behaupten, daß ich bei dieser ersten Begegnung sofort eine Bindung zu Nadja entwickelte, aber als Casey und ich sie in den Armen hielten, wußte ich – obwohl sie ausdruckslos zu Boden starrte –, daß dieses Kind dazu bestimmt war, Teil unserer Familie zu werden. Ich wußte, daß sie uns sehr brauchte. Einen Sekundenbruchteil lang verspürte ich ein Gefühl von Frieden, das mir die Zuversicht gab, daß ich dieses Kind ebensosehr lieben würde wie ein leibliches.

Ich gab ihr die von uns mitgebrachte Puppe. Sie drückte sie sofort an sich. Die Frauen um uns herum sagten ihr, sie sei jetzt auch eine Mama und wie dankbar sie für dieses schöne Geschenk sein müsse. Sie forderten sie auf, die Puppe auszuschimpfen, weil sie am Daumen lutschte (in diesem Kinderheim offenbar keine gute Idee). Nadja ging zurück ins Spielzimmer, um den anderen Kindern ihren Schatz zu zeigen. Sie schien glücklich mit dem Geschenk, aber eher enttäuscht, als sie bemerkte, daß wir ihr folgten.

Als die Direktorin den Kindern befahl, sich in einer Reihe aufzustellen (wir wußten nicht warum), lief Nadja sofort zu den anderen und boxte sich nach vorne durch. Die Direktorin

sagte ihr, daß sie bleiben müsse. Da erst wurde mir klar: Nadja hatte überhaupt keine Ahnung, was los war. Die Betreuerinnen hatten sie nicht auf ihre neuen Eltern vorbereiten können, weil sie nicht sicher waren, ob wir sie akzeptieren würden. Eine Puppe und fremde Besucher, die sie umarmten und küßten, waren nicht die einzigen Überraschungen, die Nadja an diesem Tag bevorstanden. Sie hatte keine Ahnung, daß wir sie für immer von hier fortbringen würden!
Anja, das Mädchen, von dem uns Diana am Vorabend erzählt hatte, blieb ebenfalls mit uns im Raum. Sie war bei weitem nicht so schüchtern wie Nadja. Sie holte ihre Lieblingspuppe, um sie mir zu zeigen. Diana dolmetschte für uns, und Anja wandte sich ihr zu und sagte: »*Gdje moi mama i papa?* [Wo sind *meine* Mama und *mein* Papa?] *Ty ich priwesla?* [Hast du sie mitgebracht?]«
Schon bevor Diana übersetzte, war mir aus ihrem hoffnungsvollen Gesichtsausdruck und dem bittenden Ton klar, was sie gesagt hatte. Ich wollte ihr sagen, daß ich ihre Mutter sein würde, aber ich wußte natürlich noch nicht, ob das überhaupt ging. Wir hatten gerade monatelang Adoptionsunterlagen für Nadja zusammengestellt; wie konnten wir erwarten, daß die Behörden ein Kind von einem auf den anderen Moment ausreisen lassen würden? Wir hatten von der Einwanderungsbehörde nur die Genehmigung zur Adoption eines Kindes erhalten und würden einen neuen Sozialbericht benötigen, um für eine weitere Adoption in Frage zu kommen. Vielleicht, nur vielleicht, konnten wir all diese rechtlichen Verwicklungen umgehen. Vielleicht war dieses *eine* Mal die Zukunft eines Kindes wichtiger als ein Berg Papierkram. Aber ich durfte Anja keine falschen Hoffnungen machen. Ihre Notlage erinnerte mich nur um so deutlicher an all die anderen Kinder, die an diesem Tag zurückbleiben würden. Ich werde ihre Gesichter nie vergessen. Die Begegnung mit diesen Kindern hat Casey und mich für immer verändert.

In der Zwischenzeit hatte Nadja uns nicht einmal angesehen. Diana gelang es, ihr ein paar Worte zu entlocken, aber alle anderen bedrängten sie so penetrant, daß sie nur noch verschüchterter wurde. Es war, als hätten die Betreuerinnen nur das eine Ziel, sie um jeden Preis zu einer Interaktion mit uns zu bewegen. Einmal zerrte eine große Frau Nadja zu Casey, legte Nadjas Arme um seinen Hals, schob die beiden zusammen und kommandierte mit rauher Stimme: »Das ist dein Vater. Du mußt ihn liebhaben, du mußt ihn liebhaben!«
Casey lachte, aber nur aus schierer Verlegenheit und Frustration.

Als die Kinder aufgefordert wurden zu gehen, damit die Erwachsenen zu Mittag essen konnten, war Nadja als erste aus der Tür. Ich war wie betäubt, mein Augenblick des Friedens längst entschwunden. Casey umarmte mich, und wir lachten beide nervös. Was ist hier nur los?, dachte ich. Das kann doch nicht die optimale Methode sein, so eine Übergabe zu handhaben. Wie soll das je funktionieren? Casey sah aus, als ob er den gleichen Gedanken hegte. Inzwischen weiß ich, daß die erste Begegnung nicht in allen Kinderheimen so abläuft. Die meisten erlauben den Eltern, das Kind einige Tage lang zu besuchen und sich mit ihm anzufreunden, bevor es das Heim verläßt. Jedes Kinderheim hat hier seine eigene Verfahrensweise, die von der lokalen und regionalen Leitung festgelegt wird. Wir nahmen Nadja gleich am ersten Tag mit, auch deshalb, weil das Kinderheim so weit von unserer Unterkunft entfernt lag.
Zum Mittagessen gab es einen unidentifizierbaren Hackbraten, Suppe, Kartoffelbrei und Tee. Ich zwang mich, meinen Teller leer zu essen, schaffte es aber trotzdem, meine Gastgeber zu beleidigen, weil ich einen Nachschlag ablehnte. Wieder einmal mußte Diana erklären, es liege nicht daran, daß mir das Essen nicht schmecke, sondern daß ich eben nicht so

viel esse. Von einem Augenblick auf den anderen Mutter einer Fünfjährigen zu werden, kann einem schon den Appetit verschlagen. Ich saß da und wünschte, es gäbe eine andere Methode, meine Dankbarkeit zum Ausdruck zu bringen.

Nach dem Mittagessen gingen wir zurück zum Spielzimmer und stellten fest, daß die Kinder artig auf kleinen Stühlen draußen im Gang saßen. Sie hatten während des ganzen Essens geduldig auf uns gewartet. Ich war verwundert über soviel Disziplin. »Steht auf und kommt mit«, bellte eine der Betreuerinnen die Kinder an. Sie gehorchten sofort. Diana bedeutete Casey, unsere Koffer zu holen, und mir, Nadja zu folgen. Wir gehorchten ebenfalls sofort – wir fühlten uns plötzlich wie Fünfjährige. Wir legten es nicht darauf an herauszufinden, was passieren würde, falls wir nicht gehorchten!

Sobald Casey Nadjas Koffer hereinbrachte, stürzten drei Frauen mit Nadja herein und begannen ohne weitere Erklärung, sie völlig auszuziehen. Auf einen Blick von ihnen hin begann ich, die Kleidungsstücke, die wir für sie mitgebracht hatten, aus dem Koffer zu zerren. Die Frauen grabschten nach den Teilen, die ich auspackte, und probierten sie ihr an. Sie legten einiges beiseite und verlangten nach mehr. Ich konnte der Logik ihrer Auswahl – von der Ästhetik ganz zu schweigen – nicht recht folgen, tat aber, wie befohlen. Als sie fertig waren, war Nadja mit Unterwäsche, einem schwarzen Samtkleid, einer karierten Steghose, gelben Socken, einem in die Hose gestopften Unterkleid und einem Mantel bekleidet. Da die Schuhe zu groß waren, ließ man sie ein Paar Kinderheim-Sandalen tragen (mit dicken Socken). Nadja ging sich im Spiegel betrachten, während ich versuchte, aus dem Ganzen schlau zu werden. Es war zwar Herbst, aber die Außentemperaturen lagen bei um die 27° C. Ich wußte, daß ihr viel zu heiß sein mußte, aber sie verlor kein Wort darüber. Etwas an der Art, wie sie davonhüpfte, um sich im Spiegel anzusehen, ließ mich ahnen, daß sie sich über ihre neuen Kleider freute. Später fand ich heraus, daß das für sie etwas völlig Neues war: Im Kinderheim teilen die Kinder alle Kleidungsstücke.

Dann machten wir uns mit der modisch herausgeputzten Nadja auf einen kurzen Besichtigungsrundgang durch das Kinderheim. Nadja zeigte uns ihr militärisch korrekt gemachtes Bettchen und den Kindertisch, an dem sie aß (kein Krümel in Sicht). Im Bad gab es ein langes Waschbecken mit einem Gestell voller Zahnbürsten und einen Abfluß mit einem Topf daneben. Wir mutmaßten, daß die Kinder gebadet wurden, indem man sie in eine flache »Wanne« stellte und mit Wasser übergoß. Als wir Nadja später in Alijes Wohnung badeten, war offensichtlich, daß sie noch nie eine Badewanne zum Hineinsetzen erlebt hatte. Sie schien schockiert über diese merkwürdige Einrichtung und erwartete offenbar, daß bald noch weitere Kinder zu ihr in die Wanne klettern würden.

Ich blieb etwas hinter der Gruppe zurück, um alles, was ich sah, zu fotografieren. Ich wollte mich an den Ort erinnern können, an dem Nadja einen großen Teil ihrer Kindheit verbracht hatte, und ihr, wenn sie größer war, eine Vorstellung von ihrer Vergangenheit vermitteln können. Ich wollte unseren Familienmitgliedern deutlich machen, wo sie herkam. Die Räume waren sonnig, und es gab reichlich Spielzeug. Jedes Ding hatte seinen Platz, und nirgends herrschte Unordnung. Mein Haus hatte noch nie so ordentlich ausgesehen, und dabei wohnte dort nur ein Kind. Aber es wirkte zu perfekt. Wo war das Durcheinander? Wie konnten Kinder Kinder sein, ohne Unordnung zu verbreiten? Wie gelang es ihnen, Vorschulkinder zu solch einer Disziplin anzuhalten?

Als ich nach oben hastete, um die anderen einzuholen, warf ich zufällig einen Blick in einen kleinen Raum, an dem ich vorbeikam. Es waren ein paar Spielzeuge und eine Reihe

kleiner Stühle darin, und mittendrin saß Anja, ganz allein. Ich sagte: »Hallo«, und sie lächelte mich strahlend an. Ich machte ein Foto von ihr, und sie umarmte mich stürmisch. Dann begann sie, mir etwas mit großem Nachdruck zu erzählen. Sie schien solchen Wert darauf zu legen, von mir verstanden zu werden, daß ich Diana zum Dolmetschen herbeiholte.
»Sie versucht, mir etwas ganz Wichtiges zu erzählen«, erklärte ich Diana, während wir zu dem Raum zurückgingen. »Können Sie mir helfen, sie zu verstehen?«
Diana lauschte, während Anja lebhaft auf sie einredete. Dann lächelte sie. »Sie möchte, daß Sie bitte zurückkommen und ihr eine Barbiepuppe mitbringen!« Ich lachte, packte sie an den Schultern, sah ihr direkt in die Augen und sagte: »Das geht klar! Eine Barbie für Anja!«
Ich hätte Anja an dem Tag gerne mitgenommen. Wir fragten Diana, ob es eine Möglichkeit gäbe, sie ebenfalls zu adoptieren, aber sie bestätigte unsere Befürchtungen, daß die Bürokratie dies unmöglich machte. Es fiel uns schwer, Anja in diesem Raum zurückzulassen, aber wir mußten uns auf Nadja konzentrieren. Wenn Anja dazu bestimmt war, Teil unserer Familie zu werden, würde es so kommen. Wir würden sie und unseren Wunsch, sie in die Vereinigten Staaten zu holen, nicht vergessen.
Diana, die Smiths, Casey und ich fotografierten unsere neuen Kinder und das Dutzend Betreuerinnen auf der Vordertreppe. Selbst die Betreuerinnen, die an diesem Tag keinen Dienst hatten, waren gekommen, um Juri, Slawa und Nadja Lebewohl zu sagen. Vielleicht wollten sie sich auch diese Amerikaner genauer ansehen, um ihre Bedenken hinsichtlich der Adoption russischer Kinder durch Ausländer zu zerstreuen.
Als es Zeit zum Gehen war, streckte die Direktorin ihre Arme nach Juri aus, um ihn zu umarmen.
»Nein!« schrie er. »Ich gehe mit Mama und Papa!«
Alle fanden das entzückend – ein Erfolgszeichen.

»Willst du mitgehen oder hierbleiben?« fragte die Direktorin Slawa. »Ich gehe auch!« rief er und umarmte seine neue Mutter. Alle waren glücklich.
»Nadja«, sagte die Direktorin, »willst du gehen oder hierbleiben?«
Ohne ein Wort drehte Nadja sich um und rannte, so schnell sie konnte, zurück zur Tür des Kinderheims.
»Nein, nein, nein«, rief die Direktorin ihr nach, »komm zurück zu deiner Mama.« Zwei Betreuerinnen hielten sie auf, und Nadja gehorchte widerstrebend. Ich fragte mich langsam, ob sie Hörner auf meinem Kopf sprießen sah. Meine Phantasievorstellung von unserem perfekten ersten Tag war jedenfalls komplett dahin.
Nadja umarmte die Direktorin ein letztes Mal und kletterte langsam auf die Rückbank unseres Autos. Es war das erste Mal, daß sie neue Kleider anhatte, das erste Mal, daß sie in einem Auto saß, das erste Mal, daß sie das Kinderheim verließ, und das erste Mal, daß sie von den einzigen Bezugspersonen, die sie je gehabt hatte, getrennt wurde. Ihre Verwirrung und ihr Kummer waren geradezu körperlich spürbar. Ich konnte es ihr nicht verübeln. Aber warum waren Juri und Slawa so entzückt, mit den Smiths zu gehen?
Diana spürte, wie schwierig die Situation war, und fuhr bei uns im Auto mit. Casey und ich saßen hinten, Nadja zwischen uns gezwängt. Sie saß stocksteif da und sah uns so wenig wie möglich an. Ich versuchte mehrmals, meinen Arm oder mein Bein wie zufällig gegen sie zu lehnen, um etwas körperlichen Kontakt herzustellen, aber wenn sie das bemerkte, machte sie sich sofort steif. Sie hatte immer noch kein Wort zu uns gesagt.
Ich hätte sie gern in den Arm genommen und ihr gesagt, daß alles gut werden würde: Daß wir sie beschützen, liebhaben und glücklich machen wollten. Ich wollte ihr all die lieben Dinge sagen, mit denen eine Mutter ihr Kind tröstet – statt

dessen saß ich stumm neben ihr, weil ich nicht ihre Sprache sprach. Aber selbst wenn ich mit ihr hätte sprechen können, was hätte ich ihr sagen sollen? Wahrscheinlich hätte ich, selbst, wenn ich perfekt Russisch gesprochen hätte, ihren Schmerz nicht lindern können. Meine Unzulänglichkeit tat mir weh. Ich wünschte mir plötzlich, daß jemand *mich* in den Arm nähme, tröstete und mir sagte, daß alles gut werden würde. Ich brauchte den Trost, den ich ihr nicht geben konnte.

Casey zeigte aus dem Autofenster auf einige Kühe auf einer Weide und fragte Nadja: »*Schto eto?* [Was ist das?]« Meghan fand Kühe als kleines Kind immer toll. Nach gutem Zureden durch Diana flüsterte Nadja: »*Dwer maschiny*« – die Autotür. Das einzige Mal, daß sie sich etwas entspannte, war, als Casey ihr einen Apfel anbot. Er war so groß, daß ich dachte, sie könnte ihn unmöglich ganz aufessen, aber sie aß ihn komplett, mit Kerngehäuse und allem. Nadja hatte gelernt, alles aufzuessen und kein bißchen Essen verkommen zu lassen. Sie hatte immer noch nicht gelächelt. Diana fragte sie nach dem Namen ihrer Puppe. »Mascha«, flüsterte sie, während sie die Puppe mit aller Kraft umklammerte.

»Ich freue mich, daß wenigstens Mascha ein Trost ist«, dachte ich und wäre es doch so gern selbst gewesen.

Als wir zurück in die Wohnung in Kaliningrad kamen, wäre mir am liebsten gewesen, Diana bliebe bei uns. Lassen Sie uns nicht allein, hätte ich gern gerufen, aber ich wußte, daß die Smiths ihre Hilfe ebenfalls brauchten und daß Diana Termine zu vereinbaren hatte, damit wir am nächsten Tag einen Paß für Nadja bekamen.

Meine Sorgen waren nichts im Vergleich zu Nadjas. Sie saß an einem fremden Ort fest, mit zwei Erwachsenen, die, *wenn* sie Russisch sprachen, dies mit dem Vokabular eines zweijährigen Kindes taten. Über mich muß sie sich wirklich sehr

gewundert haben. Nicht nur, daß ich immer wieder in den gleichen wenigen Worten Russisch mit ihr zu kommunizieren versuchte, ich sprach sie auch noch fürchterlich falsch aus! Und die Phrasen, die ich gelernt hatte, brachten uns in unserer Beziehung nicht viel weiter – ja und nein, bitte und danke, Entschuldigung, ich hab' dich lieb, guten Tag, auf Wiedersehen, gib mir einen Kuß, möchtest du etwas essen – und mein Lieblingssatz: Was kostet das?
Nadja war immer noch schweigsam, aber sehr gehorsam und tat genau, was Alije ihr sagte. Vor dem Abendessen wusch sie sich Hände und Gesicht in ihrer uns bald vertrauten bedächtigen Art und saß mucksmäuschenstill am Tisch, während Alije ihr eine Schüssel Hühnersuppe und ein großes Stück Brot vorsetzte. Sie aß ordentlich, wie ein Roboter, ohne irgend jemanden anzusehen. Sie aß jeden Krümel auf.
Während sie uns zusah, wie wir versuchten, unser Abendessen zu bewältigen, brach Nadjas Selbstbeherrschung schließlich doch zusammen und ihr Kinn begann zu beben. Alije ermahnte sie sofort, sie solle nicht weinen, es sei alles in Ordnung. Ich zog Nadja auf meinen Schoß, und sie machte sich zwar steif, ließ sich aber von mir im Arm halten. Wie konnte sie glauben, daß alles in Ordnung war? Es war nicht alles in Ordnung, sie mußte weinen. Sie begann, mit gesenktem Kopf vor und zurück zu schaukeln. Aber sie weinte nicht, und ich war insgeheim erleichtert; ich fürchtete mich vor ihren Tränen, da ich ihr doch nicht helfen und nicht mit ihr sprechen konnte. Vielleicht würde es helfen, wenn man sie etwas Gewohntes tun läßt, dachte ich. Es war erst halb sechs, aber vielleicht wäre es eine gute Idee, sie ins Bett zu bringen. Ich war ziemlich müde. Und sie mußte völlig erschöpft sein (das war so ähnlich, wie wenn ich Meghan aufforderte, sich einen Pullover überzuziehen, weil mir kalt war).
Nachdem Nadja ihren Schlafanzug angezogen hatte (was sie

anscheinend lieber ohne Hilfe tat), ging ich mit ihr Zähne putzen. Ich gab ihr eine neue Zahnbürste mit Zahnpasta, und sie putzte ihre Zähne auf sehr exakte Weise, ganz genauso, da war ich sicher, wie sie es allabendlich im Kinderheim getan hatte. Sie bürstete hin und her, tauchte die Bürste in einen kleinen Becher, blickte auf die Bürste, bürstete wieder, blickte wieder auf die Bürste. Da es amerikanische Zahnpasta war, löste sie sich nicht auf, wie es die Zahnpasta im Kinderheim anscheinend tat. Bald mischte sich Blut in die Zahnpasta. Aber Nadja konnte nicht aufhören, bis die Zahnpasta aufgebraucht war und sie die Sache »richtig« gemacht hatte. Ich nahm ihr die Zahnbürste weg und spülte sie ab. Jetzt erst konnte sie es gut sein lassen und zu der Couch gehen, die Alije ihr als Bett hergerichtet hatte. Nadja kletterte mit Mascha hinein, und Alije deckte sie mit dicken Decken zu. Es war immer noch ungewöhnlich warm für die Jahreszeit, aber sie war eingepackt wie für einen Schneesturm. Zum zweiten Mal an diesem Tag war ich überzeugt, daß Nadja schmorte wie ein Märtyrer auf dem Scheiterhaufen – aber sie nahm es klaglos hin.

Wie sie da in ihrem Backofen-Bettchen lag, legte ich ihr sanft die Hand auf den Rücken, um ihr auch ohne Worte zu sagen, daß ich sie liebhatte und ihr das bestmögliche Zuhause und Leben geben wollte. Casey saß neben mir auf dem Boden, wo Nadja ihn sehen konnte. Das war der Augenblick, in dem – ohne einen Laut – ihre Tränen schließlich zu fließen begannen. Diesmal fürchtete ich mich nicht vor ihren Tränen. Sie schienen zu signalisieren, daß sie verstand, was ich ihr mit dem Herzen zu sagen versuchte. Sie hielt sich Mascha vors Gesicht, um zu verbergen, daß sie am Daumen lutschte, und schielte ängstlich zu mir herüber, um zu sehen, ob ich es bemerkt hatte und sie ausschimpfen würde. Ich steckte meinen Daumen in den Mund, lächelte und sagte ihr, es sei in Ordnung, daß sie am Daumen lutsch-

te. Sie sah mich an, als wäre ich *glupy* (Russisch für »verrückt« oder »blöd«).
Zum Glück kam bald darauf Diana zurück, um zu sehen, wie wir zurechtkamen. Sie wirkte besorgt und überrascht, Nadja dick eingepackt und von einem Paar ratloser Amerikaner bewacht im Bett zu finden. Wir taten ihr leid. Sie überzeugte Alije, daß Nadja durchaus noch aufbleiben konnte, schlug die Decken zurück und nahm Nadja auf den Schoß.
Diana forderte sie auf, ihre Finger zu zählen, und fragte sie nach den Farben. Nadja antwortete mechanisch, so gut sie konnte – immer im Flüsterton. Dann fragte Diana: »Brauchst du irgend etwas? Gibt es etwas, was ich für dich tun kann?«
Nadja, wieder mit Tränen in den Augen, sagte: »Ich will eine *maschina*.«
»Ach, du möchtest ein Auto,« erwiderte Diana und strahlte vor Freude, weil sie etwas gefunden hatte, das Nadja sich wünschte. Casey und ich lächelten uns hoffnungsvoll an. Vielleicht hatte ihr die Autofahrt heute so gefallen, daß sie ein Spielzeugauto haben wollte. Hurra, zufällig hatten wir auch zwei kleine Autos mitgebracht. Ich stand auf, um sie aus dem Koffer zu holen.
»Ich möchte ein Auto«, sagte sie noch einmal. »Ich möchte ein Auto, das mich nach Hause bringt.«
Ich blieb stehen. Unser Lächeln erstarb.
»Vielleicht möchte sie fernsehen«, sagte Alije zu Diana, die das für eine ausgezeichnete Idee hielt. Der Fernseher, Universalmittel für Erwachsene, die nicht wissen, was sie sonst mit ihren Kindern anfangen sollen. Nadja sah sich mit Alije eine Kindersendung an, während Casey und ich in die Küche gingen, um mit Diana zu sprechen. Wir waren alle drei besorgt und bestürzt. Da Diana diese Arbeit noch nicht lange machte, wußte sie nicht, ob Nadjas Reaktion normal war oder nicht. Die Geschichten, die ich über andere Adoptionen gelesen hatte, drehten sich hauptsächlich um die Probleme, ein

Kind zu finden. Ich hatte mich jedenfalls mehr darauf konzentriert, ein Kind zu finden, als zu überlegen, was wir dann mit ihm tun sollten. Über eine solche Reaktion hatte ich mir nie den Kopf zerbrochen.

Diana erklärte, daß wir uns vor der Paßausstellung entscheiden müßten, ob wir Nadja annehmen oder zurückgeben wollten. Wir versicherten ihr, daß Nadja bereits unser Kind sei und sich daran nichts ändern werde. Wir machten uns Sorgen, aber wir würden nicht aufgeben! Auch Diana sah erschöpft aus. Wir wiederholten noch einmal, daß wir auch Anja nicht zurücklassen wollten. »Konzentrieren Sie sich auf Nadja; über Anja sprechen wir später«, antwortete Diana. Sie hatte mit den bereits laufenden Adoptionen genug im Kopf, ohne noch über die Einleitung eines neuen Verfahrens nachzudenken.

Als Nadjas Fernsehsendung zu Ende war, fragte Diana sie, ob sie wie vorher auf der Couch schlafen wolle oder lieber bei Mama. Sie entschied sich für Mama! Ich strahlte über das Kompliment. Wir machten das Bett und steckten sie hinein. Ich suchte die kleinen Spielzeugautos heraus und gab sie ihr. Sie wollte Mascha und ihre neuen Autos mit im Bett haben und schien erstaunt, daß ich sie ihr nicht wegnahm. Während Casey und ich uns bettfertig machten, spielte sie still mit ihnen und sah uns nicht einmal an. Das Bett war nicht groß genug für drei, deshalb sagte Casey gute Nacht und zog sich auf die Couch zurück; Alije schlief bei einer Nachbarin. Als ich ins Bett kletterte, verkrampfte Nadja sich und wartete, daß ich ihr das Spielzeug wegnahm. Wieder schien sie sich über eine Mutter zu wundern, die so etwas erlaubte. Man stelle sich vor, Spielzeug im Bett, konnte ich sie fast denken hören, voll Erleichterung darüber, daß sie es nicht hergeben mußte. Schließlich machte ich das Licht aus.

Wir schliefen beide unruhig. Zuerst bewegte sich Nadja überhaupt nicht; ich konnte sie nicht einmal atmen hören. Dann begann sie, mit dem Kopf hin und her zu schaukeln. Sie schaukelte, horchte auf eine Reaktion und schaukelte weiter. Ich lag ganz still. Dann begann sie, anhaltend mit dem Kopf zu schaukeln und dabei leise und monton vor sich hinzusummen. Ich hatte so etwas noch nie erlebt. (Später erfuhr ich, daß Kinder, die im Kinderheim aufwachsen, sich häufig so in den Schlaf schaukeln. Da sie nicht am Daumen lutschen dürfen und nicht von Erwachsenen gewiegt werden, lullen sie sich selbst ein, so gut sie können.) Ich lauschte, bis sie schließlich in unruhigen Schlaf fiel, und döste dann selbst ein.

Irgendwann in der Nacht wachte ich auf, weil Nadja sich tatsächlich an mich kuschelte. Ich hielt sie fest, von ungeheurer Freude erfüllt! Ich wußte nicht, ob sie wach war oder schlief, aber wir lagen etwa eine Stunde so zusammen. Ich schlief nicht – ich wollte sie beschützen, wollte ihr zu verstehen geben, daß sie geliebt wurde. Ich hoffte, daß sie im Schlaf begreifen würde, was ich ihr in wachem Zustand offenbar nicht vermitteln konnte. Schließlich drehte sie sich weg und zog alle Decken mit auf ihre Seite des Bettes. Ich stellte fest, daß meine Töchter bereits eine Gemeinsamkeit hatten. Wie Meghan klaute Nadja mir sämtliche Bettdecken.

Vor Sonnenaufgang hörte ich, wie Casey sich hin und her wälzte (keine Cowboyträume diese Nacht, Gott sei Dank). Ich schob mich vorsichtig aus dem Bett und kroch zu ihm auf die Couch.

»Wie fühlst du dich?« fragte ich.

»Glücklich ... und ängstlich.«

»Das ist schon eine große Sache, was?«

»Oh ja«, seufzte er. »Das ist in der Tat eine große Sache. Unser Leben wird nie mehr so sein wie vorher.«

Wir unterhielten uns wie in alten Tagen in Caseys Zimmer im Studentenwohnheim, gingen die Ereignisse des Tages durch und sprachen über unsere Reaktionen. Wir sprachen über unsere Hoffnungen und Ängste. Unsere Hoffnung, daß Nadja lernen würde, uns zu *mögen*, und vielleicht doch noch mit uns sprechen würde, bevor sie ins College zog. Unsere Angst, daß das nicht der Fall sein würde.

»Sie braucht einfach etwas Zeit«, sagte Casey schließlich.

»Ich weiß – viel Zeit und viel Geduld.« Wir hielten uns im Arm, bis ich schließlich sagte: »Ich geh' dann mal zurück zu meinem Deckenhamster und versuche, noch etwas Schlaf zu kriegen.«

8. Kapitel

Lieben lernen

Auszug aus einem russischen Dokument, das wir am 12. Oktober 1993 erhielten:

Information über körperliche Entwicklung von Dubinina Nadeschda Leonidowna (geboren am 29. April 1988)
Das Mädchen war zwei Monate alt, als es in das Kinderheim in Slawsk eingewiesen wurde. Diagnose: Geburtstrauma, nervöses Reflexerregbarkeitssyndrom.
Nach Einweisung ins Kinderheim hat sich der Zustand des Kindes normalisiert, doch ihre intellektuelle Entwicklung war zu langsam. Sie nahm gleichmäßig an Gewicht zu.
Sie war praktisch gesund, bis auf einige seltene Fälle von Erkältungen. Sie ist seit dem Alter von 1,7 Jahren geimpft worden.
Leitende Fachärztin
Abteilung Internatsschulen und Rehabilitation
N. Schimakowskaja

Als ich um 7 Uhr aufwachte, summte Nadja schon wieder leise vor sich hin und schaukelte hin und her. Ich sagte ihr guten Morgen und gab ihr ihre Spielzeuge. Dafür wurde ich mit der Andeutung eines Lächelns belohnt. Die nächste Stunde lang spielten wir zufrieden, wenn auch vorsichtig. Ich zog die Puppe aus und sie sorgte dafür, daß sie ordentlich und akkurat wieder angezogen wurde. Ich hielt den Kopfkissenbezug so, daß eine Stoffrutsche entstand, und sie ließ ihr Spielzeugauto immer wieder hinuntersausen, wobei sie mich jedesmal etwas länger ansah und lächelte – zunächst nur zaghaft, dann aber mit jedem Mal breiter. Ein Fortschritt – sie kann lächeln und sich bei mir sicher fühlen.

»Casey«, rief ich, als ich ins Wohnzimmer ging. »Deine Tochter kann tatsächlich lächeln!«

»Das muß ich sehen«, antwortete er und eilte an mir vorbei ins Schlafzimmer.

Wir spielten miteinander, bis Diana eintraf. »Ich habe gute Neuigkeiten«, erzählte ich ihr aufgeregt. »Es wird alles gut werden!« Aber gerade, als ich das sagte, sah Nadja Diana, ließ plötzlich den Kopf auf die Brust sinken und fing wieder an zu schaukeln. Sie glaubte wohl, Diana würde ihr Leben womöglich schon wieder durcheinanderbringen, wo sie sich doch gerade an uns gewöhnte. Immer wenn Nadja sich unbehaglich fühlte, begann sie mit dem Schaukeln. Erst nachdem Diana eine Viertelstunde in der Wohnung war, ohne sie mitfortzunehmen, und wir uns die ganze Zeit in ihrer Nähe hielten, beruhigte sie sich wieder.

Nach dem Frühstück gingen Casey und ich mit Nadja in einen nahegelegenen Park *guljat* (spazieren). Die Bebauung des Viertels bestand aus mittelgroßen Mietshäusern, umgeben von wunderschönen Eichen. Ältere Frauen waren damit beschäftigt, mit altmodischen Reisigbesen Bürgersteige und Straßen zu fegen. Früher, unter der kommunistischen Herrschaft, wurden diese Frauen dafür bezahlt, die Straßen sauberzuhalten. Jetzt waren sie ohne Lebensunterhalt und fegten nur aus alter Gewohnheit. Wir fanden den Park und setzen Nadja auf die Schaukel. Dabei unterhielten wir uns möglichst wenig, um nicht als Ausländer aufzufallen (oder jedenfalls nicht mehr, als wir es ohnehin schon taten). Sie schien zufrieden, ließ aber insgesamt nicht allzuviele Gefühlsregungen erkennen, außer daß sie gelegentlich zaghaft zu uns aufsah, ob uns ihr Benehmen recht sei. Im Gegensatz zu Meghan lief sie nicht auf dem Spielplatz herum, sondern wartete geduldig, bis wir ihr einen neuen Zeitvertreib vorschlugen. Das Schwingen der Schaukel schien eine ähnlich beruhigende Wirkung auf sie zu haben wie ihr eigenes Hin- und Herschaukeln. Im Park zu sein und etwas zu tun, das wir schon hundertmal mit Meghan gemacht hatten, half uns, Nadja gegenüber zum ersten Mal so etwas wie »Familiengefühle« zu entwickeln. Das Zusammensein mit ihr fühlte sich allmählich fast normal an.

Am Nachmittag schickte Diana die Smiths und uns mit den Kindern in den Zoo, während wir darauf warteten, daß die Paßbehörde die erforderlichen Dokumente unterschriftsfertig machte. Es war schön, Frances und Steve zu treffen und sich gegenseitig zu bedauern, denn während wir mit einer stummen Nadja zu tun hatten, mußten sie sich mit Anpassungsschwierigkeiten ganz anderer Art herumschlagen. Im Gegensatz zu uns wohnten die Smiths bei einer Familie, zu der an jenem ersten Abend eine Menge Leute zu Besuch kamen. Slawa und besonders Juri waren sehr kontaktfreudige Kinder und verstanden es, die Erwachsenen zu becircen, um möglichst viel Aufmerksamkeit und Essen zu ergattern. Die Smiths versuchten vergeblich, ihnen Grenzen zu setzen; sie wußten, daß die ganze Aufregung zuviel für sie sein würde. Aber die Jungen fanden schnell heraus, wie sie ihre neuen Eltern umgehen konnten, um Äpfel und andere Leckerbissen von den mitfühlenden russischen Frauen einzuheimsen. Folglich durfte Frances den größeren Teil der Nacht in dem winzigen Badezimmer verbringen, während die Jungen abwechselnd mit heftigem Durchfall auf der Toilette hockten.

Als wir am Zoo ankamen, ging es den Jungen schon wieder besser. Aber gerade als wir am Eingang vorbeigingen, liefen erst Juri, dann Slawa zu einem Baum und ließen die Hosen herunter, um sich zu erleichtern. Eine vorbeikommende russische Familie sah empört drein und murmelte etwas, das unser Führer uns so dolmetschte: »So erziehen wir unsere Kinder in Rußland nicht!«

Der Zoo war für die drei Kinder ein großes Vergnügen. Der Kaliningrader Zoo gilt zwar als einer der besseren russischen Tiergärten, befand sich jedoch nach amerikanischen Maßstäben in trauriger Verfassung. Doch der heruntergekommene Zustand der Gebäude und Anlagen konnte die Begeisterung dieser Kinder, die zum ersten Mal exotische Tiere zu sehen bekamen, nicht trüben. Es war herzerwärmend zu sehen, wie Juri und Slawa sich an den Streichen der Affen erfreuten und den Tiger ehrfürchtig anstarrten. Selbst Nadja hatte ihren Spaß. Wir hörten sie zum ersten Mal leise lachen. Casey und ich grinsten einander nur an. Wir waren so stolz auf dieses Lachen! Ihr Lächeln war immer noch streng rationiert – und erschien uns jedesmal wie eine schwer verdiente Belohnung.

Schließlich war es Zeit, zur Paßbehörde zu gehen. Frances und ich wurden angewiesen, mit dem Kindern draußen im Gang zu warten, während Steve und Casey in ein kleines Amtszimmer gingen, um die Unterschriften zu leisten. Anscheinend waren wir Frauen bei der Unterzeichnung dieser offiziellen Dokumente überflüssig. Frances und ich machten sehr verschiedene Erfahrungen mit unseren Kindern. Ich hatte Frances erzählt, wie besorgt ich darüber war, daß Nadja immer, wenn sie ängstlich war (also fast ständig), hin und her schaukelte und wie wenig sie ihre Gefühle zeigte, aber ich glaube, in diesem Moment wäre sie äußerst dankbar gewesen für ein Kind, das nicht auf alles und jedes hinaufklettern mußte und durch die Gegend rannte, als hätte es gerade zehn Schokoriegel vertilgt. Gleichzeitig beobachtete ich neidvoll ihre Jungen und wünschte mir, Nadja würde soviel Lebensfreude an den Tag legen.

Wir mußten immer noch jeden Tag diverse Dokumente unterzeichnen, verbrachten aber den größten Teil unserer Zeit damit, Nadja besser kennenzulernen. Sie öffnete sich jeden Tag etwas mehr. Für einen Tag engagierten Casey und ich einen Führer, der uns die Sehenswürdigkeiten von Kaliningrad zeigen sollte. Wir wollten mehr über Nadjas Geburtsort erfahren, um daran teilhaben zu können, wenn sie eines Tages etwas über ihr »früheres Leben« wissen wollte.

An einem Abend brachte eine Freundin von Alije ihre Enkelin Olja als Spielkameradin für Nadja mit. Sie war im selben Alter wie Nadja, ihr aber an Selbstvertrauen und Intelligenz um Jahre voraus. Auf Drängen ihrer Großmutter trug sie ein recht langes Gedicht von Puschkin auswendig vor. Als wir den beiden Mädchen Buntstifte gaben, malte Nadja systematisch Kritzel aufs Papier (sie hatte im Kinderheim wenig oder gar keine Gelegenheit zum Malen gehabt), während Olja interessante Szenen mit Menschen und Tieren zeichnete. Derweil die Großmütter in der Küche saßen und plauderten, spielten Casey und ich mit den Mädchen. Star der Show war eigentlich Casey, der alberne Guck-Guck-Spielchen mit ihnen spielte. Das hatte er schon allabendlich mit Nadja gemacht, und sie war dabei zunehmend aufgeschlossener geworden. Jetzt, wo ein anderes Mädchen es ihr vormachte, spielte Nadja wesentlich mutiger mit. Während Olja vor Lachen kreischte, starrte ich Nadja verzückt an. Sie lachte *lauthals*. Ich hatte sie bislang nie lauter als im Flüsterton sprechen hören – jetzt plapperte sie munter drauflos. Alije und ihre Freundin kamen aus der Küche, um zu sehen, was los war, und starrten ungläubig auf diesen erwachsenen Mann, der sich auf dem Boden herumwälzte – und auch noch Spaß dabei hatte! Wir fragten uns, ob sie uns zu wild fanden, aber Diana erzählte mir später, die beiden Frauen hätten ihr die Szene mit Tränen in den Augen geschildert. Sie waren äußerst gerührt über Caseys Zuneigung zu den Kindern und seine Bereitschaft, mit ihnen zu spielen. Diana erzählte uns, in

Rußland sei es eher selten, daß Männer sich so intensiv mit ihren Kindern beschäftigten.

An unserem letzten Tag in Kaliningrad fragte Alije, was wir uns für den letzten Abend zum Essen wünschten. Ich antwortete, ihr Hühnergericht habe mir sehr gut geschmeckt und ich würde es gerne noch einmal essen. Sie sah sehr betroffen drein. Hatte ich einen Fauxpas begangen? Ich versuchte ihr zu erklären, daß ich mich über *jede* von ihr zubereitete Mahlzeit freuen würde, aber sie versteifte sich darauf, mir meinen Wunsch zu erfüllen, obwohl er sie offensichtlich beunruhigte.

»Diana«, fragte ich später, »habe ich Alije irgendwie beleidigt? Ich dachte, mein Essenswunsch würde sie freuen – es ist ihr endlich gelungen, mich für das russische Essen zu begeistern. Was habe ich falsch gemacht?«

Diana sprach mit Alije und erstattete mir dann Bericht. »Alije macht sich Sorgen, weil das Huhn, das sie letztes Mal gemacht hat, am gleichen Tag draußen bei ihrer Datscha geschlachtet und gekocht wurde. Sie fürchtet, daß sie, selbst wenn sie sich den ganzen Vormittag anstellt, auf dem Markt kein frisches Huhn auftreiben wird. Sie will Sie nicht enttäuschen.«

Ich hatte ja nicht geahnt, wieviel Zeit Alije in diese Unmengen an Essen gesteckt hatte, nicht nur in die Zubereitung, sondern auch in das Auftreiben der Zutaten. In ihren Augen konnte meine unschuldige Bitte um Huhn ihre Reputation als perfekte Gastgeberin und Köchin ruinieren! Ich fühlte große Dankbarkeit dieser Frau gegenüber, die so verzweifelt versuchte, uns in dieser emotional schwierigen Zeit bei Laune zu halten, klaglos ihre winzige Wohnung mit uns teilte und an jeder Mahlzeit so hart arbeitete.

Einige Tage zuvor war Alije in die Bücherei gegangen, um ein russisch-englisches Wörterbuch auszuleihen. Allabendlich nach dem Essen baten wir sie, sich zu uns zu setzen und sich auszuruhen, was sie jedoch erst tat, wenn jede Süßigkeit und jedes Stück Backwerk im Hause auf dem Tisch standen und jeder eine dampfende Tasse *tschai* (Tee) vor sich hatte – selbst Nadja, da alle russischen Kinder zu jeder Mahlzeit Tee trinken. Unsere Unterhaltungen waren eine Mischung aus Klatsch, Theologie, politischen Einsichten und Ratschlägen zur Kindererziehung. Wir gestikulierten wild, blätterten in unserem Wörterbuch und mußten über uns selbst lachen, wenn wir versuchten, unsere Argumente verständlich zu machen. Ich frage mich manchmal, was wir ihr bei diesen abendlichen Gesprächen wohl erzählt haben.

An jenem letzten Abend beteiligte sich auch Alijes Mann Wladimir, der aus der Datscha zurück war, an unserer Diskussion. Casey war eine Gitarre ins Auge gefallen, die hinter einem Stuhl an der Wand lehnte, und er fragte, ob er etwas für sie singen dürfe. Casey hat eine wundervolle Tenorstimme und sang »Bring Him Home« – ein Lied über einen Mann, der Gott anfleht, die große Liebe seiner Tochter am Leben zu lassen – aus dem Musical *Les Miserables*. Alije und Wladimir lauschten andächtig. Alije standen bald die Tränen in den Augen. Vielleicht verstand sie ein paar Schlüsselworte aus dem Lied wie »Gott«, »heim«, »leben« und »sterben«. Vielleicht war es auch nur die Musik als solche. Caseys Gesang drückte unsere Dankbarkeit in einer Weise aus, wie Worte es nicht vermochten.

Nadja saß fasziniert auf meinen Schoß gekuschelt. Obwohl sie immer noch zurückhaltend war und sich häufig ins Schaukeln flüchtete, legte sie jetzt schon ein erstaunliches Vertrauen an den Tag. Mir war klar, daß sie zu großer Zuneigung fähig war, wenn sie sich sicher genug fühlte. Täglich gewährte sie uns neue Einblicke in ihre gefühlvolle Persönlichkeit, die unter vielen Schichten Bangigkeit verborgen lag. Ich wußte, daß es nur eine Frage der Zeit war, bis sie mutig genug sein

würde, endgültig aus ihrem Schneckenhaus herauszukommen. Ich war erstaunt, wie sehr sie uns schon als Teil ihres Lebens akzeptiert hatte, obwohl wir uns erst seit ein paar Tagen kannten. Ich wußte, daß ich Nadja nicht weniger lieben würde als Meghan. Der Mutterinstinkt ist tatsächlich eine geheimnisvolle, herzbewegende und bezwingende Kraft.
Am nächsten Tag fuhren wir frühmorgens zum Flughafen. Als wir uns vor dem Haus von Alije und Wladimir verabschiedeten, gab Casey ihnen ein Briefchen, das er am Vorabend mühsam Wort für Wort auf Russisch komponiert hatte. Ich umarmte Alije herzlich und dankte ihr erst in meinem spärlichen Russisch und dann überschwenglicher auf Englisch, in dem Wissen, daß sie meine Gefühle verstehen würde. Nadja war währenddessen ganz still und fragte sich vermutlich, was als nächstes mit ihr passieren würde.
Was als nächstes passierte, war natürlich ihre erste Flugreise. Ich war nervös und fürchtete, daß Nadja Angst bekommen und zu schaukeln anfangen würde, aber zu meinem Erstaunen wollte sie aus dem Fenster sehen! Als wir drei Stunden später in Moskau landeten, drehte sich Nadja zu mir um und sagte aufgeregt etwas, das Diana als »Ich will nochmal!« übersetzte.

Von Kaliningrad aus hatten wir nicht nach Übersee telefonieren können. Von Moskau aus riefen wir jetzt überglücklich jeden an, um unsere Neuigkeiten von Nadja zu berichten und unsere bevorstehende Heimkehr anzukündigen. Nadja saß daneben und sah zu, wie ich mit meiner Mutter in Iowa sprach. Ich machte ihr Zeichen, ob sie mit ihrer neuen *babuschka* (Großmutter) sprechen wolle. Sie war entzückt; offensichtlich hatte sie im Kinderheim schon mit einem Spielzeugtelefon gespielt. Sie muß geglaubt haben, ich hätte eine sehr lebhafte Phantasie und wäre besonders gut in diesem Telefonspiel, denn sie nahm das Telefon und begann sofort hineinzusprechen. Als dann aber meine Mutter ihrer neuen Enkelin Hallo sagte, ließ Nadja vor Schreck den Hörer fallen. Sie hatte noch nie ein Telefon erlebt, das Antworten gab! Nachdem ich meiner Mutter die Sache kurz erklärt hatte, hielt ich Nadja das Telefon ans Ohr und wir sagten zusammen: »*Doswidanja* [Auf Wiedersehen].«

Als wir am nächsten Morgen für die Abreise packten, konnten wir durch die Spitzenvorhänge des Fensters gerade die Sonne aufgehen sehen. Wir hatten zehn Tage in Rußland verbracht. Da nicht klar war, wie lange Nadjas ärztliche Untersuchungen und die Bearbeitung ihres Ausreisevisums dauern würden, hatten wir, als Diana die Reise für uns plante, entschieden, daß Casey und ich nach Hause fliegen würden, sobald wir zurück in Moskau wären. Nadja würde in Begleitung einer Vertreterin der russischen Adoptionsbehörde nachkommen. Ich wäre gern bei Nadja geblieben, um sie selbst nach Hause zu bringen, doch gleichzeitig sehnte ich mich auch nach Meghan. Nadja würde bei Natascha wohnen, die ihr einen Ausflug zu ihrer Datscha und viele andere Vergnügungen in Aussicht stellte. Wir wußten, daß Nadja bei ihr in guten Händen war.

Casey und ich schlichen uns in Nadjas Zimmer und weckten sie gerade so weit, daß wir uns verabschieden konnten. Sie hatte in letzter Zeit so viele neue Dinge akzeptieren müssen, daß sie wohl nicht mehr die Energie aufbrachte, Theater um diese neueste Entwicklung zu machen. »*Ja tibja lublu* – Ich liebe dich«, flüsterte ich und gab ihr einen letzten Kuß. »Wir sehen uns bald wieder.« Sie umarmte mich und begann, zu schaukeln und zu summen, um wieder einzuschlafen.

In Frankfurt hatten wir einen kurzen Zwischenstopp. In wenigen Minuten würde das Flugzeug wieder abheben und nonstop nach San Francisco fliegen, wo Meghan, mein Bruder Chuck und seine Frau Penny uns abholen würden. Unser Leben hatte sich von Grund auf und für alle Zeiten verändert. Wir hatten jetzt ein zweites Kind – Nadja. Was für eine unglaubliche »Geburt« das war (nach fast zweijähriger »Schwangerschaft«). Ich lehnte mich in meinem Sitz zurück und atmete tief durch. Zum ersten Mal seit sehr langer Zeit entspannte ich mich. Nadja fehlte mir jetzt schon.

»Oh Casey«, seufzte ich. »Kannst du glauben, was wir gerade zustande gebracht haben?« Casey lächelte und sah zu, wie die letzten Passagiere an Bord kamen und sich hinsetzten.

»Denk nur«, sagte ich, während ich es mir bequem machte, »kein Papierkram mehr. Keine Formulare mehr ausfüllen. Wir haben es geschafft!«

Casey setzte sich ruckartig auf.

»Was ist los?« fragte ich, durch seinen panischen Gesichtsausdruck beunruhigt.

»Das Formular der Einwanderungsbehörde!« stöhnte er, sprang auf und langte nach seinem Rucksack. »Du solltest es noch unterschreiben. Ich habe es hier!« Er fischte das Formular heraus und wedelte damit in der Luft herum. »Ohne dieses Formular kann Nadja weder aus Rußland aus- noch in die Vereinigten Staaten einreisen!«

9. Kapitel

Das Leben mit zwei Kindern

Tagebucheintrag, im Flugzeug, 17. Oktober 1993
Von meinem Fenster aus kann ich die Hudson Bay sehen. Während ich hier sitze, schreibe und mir Sorgen mache, versucht Casey vom Cockpit aus nach Moskau zu telefonieren. Ich frage mich, ob er die Piloten überreden könnte, kehrtzumachen. Ich wünschte, ich könnte über etwas anderes nachdenken als darüber, ob Nadjas fehlendes Formular alles vermasseln wird! ... Eben kommt Casey zurück. Er sagt, sie konnten Moskau nicht erreichen und wir können nichts tun, bevor wir zu Hause sind, aber das Cockpit sei toll gewesen.

Sobald wir aus der Zollkontrolle kamen, stürzte sich Meghan in meine Arme. Ich konnte sie gar nicht wieder loslassen und mich nicht an ihr sattsehen. Wir hielten uns den ganzen Weg nach Hause umklammert. Sie war vertraut und beständig, und wir liebten einander ohne Vorbehalte. Was für ein erhebendes Gefühl; ein Gefühl, das uns als Eltern so selbstverständlich erscheint. Ihre Umarmungen bargen keine Zweifel, und selbst während wir unser Gepäck verstauten, hielt sie eine Hand an meinem Rücken oder Bein, um die Verbindung keinen Moment abreißen zu lassen. Konnte Nadja mich je mit solch absolutem Vertrauen lieben? Mir wurde klar, daß eine solche Liebe ein Geschenk ist, das man nicht geringschätzen darf.

Meghans hartnäckiger Klammergriff zeigte mir, wie schwer es für sie war, daß wir nicht nur weit weg, sondern oft auch unerreichbar waren – und ein anderes Kind mitbringen würden, mit dem sie ihr Zuhause teilen sollte. Sie hatte genau wie wir zwei Jahre lang dieses Adoptionswartespiel mitgemacht, aber bislang keine greifbaren Ergebnisse gesehen. Ich glaube nicht, daß Nadja für sie schon real war. Sie war immer noch eine Phantomschwester.

Chuck und Penny nahmen uns vom Flughafen mit zu sich nach Hause zum Abendessen. (Natürlich hielten wir unterwegs bei einem Foto-Schnellservice an, um unsere Filme abzugeben – es gibt ja Prioritäten!) Als wir durch die Tür kamen, erblickten wir als erstes ein wunderbares Puppenhaus mitten im Wohnzimmer – einem Wohnzimmer, das normalerweise mit diversen Superhelden, intergalaktischen Raumstationen, Soldaten, Dinosauriern und vielerlei Zerstörungsgerät ausstaffiert war, ähnlich wie das Zimmer meines Bruders während unserer Kindheit. Dieses in Hellblau und Rosa gehaltene Puppenhaus samt passendem pastellfarbenem Mobiliar und einem pastellfarbenen Baby war ganz offensichtlich *nicht* Teil ihres »jungentypischen« Dekors. »Überraschung!« rief Meghan. »Das habe ich für meine neue kleine Schwester Nadja gekauft.«

Ich war verblüfft. Meghans Vorstellung von *lange* entspricht normalerweise etwa einer halben Stunde. Es war eine beachtliche Leistung, daß sie *den ganzen Sommer lang* ihr Taschengeld gespart hatte, um etwas GROSSES zu kaufen. Sie änderte täglich ihre Meinung darüber, was das sein sollte: ein neues Fahrrad, Videokassetten, Roller Blades – immer etwas, das sie für sich selbst haben wollte. Und jetzt hatte sie ihr ganzes Erspartes für etwas ausgegeben, von dem sie glaubte, daß es Nadja gefallen würde. Ich war so stolz. Meghan wollte auf ihre eigene Weise dazu beitragen, ihre Schwester willkommen zu heißen.

Jetzt mußten wir herausfinden, wie wir das Formular der Einwanderungsbehörde am schnellsten und sichersten zu Diana schaffen konnten. Was eigentlich als eine Woche der Erholung vom Jet-lag und der Vorbereitung auf Nadjas Ankunft geplant war, war statt dessen angefüllt mit dringlichen Übersee-Telefonaten, Briefeschreiben und Fahrten zum Flughafen. Da die politische Lage in Moskau immer noch unsicher war, erkundete Casey per Telefon alle Möglichkeiten zur Beförderung unseres Dokuments. Alle Kurierdienste hätten zu lange gebraucht. Schließlich fuhr er nach San Francisco zum Flughafen und sprach eine Gruppe russischer Reisender an, die auf ihren Lufthansa-Flug warteten. Ein Computerfachmann erklärte sich bereit, unseren Umschlag mitzunehmen und Natascha auszuhändigen, die ihn am Flughafen erwarten würde. Zur Absicherung tauschten sie die Telefonnummern aller Beteiligten aus. Das Arrangement war knifflig und nervenaufreibend. Die nächsten zwanzig Stunden kamen uns sehr lang vor. Freunde und Familienangehörigen riefen an, um zu fragen, *wann* Nadja ankäme, während wir uns fragten, *ob* sie jemals ankäme. Als das Telefon spät nachts klingelte, stürzten wir uns geradezu darauf. Es war Diana. Caseys Charaktereinschätzung war richtig gewesen; der Dokumententransfer hatte geklappt. Natascha war zur rechten Zeit am rechten Ort gewesen, das Papier befand sich in Dianas Händen, und wir würden Nadja in vier Tagen vom Flughafen abholen können.

»Denk doch nur«, erzählte ich Meghan abends, als ich sie ins Bett steckte, in meinem überzeugendsten Das-wird-toll-Tonfall, »du wirst die älteste sein. Die Chefin. Nadja wird dich bewundern und genauso sein wollen wie du.«

Mir schoß eine Erinnerung an meine ältere Schwester durch den Kopf, wie sie mich mit dem Besen durchs Haus jagte, während ich »Hexe, Hexe, du siehst aus wie eine Hexe« sang, just bevor der Besenstiel auf meinen Kopf niederkrachte. Aber davon erzählte ich Meghan nichts. »Ihr werdet soviel *Spaß* miteinander haben!« sagte ich statt dessen.

Wir warteten alle ungeduldig, als Nadja, Juri, Slawa und Ludmilla, ihre Begleiterin, endlich am Flughafen durch die Abfertigung kamen. Nadja lächelte uns matt an und umarmte uns. Sie sah müde aus und hatte dunkle Ringe unter den Augen. Wir erfuhren bald, daß keiner von ihnen während des Flugs geschlafen hatte, was hieß, daß sie seit mindestens dreißig Stunden wach war – kein Wunder, daß sie erschöpft aussah. Penny hielt die ganze Wiedervereinigung auf Video fest. Ihre Aufnahmen zeigen Nadja so überfordert und so verwirrt, wie sie nie vorher in ihrem Leben gewesen ist (und hoffentlich niemals wieder sein wird). Zugleich war dies der Beginn eines Balanceakts, um Nadja die Bestätigung zu geben, die sie brauchte, während Meghan uns mit Adleraugen beobachtete.
Ludmilla, die russische Funktionärin für Auslandsadoptionen in der Kaliningrader Region, sagte während der Heimfahrt nicht viel. (Wer würde noch die Energie für eine Konversation aufbringen, nachdem er gerade mit drei Kindern im Vorschulalter um die halbe Welt geflogen ist?) Natürlich machte sie uns nervös. Sie sah Amerika zum ersten Mal und sprach nur sehr wenig Englisch. Außerdem würde sie beobachten – und ihren Vorgesetzten berichten –, was das für Leute waren, die russische Kinder adoptierten. Man muß zugeben, daß wir eingeschüchtert waren und nicht recht mit ihr kommunizieren konnten.
Noch etwas wurde mir auf der Heimfahrt klar. Es war später Oktober – kurz vor Halloween. Als wir die Autobahn verließen und durch die Vororte fuhren, waren die meisten Vorgärten mit Geistern, Skeletten, Kürbissen und Grabsteinen geschmückt. Was Ludmilla wohl von unserer Gesellschaft dachte? Sicher kam ihr die ganze in der Schule gelernte Propaganda über die bösen Amerikaner wieder in den Sinn. Uns

fehlten die Worte, um Halloween zu erklären, aber wir wiederholten immer wieder das Wort »Feiertag«. Feiertag. Feiertag! Sie lächelte nur, nickte und schaute aus dem Fenster auf eine Hexe, die an einem Strick aufgeknüpft war, mit glühenden Augen und Blutspritzern auf dem schwarzen Gewand. Als wir daheim ankamen, drängelte alles aus dem Auto und ins Haus. Meghan war sehr aufgeregt. Das Puppenhaus war auf dem Teppich im Eßzimmer aufgebaut und wartete darauf, an ihre neue Schwester übergeben zu werden. Nadja war genauso fassungslos und perplex, wie ich es gewesen wäre, wenn jemand einen nagelneuen, kirschroten Sportflitzer in meine Einfahrt gestellt hätte und mir die Schlüssel aushändigen würde. Dann tat sie genau das, was ich auch getan hätte. Sie sah sich im Raum um mit einem Blick, der fragte: »Soll das wirklich für mich sein? Wo ist der Haken bei der Sache?« Wir nickten alle mit dem Kopf: »Ja, ja, das ist deins, schau es dir ruhig genau an.« Nadja bedurfte keiner weiteren Ermutigung. Sie untersuchte jedes Einzelteil und Einrichtungsstück. Im Laufe der nächsten Wochen räumte sie mit unglaublicher Konzentration stundenlang jedes bewegliche Teil hin und her. Sie flüchtete sich in dieses ganz besondere Puppenhaus. Meghan hatte das ideale Geschenk gefunden, und es wurde Nadjas größter Schatz. Ihr erster eigener Besitz als amerikanische Staatsbürgerin.

Als ich abends Nadjas Sachen auspackte, fand ich einen an Casey und mich adressierten Brief von Natascha:

Lieber Casey und liebe Megi!

Morgen geht Nadja ein neues Leben in ihrer Familie beginnen und ich halte sie für immer in meinem Herzen. Ich bin sehr froh, dass wir unser Bestes getan haben, Nadja und Ih-

nen dazu zu helfen. Ich hatte Gelegenheit, enger mit Nadja zu sein und sie mehr besser kennenzulernen. Deshalb möchte ich einige Worte über sie sagen. Sie ist ein sehr kluges und sensibles Mädchen. In den Jahren im Kinderheim hat sie aus Misstrauen innere Abwehr aufgebaut. Selbst wenn sie lächelt, ihre Augen sind voll dieser Abwehr. Aber ich bin sicher, dass Ihre Liebe das Misstrauen besiegt. Im Augenblick glaubt sie sehr daran mit ihrem Instinkt. Ich verstehe das durch unsere Gespräche. Im Augenblick Vater (Casey) hat für sie die Rolle von Chef. Vater kauft, Vater sagt, Vater ruft an ... Mutter – eine Quelle der Liebe (Puppe, singen ...) Schwester Meghan – sie fragt mich: »Ist sie mehr alt als ich?« Auf meine Antwort sagt sie: »Das ist gut. Wir werden Freundinnen sein.« Als ich zu ihr über [ihre Tante Molly Anne] gesagt habe, sagt sie: »Ich werde daran denken.« Wie Sie sehen, hat Nadja mit fünf Jahren sehr guten Verstand. Übrigens hat sie sehr gutes Gedächtnis und Hören. Das habe ich geprüft. Sie können das weiterentwickeln und die Hauptsache – das ist ihre Unabhängigkeit in allem. Achten Sie darauf, dass sie sie nicht verliert. Ich bin noch nie vorher so ein Kind begegnet.
Schliesslich möchte ich sagen, dass ich Sie und Nadja und Meghan sehr liebe. Und ich bin sicher, dass Sie jetzt mehr glücklicher sein werden. Ich wünsche es Ihnen von ganzen Herzen und hoffe, dass ich eines Tages es mit eigenen Augen sehen kann. Viel Glück!!!

Alles Liebe,
mit vielen Grüssen,
Natascha

Die Rührung schnürte mir die Kehle zu. Was mußte es sie für Mühe gekostet haben, diesen Brief in einer ganz fremden

Sprache und mit einem fremden Alphabet zu schreiben. Er bestätigte mir, daß Nadja während unserer Trennung gut aufgehoben war. Wir hatten alle an etwas sehr Schönem und Gutem zusammengewirkt.

Eine Fünfjährige mit wenig Lebenserfahrung mit einem neuen Land und einer fremden Kultur bekannt zu machen, ist schwierig genug. Dieselbe Fünfjährige, die kein Englisch spricht, in die Komplexitäten des Familienlebens einzuführen, ist noch schwieriger. Aber dies alles zuwege zu bringen, während man gleichzeitig eine Funktionärin der russischen Behörden zu Gast hat, ist ausgesprochen nervenaufreibend. Nadja war abwechselnd dankbar, verwirrt, neugierig, müde und grundsätzlich ängstlich. Sie behielt Ludmilla im Auge, als wartete sie darauf, daß sie sagen würde: »So, das war's. Ab, zurück nach Rußland.« Wenn Nadja zögerte, meine Anweisungen zu befolgen, reichte ein Wort von Ludmilla, und sie parierte sofort.

Ich wollte mich in unserem Zuhause vergraben und mindestens einen Monat nicht mehr hervorkommen, aber das wäre Ludmilla gegenüber nicht fair gewesen. Anstatt Nadja langsam an alles zu gewöhnen, taten wir also, was jeder Gastgeber in der Umgebung von San Francisco tut: Wir gingen auf Besichtigungstour. (Natürlich konnten wir Nadja nicht mit einem Babysitter zu Hause lassen, und Meghan hatte nicht die geringste Lust, in die Schule zu gehen, während *so viel los war*, also gingen wir alle zusammen auf Tour.)

Ludmilla wohnte vier Tage bei uns, ehe sie für den Rest ihres Aufenthalts zu den Smiths zog. Wir dachten, sie hätte an ihrem letzten Abend bei uns vielleicht Spaß an einer amerikanischen Großfamilienzusammenkunft. Also versammelten wir so viele Familienangehörige wie möglich bei Chuck und Penny. Außer verschiedenen Tanten und Onkeln waren zwölf Cousins und Cousinen mit ihren Freunden anwesend, alle unter zehn, die kreischend herumrannten und sich gegenseitig mit den bereits erwähnten ›Zerstörungsgeräten‹ durch die Gegend jagten. Penny und ich standen im Wohnzimmer und beobachteten mit idiotischem Grinsen, wie Nadja sich vor Vergnügen kreischend von ihrem neuen Cousin Anthony mit einem feuerspeienden Plastik-Godzilla die Treppe hinaufscheuchen ließ. Wir waren sehr froh, daß Nadja so bereitwillig mitspielte – ihre Schüchternheit verlor sich von Sekunde zu Sekunde. Ich blickte hinüber zu Ludmilla, um sie an unserer Freude teilhaben zu lassen, und sah sie die Stirn runzeln, die Lippen zu einem schmalen Strich zusammengepreßt, die Augen voller Mißbilligung. Was uns als ein wichtiger Fortschritt für Nadja war, war für sie wahrscheinlich der Verderb einer jungen Kinderseele. Soweit meine beschränkten Erfahrungen reichen, wissen die Russen eine gute Party durchaus zu schätzen, aber Kinder nehmen daran gewöhnlich nicht teil (oder wenn sie es tun, sitzen sie mit artig gefalteten Händen am Rand). Aber ich war nicht gewillt, Nadja deswegen den Spaß zu verderben. (Diese wilde Horde hätte ich ohnehin nicht mal mit Tränengas zur Räson bringen können.)

Ludmilla war *wirklich* entsetzt, als Nadja etwa eine Stunde später eine wichtige Lektion über amerikanische Wohnarchitektur lernte. Die Kinder waren ständig durch die Terrassentür zwischen Garten und Haus hin- und hergerannt. Als es drinnen kühler wurde, hatte irgendein schlauer Erwachsener die Tür zugemacht. Die anderen Kinder erkannten den Unterschied zwischen einer offenen und einer geschlossenen Glastür an den Schmierflecken und den fettigen Fingerabdrücken. Nadja nicht. Sie wollte ins Haus rennen und lief – wumm – geradewegs gegen die Tür. Zum Glück hatte sie sich nicht verletzt, aber sie schaute drein, als hätten Außerirdische ein unsichtbares Kraftfeld heruntergebeamt, während sie draußen spielte. Sie konnte nicht verstehen, was passiert war, und schickte sich gerade an, ihr Glück noch einmal zu versuchen, als wir die Tür öffneten und zu ihr hinausliefen. Ich nahm sie in den Arm und gurrte meine unverständlichen russischen Phrasen, Casey holte Eis, Penny zeigte Nadja, wie die Tür funktionierte, und Chuck besorgte Kreppband, um die Unterscheidung zwischen »auf« und »zu« zu erleichtern. Wir mußten anfangen, die Dinge aus Nadjas Blickwinkel zu sehen. Wir konnten nicht voraussetzen, daß sie wußte, was andere Fünfjährige wußten.

Endlich waren wir als Familie für uns allein. Ein wichtiges Ereignis war der tägliche Besuch im Park. »Mama! Parrrrka!« rief sie, wenn wir dort ankamen, und zappelte so wild herum, wie der Autogurt es erlaubte. Schaukeln war ihre Lieblingsbeschäftigung, und sie hätte sich mit Freuden von morgens bis abends auf der Schaukel anschieben lassen. Mich machte das allmählich seekrank.

Immer noch konnte sie nur einschlafen, wenn sie zuerst etwa zwanzig Minuten lang hin und her schaukelte und dabei ihr monotones *la, la, la* vor sich hinsang. Meghan trieb das zum Wahnsinn, aber wir konnten kaum etwas dagegen tun. Sie würde einfach lernen müssen, daß kleinere Ärgernisse Bestandteil des Schwesterndaseins sind.

Als Nadja begann, sich sicherer zu fühlen, schlief sie fester, und bald machte sie jede Nacht ins Bett. Am nächsten Tag versuchte sie stets, die ganze Sache zu vertuschen, und sie war äußerst verblüfft, daß sie für ein nasses Bett nicht bestraft wurde. Leider führte das dazu, daß sie sich bald keine Gedanken mehr darüber machte, ob es naß oder trocken war.

Ich werde nie vergessen, wie Nadja zum ersten Mal etwas kaputt machte. Sie spielte mit ihrem Puppenhaus und zerbrach versehentlich eins der Möbelstücke. Ich war gerade ins Zimmer gekommen und sah, wie es passierte. Sie kauerte sich sofort mit erhobenen Armen in die Ecke, um sich vor den erwarteten Schlägen zu schützen. Sie tat mir so leid.

»Nadja«, sagte ich behutsam, »du brauchst keine Angst zu haben. Ich schlage dich nicht. So ein Mißgeschick kann passieren. Laß uns sehen, ob wir dein Spielzeug reparieren können.« Sie verstand zwar meine Worte nicht, wußte aber, was ich ihr sagen wollte. Ihre Augen dankten mir, und ich hielt sie in den Armen, während sie hin- und herschaukelte, um ihre nervöse Anspannung abzubauen.

Inzwischen war Meghan sehr beschäftigt mit Vorbereitungen für Halloween. Ihre Großmutter Lois (Caseys Mutter) hatte ihr – nach Meghans genauen Anweisungen – einen Umhang für ihr Hexenkostüm genäht. Er war lila mit einem großen, silbernen Medaillonknopf am Hals und einer weiten, eleganten Kapuze. Sie und Casey durchwühlten einen Second-Hand-Laden nach etwas, was sie darunter tragen könnte, und fanden ein altes Samtkleid mit schwarzen, paillettenbesetzten Ärmeln.

Es war uns nicht gelungen, Nadja die Sache mit Halloween zu erklären. Immer wenn ein von wohlmeinenden Freunden geschickter Dolmetscher versuchte, mit ihr zu reden, begann Nadja schon beim ersten russischen Wort schweigend hin und her zu schaukeln. Sobald sie etwas Englisch gelernt hatte, weigerte sich Nadja, Russisch zu sprechen – selbst mit der von ihr angebeteten Diana. Ich hoffe, daß sie ihre Muttersprache eines Tages reaktivieren kann, aber damals, nach ihrer Ankunft, war es die Belastung nicht wert, die ein zweisprachiges Dasein für ihre Psyche bedeutete.

Nadja sah zu, wie Meghan ihr Kostüm anlegte und lila Make-up auftrug, bevor sie in die Schule ging. Später ging ich mit Nadja zum Schulumzug, um Fotos zu machen. Hier erblickte sie außer ihrer merkwürdig aufgemachten Schwester noch Hunderte anderer Kinder in bizarren, unheimlichen Kostümen. Als wir an der Schule ankamen, konnte ich Nadja förmlich denken hören: Wo sind die Eltern dieser Geschöpfe?

Warum mutete meine neue Mutter mir diese höchst merkwürdigen Kreaturen zu? Dann bot ihr eine freundliche Lehrerin Halloween-Kuchen und Saft an, und schon sah die Sache ganz anders aus.
Abends zogen wir mit Freunden in der Nachbarschaft von Tür zu Tür. Ich verkleidete Nadja nicht, da sie sich anscheinend in der Rolle der Beobachterin wohler fühlte, während sie zu verstehen versuchte, was vor sich ging. Ich gab ihr eine Tüte, und wir gingen zum ersten Haus. Nadja hielt sich im Hintergrund und umklammerte meine Hand, während Meghan und die anderen Kinder klingelten. Sie stellte sich auf die Zehenspitzen, um mitzukriegen, was an der Tür vor sich ging. Als Meghan zu uns zurückgelaufen kam, öffnete sie ihre Tüte, um Nadja die Süßigkeiten zu zeigen, die sie ergattert hatte. Nadja bekam große Augen. Am nächsten Haus hielt sie sich zwar hinter den anderen, streckte aber ihre Tüte aus. Dann kam sie zu mir gelaufen, quiekte: »Mama!« und öffnete ihre Tüte. Sie strahlte übers ganze Gesicht. Einige Häuser weiter war es schon Nadja, die an den Türen klingelte. Sie grinste von einem Ohr zum anderen. Sie verstand kein Wort, wenn jemand etwas zu ihr sagte, aber wo immer sie an der Tür klingelte, gab man ihr Süßigkeiten. *Was für ein Leben!*
Nadja war sehr enttäuscht, als wir sie am nächsten Abend nicht wieder von Tür zu Tür ziehen lassen wollten.

Marge hatte uns auf eine »Flitterwochen«-Phase mit Nadja vorbereitet. Die hatten wir: Sie dauerte genau zwei Wochen. Es war *wunderbar*. »So ist es also, wenn man ein Kind hat, das einem aufs Wort gehorcht«, dachte ich. Nadja machte jeden Tag ihr Bett selbst und hob unaufgefordert ihre Sachen vom Boden auf (zu Meghans größtem Befremden – »einschleimen« war, glaube ich, das Wort, das sie fallen ließ, als wir Nadja für ihre Ordentlichkeit lobten). Sie stand morgens bereitwillig auf und machte abends kein Theater, wenn sie ins Bett sollte. So angenehm das alles war, kam ich mir ein bißchen vor wie die Mutter eines Roboters. Ich hatte keine Ahnung, was in ihrem Kopf vor sich ging, außer wenn sie sehr glücklich war. So nahm ich das Ende unserer Flitterwochen, das sich etwa eine Woche nach Ludmillas Abreise ankündigte, mit gemischten Gefühlen auf.

Nadja war aus dem Kinderheim einen streng geregelten Tagesablauf gewohnt; tagein, tagaus lief dort alles nach dem gleichen Programm ab. Jetzt lebte sie in einer äußerst spontanen Familie. Wir bemühten uns ihr zuliebe um einen etwas regelmäßigen Tagesablauf, aber mit einem russischen Kinderheim konnten wir es natürlich nicht aufnehmen. Nadja begann, mehr als nur »kindlichen Slang« von Meghan zu übernehmen; sie fand heraus, daß sie keine Prügel riskierte, wenn sie unsere Wünsche nicht sofort befolgte. Sobald sie erkannte, daß es in diesem Zuhause wesentlich lockerer zuging als alles, was sie bisher erlebt hatte, begann sie, die Grenzen auszutesten, um zu sehen, wie weit unsere Toleranz ging. Sie sagte jetzt seltener »*da*« und öfter »*njet*«. Bald ging sie zum englischen »No!« über.

Wir lernten Nadjas dickköpfige Seite kennen. Sie war in der Lage, jeden Muskel in ihrem Körper erschlaffen zu lassen. Sie hochzuheben war, als versuche man, eine 23 Kilo schwere Nudel zu heben. Da ich eine 23 Kilo schwere Nudel nicht vom Fleck bewegen konnte, endete das Ganze oft in einer Pattsituation. Ich wollte sie mitnehmen, um Meghan von der Schule abzuholen; sie war nicht bereit, irgendwohin zu gehen, bevor sie nicht *jedes einzelne* Bild in ihrem Malbuch ausgemalt hatte. Als Meghan noch jünger war, hatte ich auf ihre Trotzanfälle manchmal reagiert, indem ich andeutete, ich würde sie allein zurücklassen, bis ihr hysterischer Anfall vorbei wäre. Sie wußte im Grunde ihres Herzens, daß ich sie niemals wirklich allein lassen würde, aber meine ›Drohung‹

brachte sie oft dazu, sich etwas schneller zu beruhigen. Bei Nadja konnte ich diese Taktik nicht anwenden, da sie tatsächlich erlebt hatte, wie es ist, von der leiblichen Mutter verlassen zu werden und von einer Kinderheimdirektorin mit der erstbesten amerikanischen Familie, die zu Besuch kommt, sechzehntausend Kilometer nach Westen verschickt zu werden. Und wenn ich in meinem geduldigsten mütterlichen Ton sagte: »Nadja, dein Benehmen gefällt mir nicht; ich warte jetzt, bis du dich wieder beruhigt hast«, kam bei ihr natürlich nur so etwas an wie: »Nadja, al kfenv fdlb ksrlb aldknglfkbn kjasc lkjb npkiej fpbajag.«

Sicher konnte sie nicht verstehen, warum, wo doch so vieles in den Vereinigten Staaten Spaß machte – in diesem Stadium war für sie schon das tägliche Einkaufen Spaß –, nicht immer alles nur Spaß sein konnte. Wir machten den typischen Fehler neugebackener Eltern, sie möglichst ununterbrochen glücklich machen zu wollen.

Die Folge war, daß sie am Ende des Tages regelmäßig völlig zusammenklappte. Sie weinte allabendlich mindestens eine Stunde lang. Das waren nicht nur Tränen, sondern gewaltige Ausbrüche emotionaler Energie. Sie stampfte mit den Füßen. Sie knallte Türen. Und schließlich schaukelte sie schluchzend hin und her. Wir konnten sie nicht fragen, was sie so unglücklich machte. Ich denke, sie wußte es selber nicht. Casey und ich hielten sie abwechselnd in den Armen, wenn sie uns an sich heranließ. Erstaunlicherweise war sie nach diesen Auftritten sehr ruhig und entspannt. Wir dagegen fühlten uns, als hätten wir nach einer zwölfköpfigen Kinderparty mit Übernachten gerade das letzte Kind nach Hause geschickt. Heute ist mir klar, daß es für ein Kind anstrengend ist, zuviel Spaß zu haben. (Wer hätte das gedacht?)

Eines Abends fuhr ich mit Meghan, Nadja und ihren Cousins Anthony und Ashton zu einem Burger King in der Nähe, der einen besonders schönen Spielbereich hatte – mit Tunneln

und Plastikbällen, in denen die Kinder herumtoben können. Nadja hatte so etwas noch nie gesehen. Die dreistöckige Konstruktion befand sich im Freien. Nachdem die Kinder (in Rekordzeit) gegessen hatten, nahmen sie Nadja mit nach draußen zum Spielen. Zuerst war sie unsicher und vorsichtig, aber als sie sich allmählich wohler fühlte, war sie nicht mehr zu halten. Ich konnte sie nicht bewegen, wieder herauszukommen. Es war schon dunkel und Zeit, nach Hause zu gehen, aber Nadja *wollte nicht, daß dieser Spaß ein Ende nahm*! Es gelang mir, meine anderen »Schützlinge« in ihre Schuhe und dann in Richtung Tür zu bugsieren, aber Nadja mußte ich schließlich mit Gewalt herauszerren. Ich versuchte, ihr zu erklären, daß wir bald wieder herkommen würden, aber sie kreischte zu laut, um mich zu verstehen. Sie wußte nur, daß sie diesen Ort womöglich nie wiedersehen würde und daß sie noch nicht bereit war, ihn zu verlassen. Ich mußte ihren »Nudelkörper« zum Auto tragen und in ihren Sitz schnallen. Meghan und die Jungen saßen mit schreckgeweiteten Augen, still und gehorsam da, und warteten vorsichtig ab, was als nächstes passieren würde.
Nadja schrie immer noch, als ich auf die sechsspurige Schnellstraße fuhr, die nach Hause führte. Jetzt ist Casey dran, dachte ich, während ich mit 70 km/h und dröhnenden Ohren die Straße hinunterbrauste. Es wurde still ... dann plötzlich hörte ich das Klicken des Türschlosses, das Klicken eines Sitzgurtes und das Geräusch der sich öffnenden hinteren Autotür. »NEIIIIN!« hörte ich mich selbst brüllen, als ich nach hinten langte und Nadja am Pulli zu packen bekam. Autos schossen an uns vorbei, scherten aus, um der offenen Tür auszuweichen. Während ich an Nadja zerrte, um sie im Auto zu halten, griff Anthony über sie hinweg nach dem Türgriff. »Verriegel sie!« schrie ich. »Nadja! NJET!« Die Panik in meiner Stimme ließ sie erstarren. Irgendwie, obwohl langsamer geworden, steuerte ich immer noch das Auto. »Halt sie

fest, Anthony«, sagte ich, jetzt in dem Versuch, ruhig zu klingen. »Sprich mit ihr.«
»Na-dii-a«, artikulierte er sorgfältig in seiner besten »russischen« Aussprache. »Ich möchte meine neueste Cousine nicht tot haben. Na-dii-a, bleib im Auto, wenn es fährt. Na-dii-a, mach dich nicht tot.«
Vielleicht war es der Tonfall, vielleicht auch seine Ernsthaftigkeit, jedenfalls rührte sich Nadja nicht mehr, bis wir nach Hause kamen. Ich konnte nichts sagen, weil ich wußte, daß ich in Tränen ausbrechen würde, wenn ich es versuchte. Aber ich brauchte auch gar nichts zu sagen. Sobald wir ins Haus kamen, waren Meghan, Anthony und Ashton nur zu begierig, Casey die Geschichte genauestens zu schildern. (Wenn man Ashton glauben wollte, der am weitesten vom Geschehen entfernt saß, hatte er Nadja das Leben gerettet, indem er sich heldenhaft zwischen sie und die Autotür warf.) Ich ging in mein Zimmer und machte die Tür hinter mir zu. Ich zitterte unkontrollierbar. Ich hörte, wie Casey unser russisch-englisches Wörterbuch durchblätterte – auf der Suche nach Wörtern, die Nadja die Wichtigkeit seiner Botschaft verständlich machen würden. »Nie.«
»Gefahr.«
»Wehtun.«
»Sehr wehtun.«
»Egal, wie wütend du bist, spring nie aus einem fahrenden Auto!«
In dieser aus Freude und traumatischen Erfahrungen gemischten Atmosphäre ereilte uns ein überraschender Anruf unserer kolumbianischen Adoptionsvermittlung. Kolumbien? Inmitten des Chaos, aus dem unser Leben diese letzten Monate bestanden hatte, war Kolumbien völlig aus unserem Blickfeld entschwunden, und ich mußte einen Augenblick überlegen, bevor ich sagte: »Oh, ja, Sie sind's. Hallo. Wie geht's?« Eine aufgeregte Sachbearbeiterin war am Hörer.

»Mir geht es ausgezeichnet, und ich habe großartige Neuigkeiten für sie. Wir haben soeben eine Vermittlung für Sie erhalten. Ein kleines Mädchen namens Ana Maria braucht ein Zuhause.«

10. Kapitel

Ana

Tagebucheintrag, 8. November 1993
Sie heißt Ana Maria. Da ist er wieder, dieser Name: Maria. Genau wie unsere erste Vermittlung. Obwohl sicher Millionen südamerikanischer Mädchen irgendeine Form von Maria in ihrem Namen tragen, halte ich das doch für ein ausgezeichnetes Omen.

Mein erster Gedanke war: Das ist ja wohl nicht Ihr Ernst. Das ist ein Witz, nicht wahr? Aber gleichzeitig war ich sehr aufgeregt. Nach der ganzen Plackerei mit dem kolumbianischen Adoptionsverfahren hatten wir endlich ein Kind! Natürlich hätte ich der Frau von der Adoptionsvermittlung sofort sagen müssen, daß wir soeben mit einem Kind aus Rußland zurückgekommen waren. Eigentlich hätte ich sie darüber schon informieren sollen, bevor wir nach Rußland flogen. Aber ich hatte Angst, irgendwelche Brücken hinter mir abzubrechen, und vielleicht, so denke ich im Rückblick, hatte ein kleiner Teil von mir »unser kolumbianisches Kind« einfach nicht aufgeben wollen. Und statt die Sache gleich richtigzustellen, sagte ich: »Oh bitte, erzählen Sie mir von ihr!«
Es gab nicht allzu viele Informationen über sie – was mich inzwischen nicht mehr überraschte –, aber die Vermittlungsstelle wußte, daß sie relativ gesund war – wir waren allerdings mittlerweile schlau genug, um zu wissen, daß das keine

Garantie für irgend etwas war. Man ging davon aus, daß Ana vier Jahre alt war; sie war von ihrer Mutter im Alter von etwa achtzehn Monaten verlassen worden. Soweit man wußte, war die Mutter eine drogen- und alkoholabhängige Prostituierte gewesen. Anas Mutter war eines Tages von zu Hause weggegangen und nicht mehr wiedergekommen. Ana blieb sich selbst überlassen, bis sie so unterernährt war, daß die Nachbarn sie ins örtliche Krankenhaus brachten. Dort wurden die Sozialbehörden eingeschaltet, die sie in einer Pflegefamilie unterbrachten. Jetzt galt Ana als schwer zu vermittelndes Kind – jenseits des idealen Alters für eine Adoption.
»Sie wurde mit *etwa* achtzehn Monaten verlassen?« fragte ich. »Sie wissen also nicht einmal ihr Geburtsdatum?«
»In Kolumbien wird für alle ausgesetzten Kinder der erste Januar als Geburtsdatum festgelegt«, erklärte die Sachbearbeiterin.
Aus irgendeinem Grund erschütterte mich diese Mitteilung mehr als alles andere. Nadja, die so wenig persönliche Besitztümer zu haben schien, hatte *wenigstens* ihren eigenen Geburtstag. Ich konnte mir inzwischen Kinder vorstellen, die ohne ausreichende Nahrung, ohne ein Dach über dem Kopf oder sogar ohne Elternliebe lebten, aber der Gedanke an ein Kind ohne Geburtstag war mir nie gekommen. Anas Geschichte war in so vielerlei Hinsicht traurig. Wir würden niemals erfahren, wer ihre Mutter war. (Geschweige denn irgendeinen Hinweis auf ihren Vater bekommen.) Und den Tag nicht zu kennen, an dem sie auf die Welt gekommen war ... Selbst heute noch kann ich nicht erklären, warum mich das so bewegte, aber es war so. Um Himmels willen – Ana hatte einen eigenen Geburtstag verdient!
»Würden Sie gern ein Bild von ihr sehen?«
Natürlich wollte ich ein Bild sehen. Ich wollte dieses Kind in unser Heim aufnehmen und ihr einen Geburtstag geben! Casey wollte kein Bild sehen. Er hatte damals, als ich so un-

glücklich über unser Erlebnis mit Maria war, die Adoptionsvermittlung gebeten, uns Vermittlungen nur noch über ACCEPT mitzuteilen. Er hatte uns vor einer weiteren Enttäuschung schützen wollen und ging davon aus, daß Bee oder Marge besser erkennen konnten, ob eine Vermittlung eine reale Möglichkeit war oder nicht, bevor wir erneut Gefühle investierten. Er wußte, was für eine starke Bindung wir entwickeln konnten, wenn wir erst ein Bild zu sehen bekamen. Aber als wir den Anruf bekamen, wußte ich nichts von seiner Bitte. Später erhielten wir ein Fax einer Fotokopie eines Fotos von Ana Maria. Casey war aus mehr als einem Grunde überrascht, als ich ihm die Neuigkeit erzählte.

Wir konnten das Kind auf dem Bild kaum als solches erkennen. Wir starrten auf das dunkle, verschwommene Foto, das an das Ultraschallbild eines Embryos im Mutterleib erinnerte. (Die Art von unscharfer Mondlandschaft, bei der Pfeile auf einzelne Gebirgsregionen zeigen, um einen Kopf oder Fuß zu bezeichnen. »Oh natürlich«, sagen die Betrachter dann. »Jetzt seh' ich's auch.«) Doch irgendwie konnte ich in all der Kopierschwärze zwei wunderschöne, große Augen ausmachen. Sie sprachen Bände: »Ich brauche ein Zuhause, ich brauche eine Mutter, ich brauche einen Vater.« Caseys Vorahnung war richtig gewesen: Wir fühlten beide sofort eine Bindung zu Ana.

Jetzt, wo Nadja Wirklichkeit war und heil bei uns zu Hause lebte, fühlte ich mich sicherer im Umgang mit dem Adoptionsverfahren. Jeder, der zum ersten Mal ein Kind adoptiert, gelangt irgendwann an einen Punkt, an dem es ihm scheint, als müßten die eigenen Bemühungen vergeblich bleiben, selbst wenn andere sich erfolgreich durch dieses Labyrinth gearbeitet haben. Man glaubt, man werde, egal wie sehr man sich abrackert oder mit welch guten Absichten man an die Sache herangeht, derjenige sein, der durch die Ritzen des Adoptionssystems fällt. Für uns war es jetzt einfacher, uns Ana als Teil unserer Familie vorzustellen, weil wir wußten, daß es Realität werden konnte. Aber da war noch ein anderes Kind. Was war mit Anja, dem Mädchen, das wir in Nadjas Kinderheim kennengelernt hatten? Casey und ich hatten bereits beschlossen, sie zu adoptieren, falls es irgendeine Chance dafür gab. Wir baten die kolumbianische Vermittlung um etwas Zeit, um die Dinge zu klären, und man versicherte uns, wir hätten genug Zeit, uns zu entscheiden.

Wir riefen sofort Diana an. »Steht Anja zur Adoption zur Verfügung?« fragten wir, nachdem wir ihr einen vollständigen Bericht über Nadjas Gesundheitszustand und Eingewöhnung gegeben hatten.

»Nein«, sagte sie, »sie ist in einen anderen Teil Rußlands geschickt worden, wo ihr Ohr operativ wiederhergestellt werden soll. Die Kinderheimfunktionäre hoffen, daß sie dann von einer russischen Familie adoptiert wird.«

Ich fühlte eine Mischung aus Erleichterung, daß man sich um Anja kümmerte, und tiefer Enttäuschung darüber, daß man uns keine echte Chance gegeben hatte. Wenn wir hartnäckiger gewesen wären und darauf bestanden hätten, sofort einen Antrag zu stellen, hätte man Anja vielleicht nicht weggeschickt.

»Ob wir vielleicht warten sollten, um sicherzugehen, daß sie von einer russischen Familie adoptiert wird?« fragte ich.

»Denken Sie nicht mehr an Anja«, erwiderte Diana. »Sie ist jetzt in einer anderen Region, wahrscheinlich werden wir es nie erfahren.«

Ich wußte, daß ich sie nie vergessen würde. Ich betete, daß sie ein Zuhause bekommen würde ... und eine Barbie. Warum, warum nur hatte ich ihr nicht gleich nach unserer Rückkehr eine geschickt? Anjas Stimme, als sie sagte: »Habt ihr mir eine Mutter mitgebracht?«, klang mir immer noch in den Ohren.

Was war nur los? Wir hatten fast zwei Jahre gewartet, um ein Kind zu adoptieren. Nur wenige Tage, nachdem wir unsere erste Adoption abgeschlossen hatten, waren da noch zwei andere Kinder, die wir auch zu adoptieren bereit waren. Was würde Ana Marias Adoption für uns bedeuten? Wir hatten alle Hände voll zu tun mit den Umstellungen, die Nadja und Meghan durchmachen mußten. Wir hatten die Hände voll mit den Umstellungen, die Casey und ich durchmachten. Die Kosten für die obligatorische Reise beider Elternteile nach Kolumbien überstiegen unsere Mittel. Wir konnten nicht absehen, wie lange wir in Südamerika bleiben mußten. Wir hatten ein Haus mit nur zwei Schlafzimmern. War hier genug Platz, um ein weiteres Kind bequem unterzubringen? Wie würde Nadja reagieren, wenn wir sie so bald und für »wer weiß wie lange« wieder verließen? Wie würde Meghan auf unsere Abwesenheit und das Hinzukommen noch einer Schwester reagieren?
»Wir haben uns so für eine kolumbianische Adoption abgemüht«, sagte Casey. »Ich möchte nicht das Gefühl haben, daß die ganze Mühe umsonst war. Können wir uns diese Sache überhaupt leisten?«
»Eigentlich nicht«, antwortete ich. »Aber wir waren uns auch nicht sicher, ob wir uns die vorige Adoption leisten konnten. Wir finden bestimmt einen Weg.« Ich hatte keine Ahnung, wie das gehen sollte, aber zu dem Zeitpunkt klang es beruhigend. »Ich mache mir Sorgen um Meghan und Nadja – geht das zu schnell für sie?«
»Kinder sind anpassungsfähig. Es ist ja nicht so, als hätte sich Nadja schon in ihrem neuen Leben eingerichtet. Vielleicht ist das ein guter Zeitpunkt – bevor sie sich zu sehr an den neuen Eltern-Kinder-Quotienten hier gewöhnt.«
So diskutierten wir hin und her. Wie soll überhaupt jemand wissen, wie er Zukünftiges bewältigt und ob er es sich leisten kann?
»Wir schaffen es.«

»Irgendwie kriegen wir es schon hin.«
Es gab einen Aspekt bei Anas Adoption, vor dem wir die Augen nicht verschließen konnten. Da ihre leibliche Mutter mit Drogen und Prostitution zu tun gehabt hatte, wollten wir Ana auf eine HIV-Infektion untersuchen lassen. Da wir schon zwei andere Kinder hatten, glaubten wir, einem Kind mit AIDS nicht die Aufmerksamkeit geben zu können, die es brauchen würde. Obwohl wir deswegen leichte Schuldgefühle hatten (realistisch oder nicht, ich würde gerne glauben, daß unsere Liebe an keine Vorbedingungen geknüpft ist), trafen wir also folgende Entscheidung: Wir würden Ana Maria adoptieren, wenn der Test negativ ausfiele.

Bald bekamen wir mit der Post ein richtiges Foto von Ana. Sie war wunderschön. Mein erster Eindruck war der einer sehr ernsten und stoischen kleinen Kindfrau. Sie hatte eine Hand in die Hüfte gestützt und sah ohne zu lächeln mit großen, braunen, wissenden Augen in die Kamera. Sie sah nicht so furchtsam drein wie Nadja – Anas Blick war eher herausfordernd. Offenbar war sie sehr dickköpfig, eine Kämpferin. Sie hatte eine weiße Bluse und einen geblümten Rock mit passender Weste an. Sehr feminin. Da sie vor einer weißen Wand stand, konnten wir nicht erkennen, wie groß sie war, aber durch ihren Gesichtsausdruck wirkte sie größer, als sie in dem Begleitbrief beschrieben wurde.
Heute, da ich Ana kenne, die wahre Ana, nicht ein aus Worten und einem einzigen Bild konstruiertes Faksimile, weiß ich, daß das Foto ganz und gar nichts mit ihr zu tun hat. Heute sehe ich dieses Foto an und frage mich, wer dieses kleine Mädchen ist – es ist ganz sicher nicht das gleiche Kind, das Ana heute ist. Sie hatte für uns eine Maske der Unabhängigkeit aufgesetzt, während sie uns gleichzeitig herauszufordern schien, sie liebzugewinnen.
Außer dem Foto und den Größen- und Gewichtsangaben ent-

hielt das Schreiben eine ärztliche Bescheinigung: Anas AIDS-Test war negativ ausgefallen.
»Na dann mal los«, sagte Casey.

Inzwischen war es für Nadja Zeit, in den Kindergarten zu gehen. Ich hatte mir bereits einige Kindergärten angesehen, dabei aber den Fehler begangen, Nadja zu denen, die in die engere Wahl kamen, mitzunehmen. Beim ersten kamen wir während der Pause an. Der Hof war voller Spielgeräte und Kinder. Spielgeräte, wie es sie auch in Nadjas Kinderheim gab. Kinder im gleichen Alter wie die in Nadjas Kinderheim. Es waren keine anderen Eltern zu sehen. Ja, genau wie in Nadjas Kinderheim.
»Nadja«, sagte ich und beugte mich auf ihre Augenhöhe hinunter, damit sie sehen konnte, wie aufregend ich diesen großartigen Ort fand, »würdest du gerne mit den anderen Kindern spielen?«
Nadja antwortete nicht und rührte sich auch nicht, außer daß sie meine Beine umklammerte, als gelte es ihr Leben. Ich verstand ihr Widerstreben nicht. »Sie scheint heute etwas schüchtern zu sein«, sagte ich zu der Leiterin. »Ich bin sicher, daß sie es sich gleich anders überlegt. Sie spielt gerne im Park und mit anderen Kindern. Wie lange dauert hier der Mittagsschlaf?«
Ich bemühte mich zu lächeln, aber meine Beine taten allmählich weh von Nadjas Klammergriff. »Bitte laß los«, sagte ich. »Möchtest du nicht mit den anderen Kindern spielen?« Aus ihrem Blick sprachen ein Gefühl des Verrats und zugleich wilder Entschlossenheit. Er sagte deutlich, ich müsse verrückt sein, wenn ich glaubte, sie würde mich loslassen. Ich wußte, was sie mir sagen wollte: »Auf keinen Fall bleibe ich hier, außer fest an dein Bein geschmiedet!«
Und dann lieferte sie mir einen prachtvollen, hervorragend inszenierten Tobsuchtsanfall, nur wenige Zentimeter von meinen Beinen entfernt, so daß sie ihre Umklammerung jederzeit wie-

deraufnehmen konnte, falls ich versuchen sollte, mich einen Zentimeter in irgendeine Richtung zu bewegen. Meine Beschwichtigungen fruchteten nichts. Ich sah die Leiterin ungläubig an, als hätte ich nie gewußt, daß Kinder zu solchem Verhalten fähig seien – oder zumindest nicht mein Kind. Ich konnte nicht verstehen, was los war, bis ... ich endlich begriff. Wie sollte ich Nadja klarmachen, daß ein Kindergarten ein Ort war, den man nur vorübergehend besuchte? Wo man nur ein paar Stunden des Tags verbrachte. Ein Ort, wo Mütter und Väter einen am Ende des Tages zuverlässig wieder abholten. Die Leiterin, die Erzieherinnen und die Kinder starrten uns an, während ich lahme Erklärungen vorbrachte. Es gelang mir, Nadja zurück ins Auto zu bugsieren, wo sie sich in den Sitz warf.
Wir fanden schließlich einen Kindergarten für Nadja, wenn auch nicht diesen – sicher zur großen Erleichterung aller an diesem Tag Anwesenden. Die Erzieherinnen nahmen Nadja sofort unter ihre Fittiche. Ich merkte, daß sie Nadjas besondere Umstände als eine Gabe ansahen – sie betrachteten sie als ein Kind, dem die Möglichkeit offenstand, eine ganz neue Welt kennenzulernen.

Nadja gefiel es im Kindergarten, aber sie haßte es, sich von mir zu verabschieden. Ich widerstand dem Drang, ihr nachzuspionieren, um sie zu beobachten, aber es fiel mir schwer. Wie so viele Mütter war ich hin- und hergerissen zwischen dem Wunsch, mein Kind solle selbständig sein und bereitwillig mit der Erzieherin gehen, und dem Wunsch, dieses Kind solle mich mehr brauchen als irgend jemanden sonst. Da Meghan als Kleinkind mit mir zusammen in den Kindergarten gegangen war, hatte ich dieses Paradox immer nur bei anderen Müttern beobachtet. Ich hatte mich immer gefragt, was ihr Problem war – warum sie nicht einfach auf Wiedersehen sagen und weggehen konnten. Jetzt verstand ich es nur zu

gut. Ich muß allerdings zugeben, daß ich erleichtert war, zu meiner Grafikarbeit, meiner Erwachsenenroutine zurückkehren zu können. Eine Routine, bei der die Beteiligten in der Regel darauf verzichteten, hysterische Anfälle zu bekommen.
In den ersten Wochen war Nadja, wenn ich sie nachmittags abholte, immer auf der Schaukel zu finden. Bald schaukelte sie mit ihrer neuen Freundin Mimi. Mimi war vor kurzem mit ihren Eltern aus Hongkong gekommen und sprach sehr wenig Englisch. Sie und Nadja schaukelten in entgegengesetzte Richtungen, wobei sie jedesmal jauchzten, wenn sie einander passierten, und dann vor sich hinkicherten, bis sie wieder aneinander vorbeischwangen. Ich glaube, bei Mimi fühlte Nadja sich sicher, weil auch sie nicht so sprechen konnte wie alle anderen. Sie wurde Nadjas erste Freundin in Amerika.
Einmal, als ich Nadja in dieser Zeit abends ins Bett brachte, verkündete sie auf Russisch, daß sie morgen nicht in den Kindergarten gehen würde. Ich wollte ihr erklären, daß sie das auch nicht müßte, weil morgen Samstag sei und Kinder samstags und sonntags nicht in den Kindergarten gingen. Sicher verliefen im Kinderheim die Wochenenden nicht viel anders als die Wochentage. In meinem bruchstückhaften und beschränkten Russisch sagte ich: »Nadja, nje schkola sawtra, da? [Keine Schule morgen, okay?]«
Nadja nickte.
»Keine Schule morgen, morgen, okay. Dann Schule. Verstehst du?« Sie lächelte und sagte ja, als hätte ich endlich kapiert, daß ich es so machen sollte, wie sie es wollte.

Als wir uns entschieden, ein älteres Kind zu adoptieren, machte ich mir manchmal Sorgen, daß ich all die wichtigen »ersten Male« verpassen würde, aus denen die ersten Jahre eines Kleinkindes bestehen. Das erste Lächeln, der erste Zahn, das erste Wort (selbst wenn es Dada anstelle des fleißig geübten Mama lautet), das erste Winken, die ersten Schritte und all

die anderen »ersten Male«, die nicht ganz so schön, aber genauso wichtig sind, wie der erste richtige Windelwechsel, der das Ende einer einwöchigen Verstopfung anzeigt, die erste Mittelohrentzündung, das erste aufgeschlagene Knie, der erste Alptraum. Manchmal sah ich ein kleines Baby und dachte: Ach, das werde ich bei einem älteren Kind alles verpassen. Aber in diesen ersten Monaten mit Nadja konnten wir eine Vielzahl »erster Male« feiern, ganz wie andere Eltern, Erfahrungen, die teilweise sogar noch bewegender waren, weil Nadja darüber genauso staunte wie wir, statt sie für selbstverständlich zu nehmen, wie ein kleines Baby das tun würde. Als Nadja uns das erste Mal Mama und Papa nannte, war das von einer Fünfjährigen genauso begeisternd, wie es bei einem achtmonatigen Kind gewesen wäre. Für sie war es eine erstaunliche Leistung, zwei Erwachsene als »Mama« und »Papa« bezeichnen zu können. Ihr erster Besuch in einem Lebensmittelgeschäft war für sie ein so aufregendes Erlebnis, wie es Kinder, die in Amerika aufwachsen, nie haben werden. Ihre Augen glühten vor Begeisterung angesichts der Regale voller Lebensmittel. Sie war von Ehrfurcht ergriffen, als sie sah, wie ich Brot, Suppe, Milch, Cornflakes – einen Artikel nach dem anderen – in unseren Einkaufswagen packte. Sie sah mich während des Einkaufs die ganze Zeit voll Staunen an. »Was für ein großartiges Land!«
Wir erlebten nicht nur die normalen Ersterfahrungen, die andere Eltern auch haben, sondern zusätzlich noch andere, die nur ein Kind machen kann, das vieles entbehrt hat und jetzt Dinge entdeckt, die es für unerreichbar gehalten hat. Wir bekamen unsere »ersten Male«. Wir bekamen unsere besonderen »ersten Male« und vieles mehr.
Ich erinnere mich, wie wir Nadja mit ins Einkaufszentrum nahmen, um zum ersten Mal den Weihnachtsmann zu sehen. Sie benutzte inzwischen immer mehr englische Wörter. Die Weihnachtsdekorationen faszinierten sie. Andere Kinder in ih-

rem Alter sahen sich ebenfalls um, aber sie kannten das alles schon. Nadja war völlig hingerissen. Als sie zum Märchenhaus kam, wo der Weihnachtsmann Kinder auf seinen Knien sitzen ließ, sah sie mich mit großen Augen an. »*Hier* ist Väterchen Frost also die ganze Zeit gewesen!« rief sie und hüpfte auf und ab. Nadja war mit Geschichten von Väterchen Frost (dem russischen Äquivalent des Weihnachtsmanns) aufgewachsen. Aber niemand hatte ihn je *gesehen.* Mann, sagte ihr Gesichtsausdruck, und die ganze Zeit über hat er in einem Einkaufszentrum in San Jose, Kalifornien, gewohnt. Erstaunlich!

Weihnachten war in dem Jahr etwas ganz Besonderes. Casey und ich waren mit unseren Unterlagen für die Einwanderungsbehörde und den Vorbereitungen für die Reise nach Kolumbien fast fertig. Familienangehörige aus Oregon, Iowa und New York kamen zu Besuch. Ich bin sicher, daß Nadja von Thanksgiving bis Neujahr jeden Tag dachte, es sei Weihnachten. Wir hatten eine Riesenfreude, sie mit immer noch mehr Tanten, Onkeln, Großmüttern, Großvätern, Cousins und Cousinen bekannt zu machen. Meghan ihrerseits genoß die Aufmerksamkeit, die ihr in ihrer Rolle als Lehrerin ihrer nicht-englischsprechenden Schwester und als ältere Schwester überhaupt zuteil wurde. Nadja verstand noch nicht richtig, daß wir uns anschickten, ein weiteres Kind zu adoptieren, obwohl wir die Sache häufig besprochen hatten, und für Meghan war Ana noch Zukunftsmusik, etwas, das womöglich solange dauern würde wie die erste Adoption. Sie würde sich später Gedanken darüber machen und sich vorerst auf die Geschenke und die Aufmerksamkeit konzentrieren, mit denen sie Tag für Tag überschüttet wurde. Ich habe noch genau vor Augen, wie am ersten Weihnachtstag unsere ganze Familie im Haus meines Bruders versammelt war, wobei das Gesicht des neuen Familienmitglieds den Weihnachtsbaum überstrahlte. Uns alle umgaben geradezu unanständige Berge von Geschenken und sicherlich mehr Liebe, als Nadja sich jemals erträumt hatte.

11. Kapitel

Kolumbien

Tagebucheintrag, 13. Januar 1994
Unser erster Tag in Kolumbien. Zu müde zum Schreiben.

Unsere Vorbereitungen für die Reise nach Kolumbien waren einerseits einfacher, anderseits schwieriger als für die Reise nach Rußland: einfacher, weil wir jetzt schon Erfahrung darin hatten, in ein fremdes Land zu reisen, um ein Kind zu adoptieren, und schwieriger, weil wir jetzt zwei Kinder daheim zurückließen – eines, das sich gerade erst an uns gewöhnte, und das andere, das sich gerade daran gewöhnte, uns nicht für sich allein zu haben. Casey und ich bemühten uns, so gut wir konnten, um einen normalen Lebensrhythmus und spannten unsere beiden Mütter ein, damit die Mädchen zu Hause wohnen bleiben und ihr gewohntes Leben leben konnten. Zuerst würde Oma Ruth für ein paar Wochen kommen; danach sollte Oma Lois übernehmen. Wir taten unser Bestes, um unsere Kunden davon zu überzeugen, daß wir nach unserer Rückkehr gerne Arbeit vorfinden würden, auch wenn wir keine Ahnung hatten, wie lange wir fortbleiben würden. Da wir hauptsächlich mit High-Tech-Firmen im Silicon Valley zu tun haben, wo sich die Technik täglich weiterentwickelt und laufend neue Informationen eingeholt und verbreitet werden müssen, war uns klar, daß es ein geschäftliches Risiko bedeutete, alles auf Eis zu legen. Unsere Firma war nicht

groß genug für Angestellte, so daß niemand für uns die Stellung halten konnte. Wir wußten, daß wir uns nach unserer Rückkehr würden tummeln müssen, um die verlorene Zeit auszugleichen, und wir arbeiteten vor unserer Abreise so hart wir konnten, um noch möglichst viel zu erledigen. So waren wir schon vor dem Aufbruch erschöpft.
Wieder ergab es sich, daß wir vor unserem Abflug nach Kolumbien die ganze Nacht aufblieben, um letzte Details zu erledigen. Um 4 Uhr morgens kam Nadja in unser Zimmer gewandert – von unseren Vorbereitungen wach geworden, aber zu schläfrig, um beunruhigt zu sein –, und ich hielt sie im Arm, bis sie wieder einschlief. Später stand dann auch Meghan auf und fing an zu weinen. Ich nahm sie in die Arme.
»Ich habe Angst, daß ihr sterbt«, schniefte sie, als sie wieder sprechen konnte. Ich wußte, daß diese neuerliche Reise Meghan schwer auf der Seele lag, aber daß sie sich Sorgen um unsere Sicherheit machte, überraschte mich. Hatte sie unsere Diskussion über den Reiseratgeber der Einwanderungsbehörde mitbekommen, der warnend darauf hinwies, daß Kolumbien nicht auf ihrer Liste »sicherer« Länder stand? Was hörte sie sonst noch alles mit an und interpretierte es auf ihre Weise? Über was mochte sie sich sonst noch Sorgen machen?
»Deinem Papa und mir wird nichts passieren, aber ich würde mich bestimmt wohler fühlen, wenn du jeden Abend ein Gebet für uns sprichst«, antwortete ich, während mir die Tränen in die Augen stiegen.
»Ich werde euch so vermissen.«
»Ich werde dich auch vermissen.«
»Ich wünschte, ihr müßtet nicht wegfahren.«
»Ich auch. Aber wir müssen hinfahren, um Ana nach Hause zu holen.«
»Was ist, wenn ich sie nicht mag?«

»Vielleicht wirst du sie nicht gleich am Anfang mögen, und das ist auch in Ordnung, aber ich glaube, wir werden sie alle liebgewinnen.«
»Was ist, wenn ich Hilfe bei den Hausaufgaben brauche?«
»Deine Oma kann dir bei den Hausaufgaben helfen, und dein Papa und ich werden so oft anrufen, wie wir können.«
»Du meinst, Oma weiß, wie man multipliziert?«
»Ob du es glaubst oder nicht, auch deine Oma hat in jener prähistorischen Zeit, als sie zur Schule ging, das Multiplizieren gelernt.«
»Okay ... Mama?«
»Ja?«
»Ich hab' dich lieb.«
»Ich hab' dich auch lieb.«
Danach war Casey an der Reihe, Meghan im Arm zu halten und die gleichen Fragen auf die gleiche Weise zu beantworten.
Und schließlich saßen wir wieder im Flugzeug und machten uns auf den Weg, unsere Tochter Nr. 3 kennenzulernen.

Der Flug war lang, und Casey und ich verbrachten die meiste Zeit mit Lesen. Ich hatte einen Roman von Barbara Kingsolver mitgenommen. Casey war in einen Reiseführer über Kolumbien vertieft. Ab und zu las er mir Abschnitte laut vor, die vor Gefahren wie Drogendealern, Taschendieben, Krankheitsübertragung durch Insekten, verunreinigtem Essen und Wasser warnten und Tips gaben, wie man sich vor ihnen schützen könne. »Bitte lies mir nichts mehr vor«, sagte ich schließlich. »Ich lasse mich lieber überraschen.«
Meine erste Überraschung erlebte ich gleich nach der Landung in Barranquilla.
Wo sind sie denn alle? fragten wir uns beim Anblick des menschenleeren Flughafens. Wir passierten die Zollabfertigung und sahen uns nach Anzeichen menschlichen Lebens

um. Wir sollten eigentlich von einer Dolmetscherin namens Helena abgeholt werden, aber auch nachdem die wenigen Passagiere und die Flugzeugbesatzung den Flughafen verlassen hatten, war sie nirgends zu entdecken. Wir gingen nach draußen, fanden aber nur zwei streng blickende Soldaten, die die Treppe bewachten. Wir setzten uns hin und warteten. Es war dunkel, und wir fühlten uns sehr verloren, wie wir da so auf unserem Gepäckberg saßen und warteten, daß Helena zu unserer Rettung erschiene. Wir waren seit sechsundreißig Stunden wach, und unsere Reiseeuphorie ließ allmählich nach. Inzwischen war uns klar, daß es ein Mißverständnis gegeben hatte. Unglücklicherweise war weit und breit kein Taxi mehr zu sehen, und das Hotel lag fünfundvierzig Minuten Fahrzeit vom Flughafen entfernt. Als der Flughafen für die Nacht schloß, ergatterten wir schließlich eine Mitfahrgelegenheit mit einem Shuttle-Bus des Continental-Airline-Flugpersonals.

Casey und ich sahen einander erleichtert an, als wir gegen 2 Uhr morgens bei unserem Hotel ankamen. Wir hatten nicht gewußt, was uns hier erwartete. Wenn unsere Informationen über die Abholung vom Flughafen falsch waren, würde unser Hotelzimmer dann überhaupt reserviert sein? Doch das Hotel Majestic wurde seinem Namen gerecht. An der Rezeption wartete man schon auf uns und hielt eine sorgfältig geschriebene Nachricht für uns bereit, daß Doctora Rosa Barbosa, eine Rechtsanwältin aus Barranquilla, sich am nächsten Morgen um 8 Uhr in der Hotelhalle mit uns treffen würde. Noch ahnten wir nicht, daß wir uns hier bald wie in einem zweiten Zuhause fühlen und das gesamte Personal des Majestic beim Vornamen kennen würden. Interessiert nahmen wir die kunstvollen Fliesen und Holzschnitzereien in den Korridoren und im Foyer zur Kenntnis. Die Hotelhalle war voll riesiger Blumenvasen. Eine geschwungene Treppe mit hochglanzpoliertem Holzgeländer führte zum ersten Stock hinauf. Unser

Zimmer war komfortabel, und wir konnten es kaum erwarten, ins Bett zu fallen, wachten aber in angespannter Erwartung unserer ersten Begegnung mit Ana früh wieder auf.
Wir duschten kalt (es gab kein warmes Wasser) und zogen uns rasch an. Dann gingen wir hinunter in die Hotelhalle, um auf Doctora Barbosa zu warten. Als sie kam, stellten wir uns vor und merkten, daß sie kein Wort Englisch sprach. Casey durfte sein Spanisch zum ersten Mal an etwas anderem als einer Essensbestellung erproben. Sie packte juristische Formulare aus und bedeutete uns, daß wir sie unterzeichnen müßten, aber sie waren auf Spanisch ausgestellt, und wir hatten keine Ahnung, was wir da unterschreiben sollten. Obwohl es Casey und mich beunruhigte, schien es sie nicht im mindesten zu stören. Unbekümmert reichte sie uns einen Füllfederhalter. Zum Glück rettete uns der Rezeptionschef, der für uns dolmetschte, bis es Zeit war, das Hotel zu verlassen. Wenn wir nur auf die Idee gekommen wären, ihn zu bitten, sich nach der weiteren Tagesplanung zu erkundigen, aber wir gingen einfach davon aus, daß wir auf dem Weg waren, Ana zu treffen, wie bei Nadja. Statt dessen zockelten wir den Rest des Vormittags hinter Doctora Barbosa her – von der Geschäftsstelle des Gerichts zum Dienstzimmer des Richters und schließlich zu den Amtsräumen der Sozialbehörde. Wir waren so nervös. Jedesmal, wenn ich ein Gebäude betrat, erwartete ich, Ana zu sehen. Ich musterte jedes Kind, das ich sah, weil ich dachte, es könnte Ana sein. Ich fragte mich, ob sie uns mögen würde, ob ihre Pflegemutter bei ihr sein würde, ob sie Angst vor uns haben würde wie Nadja.
Wir standen Schlange, um weitere Dokumente zu unterzeichnen, die wir nicht verstanden. Erst im Wartezimmer der Sozialbehörde, trafen wir endlich Helena, die die Ankunftszeit unseres Fluges falsch mitbekommen hatte, jetzt aber hier war, um uns das kolumbianische Adoptionsverfahren zu er-

läutern und für uns zu dolmetschen. Sie erklärte uns, was wir an diesem Vormittag schon alles erledigt und unterzeichnet hatten.

»Sie haben großes Glück«, versicherte sie uns lächelnd. »Der Richter, den Sie bekommen haben, arbeitet sehr schnell. Bei der letzten Familie hat die Abwicklung nur einen Monat gedauert.«

Einen MONAT – vier Wochen – einunddreißig Tage! Wie konnten wir uns leisten, soviel Arbeitszeit zu versäumen? Wie konnten wir unsere anderen Kinder so lange allein lassen? Ein Monat schien wie eine Ewigkeit.

»Natürlich kann ich nicht garantieren, daß es bei Ihnen genauso glatt läuft; man weiß halt nie.«

Casey und ich starrten uns nur an.

Man führte uns in ein kleines Zimmer im Gebäude der Sozialbehörde, um mit einer Psychologin zu sprechen, die Ana untersucht hatte und uns mehr über ihre Lebensgeschichte erzählte. Offenbar war Ana von einer Pflegemutter versorgt worden, nachdem man sie aus dem Krankenhaus entlassen hatte, wo sie wegen Unterernährung behandelt worden war. Als ihre Pflegemutter sich entschied, aus der Gegend wegzuziehen, kam Ana in eine andere Pflegefamilie. Dort lebte sie seit etwa zwei Jahren. Zur Familie gehörten noch ein Junge von elf und ein Mädchen von fünf Jahren. Mir war nicht klar, ob es in der Familie einen Vater gab oder nicht. Falls es einen gab, hörte es sich jedenfalls so an, als ob er die Kinder kaum je zu sehen bekäme. Wir versuchten, weitere Informationen über Anas Persönlichkeit zu bekommen, aber die Psychologin wußte über ihre Lebensumstände hinaus nicht viel über sie. Ihre Antworten waren vage und, wie wir später feststellten, nicht einmal zutreffend. Sie sagte, Ana sei schüchtern (falsch), spreche nicht sehr viel (falsch) und benötige Hilfe bei ihrer Feinmotorik (nicht so sehr wie bei ihrer Grobmoto-

rik). Als die Psychologin fertig war, wurde jemand ausgeschickt, um Saft und Kuchen für uns zu besorgen. Wir warteten weiter.
Plötzlich entstand rege Aktivität auf dem Gang, und die Tür zu dem Raum, in dem wir warteten, ging auf. Herein flog ein kleines Mädchen, das sofort die Arme nach mir ausstreckte, um hochgenommen zu werden. Es war Ana! Sie grinste von einem Ohr zum anderen! War das wirklich das ernste Mädchen von unserem Foto? Beim Anblick unserer Safttüten leuchteten ihre Augen. Casey gab ihr etwas von seinem Kuchen, und sie stopfte sich sofort einen Teil davon in den Mund. Sie umarmte und küßte uns, und wir waren alle aufgeregt, erleichtert und glücklich!
Ana hatte ein rosaweißes Rüschenkleidchen mit kleinen Perlknöpfen an. Ihre weißen Söckchen waren mit zarter Spitze besetzt. Ihre Haare waren ordentlich gekämmt; eine Partie war mit einem Haargummi mit zwei großen rosa Kugeln zu einem kleinen Pferdeschwanz hochgebunden. Sie lächelte so breit, daß ihre Augen wie kleine Mondsicheln aussahen, vor lauter Freude fast unsichtbar. Und das beste von allem: Sie wollte gar nicht wieder runter von meinem Arm. Ich war begeistert! Was für ein entzückendes Kind! Wir waren völlig hingerissen.
Helena sagte uns, sie erlebe erst zum zweiten Mal, daß ein Kind beim Wechsel von der Pflege- zur Adoptivmutter nicht weinte. Ich strahlte vor Stolz – in der Annahme, ein Großteil des Verdienstes gebühre uns, weil wir so großartige Eltern waren, und der Rest Ana, weil sie klug genug war, das zu begreifen. Im Stillen dankten wir ihrer Pflegemutter, daß sie sie genug liebte, um diesen Übergang so glatt zu gestalten – wir gingen davon aus, daß man Ana gut auf diesen Tag vorbereitet hatte. Leider täuschten wir uns. Nur zu bald wurde uns klar, daß Anas Charme und augenblickliche Anhänglichkeit an Fremde Teil ihrer Überlebensstrategie waren. Sie wußte,

daß bezaubernde kleine Mädchen Essen und Aufmerksamkeit erhielten.
Ist sie nicht wunderhübsch? Ist sie nicht großartig? hätte ich am liebsten jeden gefragt. Es war, als kenne sie uns schon ewig. Wie konnte es so perfekt sein? Meine Phantasievorstellungen waren endlich Wirklichkeit geworden, so schien es mir jedensfalls in dem Moment. Als wir das Büro verließen, lächelte alles um uns herum. Ana liebt uns jetzt schon, obwohl sie uns noch gar nicht kennt, dachte ich. Wir sind die größten Glückspilze auf der Welt! Wir waren selig in unserer Ahnungslosigkeit und schwebten in diesen ersten Stunden auf einer Wolke der Erleichterung und Freude. Wie sich herausstellte, waren wir tatsächlich die größten Glückspilze auf der Welt, aber aus anderen Gründen, als ich damals glaubte. Ich dachte, unser Glück bestünde darin, ein Kind zu adoptieren, das uns auf den ersten Blick zu lieben schien. Obwohl diese »Liebe«, die wir zuerst erlebten, tatsächlich nur Anas schützende Fassade war, erwiesen sich die tieferen Schichten von Anas Fähigkeit, zu vertrauen und andere wirklich zu lieben, die Seiten ihres Selbst, die sie sicher versteckt hielt, als intensiv und wunderbar. Wir *waren* die größten Glückspilze auf der Welt, weil wir an diesem großen Geschenk eines Tages würden teilhaben dürfen – um so wertvoller, weil wir im Laufe der kommenden Jahre zunächst danach »schürfen« mußten.
Man gab uns ein Dokument, das unser Recht bestätigte, Ana bei uns zu haben. Wir machten uns über diese Formalität lustig, sollten aber später noch dankbar dafür sein.

Wir nahmen zusammen mit Helena ein Taxi zurück zum Hotel Majestic, wo wir Ana stolz dem Hotelpersonal vorführten. Sie waren erstaunt, ein vierjähriges Kind zu sehen, da alle anderen, die vor uns aus den USA und Kanada gekommen waren, nur Säuglinge adoptiert hatten. Ein Zimmermädchen

lief, um statt des Babybettchens, das sie in unserer Abwesenheit aufgebaut hatten, ein Kinderbett aufzustellen.
Uns wurde allmählich klar, daß das ernste, abgeklärte Kind von unserem Foto in Wirklichkeit ein rastloses, kleines Äffchen und ununterbrochen in Bewegung war. Zuerst hielten wir das für ein Zeichen von Nervosität und Aufregung. Wir aßen im Hotelrestaurant zu Mittag, und obwohl Ana uns da schon recht lebhaft vorkam, sollten wir nach weiteren Mahlzeiten mit unserem zappeligen Kind und zahllosen umgeworfenen Wassergläsern erkennen, daß sie sich zu dem Zeitpunkt noch sehr beherrschte. Wir hatten erst wenige Stunden miteinander verbracht, aber angesichts ihrer Energie und meines Schlafmangels war mir schon nach einem Nickerchen zumute. Casey bot sich freiwillig an, mit Ana draußen im Hotel-Pool schwimmen zu gehen. Als ich sie auszog, fand ich in ihrer Socke ein Briefchen von ihrer Pflegemutter. Ganz oben standen ihre Adresse und Telefonnummer. Mit einiger Mühe entzifferte ich die verschnörkelte Handschrift:

Por favor enviarme fotos de la niña para saber como se encuentra.
Gracias

Sie bat uns, ihr Fotos zu schicken und ihr mitzuteilen, wie es Ana ginge. Man hatte uns gesagt, daß Anas Pflegemutter ihr Kleid genäht hatte. Ich bin sicher, daß die Arbeit an dem Kleid mit all seinen Rüschen und Knöpfen Stunden gedauert hatte. Ich wünschte, ich hätte sie treffen und ihr persönlich dafür danken können, wie sie sich um Ana gekümmert hatte. Ich fragte mich, wie es ihr ging, ob ihre Arme sich heute leer anfühlten.
Wir verbrachten den Rest des Tages damit, Spiele zu spielen,

die Umgebung zu erkunden und Ana dabei zuzusehen, wie sie jedes einzelne Kleidungsstück anprobierte, das wir ihr mitgebracht hatten. Abends machte ich ein Foto von Casey und Ana, und er sagte: »Achte darauf, daß man sieht, wie müde ihr neuer Papa ist!« Das tat man. Sie hingegen war kein bißchen müde.
Bevor sie an diesem ersten Abend schließlich einschlief, weinte Ana – kein Schluchzen, eher eine Art Wimmern, von großen Kullertränen begleitet. Casey und ich legten unsere Hände auf ihren Rücken und versuchten ihr zu vermitteln, daß es in Ordnung sei, zu weinen und traurig zu sein. Nach etwa einer Viertelstunde schlief sie ein. Von dem kurzen Tränenausbruch vor dem Einschlafen abgesehen waren wir völlig verdutzt über den himmelweiten Unterschied zwischen diesem Tag und unserem ersten Tag mit Nadja. Welche größeren Überraschungen standen uns noch bevor?

Am nächsten Morgen begleitete uns Helena wieder zur Sozialbehörde. Ana war sehr zappelig. Sie wollte meinen Schoß nicht verlassen, aber auch nicht stillsitzen. Ich wurde zu einer Art menschlichem Klettergerüst für dieses Kind, das so biegsam und gelenkig war, daß es nur aus Muskeln und Haut zu bestehen schien – praktisch knochenlos. Sie erinnerte mich an die Gummipuppe, die ich als Kind hatte: Sie ließ sich beliebig verbiegen, konnte aber nicht alleine stehen. Doctora Barbosa tadelte sie zweimal dafür, daß sie auf mir herumkletterte, und sicher fand sie, ich sollte ihr befehlen, ruhig zu sitzen und sich zu benehmen, aber ich hatte das Gefühl, daß Ana Trost brauchte und keinen Tadel. Sie hatte jedes Recht, nervös zu sein. Niemand hatte ihr erklärt, warum sie hier war. Soweit sie wußte, konnte es sein, daß wir sie ablehnten und zurückschickten. Vielleicht dachte sie auch, man würde sie jetzt an ein paar andere Fremde weiterreichen – noch schlimmer. Ich beruhigte sie, so gut ich konnte, und Casey versuchte, ihr mit den wenigen spanischen Wörtern, die er beherrschte, zu erklären, was los war. Wir stellten jedoch bald fest, daß Ana Erwachsenen sowieso nichts glaubte. Sie würde solange nervös sein, bis sie einen handfesten Beweis für unsere guten Absichten bekam – etwa, wenn wir nach Hause zum Schwimmen gingen.

Wir wurden von der Spanisch sprechenden Leiterin befragt, Helena dolmetschte, und eine Sekretärin hämmerte unsere Antworten bedächtig in eine alte, mechanische Schreibmaschine. Wie war die Nacht gewesen? Würden wir Ana akzeptieren? Wollten wir sie noch haben? Würden wir sie zur US-Staatsbürgerin machen? Wir beantworteten alle Fragen und unterzeichneten alle Durchschläge. Es dauerte über eine Stunde.

Ana wurde immer unruhiger. Man hatte uns gesagt, sie bekäme Schilddrüsenmedikamente. Wir fragten, ob wir die medikamentöse Behandlung fortsetzen sollten – vielleicht trug sie zu ihrer Hyperaktivität bei. Sie versicherten uns, daß Ana sie nicht mehr brauchen würde. Außerdem erkundigten wir uns nach ihren Zähnen. »Wir haben eine Menge Füllungen in ihren Backenzähnen bemerkt«, sagten wir. »Ist an ihren Zähnen viel gemacht worden?«

»Aber nein«, antwortete die Leiterin, »ihr sind einige Zähne gezogen worden, aber sie hat noch nie Füllungen bekommen.«

Wir sahen noch einmal nach, wobei wir versuchten, Ana nicht das Gefühl zu geben, sie sei ein Pferd, das verkauft werden sollte. All ihre oberen und zwei der unteren Schneidezähne fehlten. Die übrigen Zähne sahen dunkel aus, weshalb wir gedacht hatten, es handle sich um Füllungen. Wir sahen genauer hin. Sie waren verfault. Ach du meine Güte. Also deshalb hatte sie auf dem ersten Foto nicht gelächelt.

Wir stellten weitere Fragen über Anas frühe Kindheit. Wußten sie irgend etwas über Anas Mutter oder Vater? Hatten sie

Casey, Meghan und ich im Jahre 1991. Dieses Foto reichten wir später mit unseren Unterlagen und unserem Sozialbericht bei den kolumbianischen und russischen Behörden ein, um zu beweisen, daß es uns wirklich gab.

Dies ist unser Haus (zwei Schlafzimmer, ein Bad), das uns so viel größer erschien, als wir erst ein Kind und eine Katze hatten.

links: Unser einziges Bild von Nadja, bevor wir sie persönlich kennenlernten. Wie wir später herausfanden, hatte die Direktorin des Kinderheims Nadja nicht gesagt, daß wir sie adoptieren wollten, weil sie befürchtete, wir würden sie für zu dick halten und doch noch abspringen. Sie glaubte, daß Amerikaner nur dünne Kinder wollten.

rechts: Casey und Nadja vor der Tür ihres Kinderheims in Kaliningrad, Minuten nach unserer ersten Begegnung. Die Direktorin stand hinter mir, während ich das Foto machte, und forderte Nadja auf, den Kopf zu heben und zu lächeln. Sie hielt ihre neue Puppe im Arm, die sie später Mascha taufte.

links: Nadja mit dem Puppenhaus, das ihr Meghan als Willkommensgeschenk gekauft hatte. Andere Familienmitglieder halfen, es zu möblieren und auszustatten - samt Barbiepuppe. Nadja fand es toll.

rechts: Das Foto von Ana, das wir kurz nach Nadjas Ankunft erhielten. Wir vermuten, daß man Ana das Lächeln verboten hatte, damit man ihre verfaulten Zähne nicht sah. Aber ich sah eine große Stärke und Entschlossenheit in ihren Augen.

links: Ana und ich, nachdem sie durch die Tür gekommen und sofort auf meinen Arm gehüpft war. Da ahnte ich noch nicht, daß ich sie die nächsten zwölf Tage praktisch ununterbrochen auf dem Arm tragen würde.

Voller Stolz präsentierten Ana und Nadja den Schneemann, den sie während eines Besuchs bei ihren neuen Großeltern auf dem Mount Hood in Oregon gebaut hatten. Für Ana war es das erste Mal in ihrem Leben, daß sie Schnee sah.

Das erste Bild, das ich von Alesia sah. Es war irgend etwas in ihrem Gesicht und ihren Augen, in das ich mich auf der Stelle verliebte. Das Kind rechts vor der Betreuerin wurde von einem anderen Ehepaar aus der Umgebung von San Francisco adoptiert.

links: Ein anderes Adoptivelternpaar, Vickie und Rick Brummel, nahm dieses Bild von Casey und mir auf, als wir Alesia zum ersten Mal im Arm hielten. Auf ihrem Kleidchen waren vorn die Worte »I love Mummy« aufgestickt. Obwohl sie hier noch etwas verwirrt aussieht, führte uns Alesia bald darauf überall in »ihrem« Kinderheim herum.

rechts: Ana liebt witzige Klamotten und alles, was „cool“ aussieht - so wie ihre neue Sonnenbrille. Nur selten gibt es Momente, in denen sie ruhig bleibt. Sie ist ein regelrechtes Stehaufmännchen.

unten: Alesias Amputation wurde am 26. Dezember 1994 durchgeführt. Es war ihre zweite Operation in nur drei Wochen. Dieser Wagen mit Infusionshalter legte in jener Nacht viele Kilometer auf den Gängen des Stanford-Kinderkrankenhauses zurück, um ihre Schmerzen etwas zu lindern.

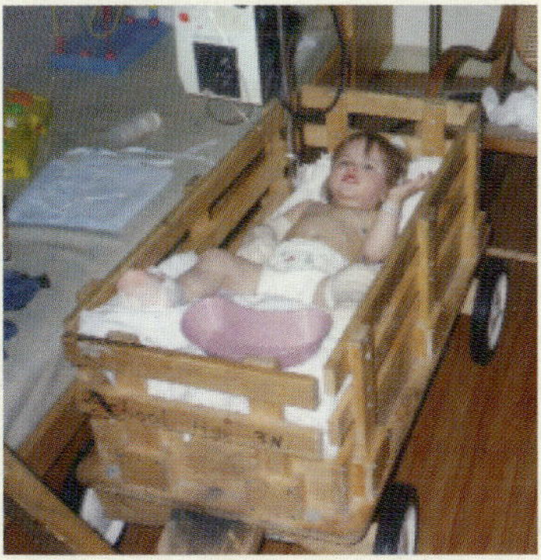

rechts: Nadjas erstes Basketballfoto. Als sie beim Aufwärmen zum ersten Mal einen Korb warf, war sie genau so stolz und aufgeregt wie ein Kind, daß in den letzten Spielsekunden den entscheidenden Punkt macht.

links: Die Conroy-Schwestern im Herbst 1995.

unten: Dieses Foto von Ana, Meghan und Nadja wurde in unserem Vorgarten aufgenommen. Auch wenn sie sich oft in den Haaren liegen, beschützt Meghan ihre Schwestern vor allen, die auf ihnen herumhacken wollen.

Alle vier Mädchen posierten in unserem Vorgarten. Sie hatten großen Spaß daran, für meine Fotoserie die »Mannequins« zu spielen.

Genau wie Ana war Alesia von Anfang an eine begeisterte Schwimmerin. Ihr amputierter Fuß und ihre fehlenden Finger konnten sie kein bißchen bremsen. Wenn sie ins Wasser sprang und ich die Arme ausstreckte, um sie aufzufangen, schrie sie nur: »Zurück, weiter zurück. Ich kann das allein!«

Dieses Familienfoto kam nur durch die erstaunliche Geduld eines Profi-Fotografen zustande. Ich glaube, Casey und ich werden sobald keinen neuerlichen Versuch wagen - wir werden es vorerst bei Einzelporträts belassen. (Foto von Daniel S. Cocco)

eine Ahnung, ob Ana als Kleinkind mißhandelt oder mißbraucht worden war? Wir versuchten, die Chronologie der Ereignisse zu ergründen. Warum war die erste Pflegemutter aus der Gegend weggezogen? Hatte Ana an ihr gehangen? Wie hatte sie auf die Umstellung reagiert? Wie lange war sie im Krankenhaus gewesen, als die Sozialbehörden erstmals auf sie aufmerksam wurden?

Die Leiterin und die Psychologin nickten immer wieder, während Helena unsere Fragen dolmetschte. Ihre Antworten blieben vage. »Ist das wirklich wichtig?« wollten sie wissen. »Was macht es schon aus, was vorher war?«

Ich konnte nicht verstehen, warum sie diese Informationen nicht für wichtig hielten. »Wir würden es gerne wissen, damit wir Ana helfen können. Eines Tages möchte sie vielleicht etwas über ihre Vergangenheit erfahren.«

»Anas Leben hat gestern angefangen, als Sie sie angenommen haben. Sie ist gestern geboren. Vergessen Sie die Vergangenheit, man kann sie nicht ändern und läßt sie am besten ruhen.«

Diese beiden kolumbianischen Frauen lächelten mitleidig über unser typisch amerikanisches Bedürfnis, alles ganz genau zu wissen, unsere Unfähigkeit, die Vergangenheit zu vergessen und nach vorn zu blicken. Man sagte uns, wir könnten die Pflegemutter kennenlernen, wenn wir das unbedingt wollten. Leider wurde uns dieser Wunsch dann doch nicht erfüllt.

Immer noch wünsche ich mir manchmal, ich wüßte mehr Einzelheiten über Anas Leben vor unserer ersten Begegnung. Heute noch weint sie manchmal heftig und herzzerreißend, und ich weiß im Innersten, daß sie über Dämonen und Entbehrungen der Vergangenheit weint, die wir niemals ganz verstehen können. Ich wünschte, ich wäre wenigstens in der Lage, ihrem Kummer einen Namen zu geben. Obwohl es vielleicht keinen praktischen Nutzen hätte, Anas Vergangen-

heit im Detail zu kennen, habe ich doch das Gefühl, es wäre einfacher, mit einem bekannten Dämon umzugehen, als mit einem schattenhaften, unbekannten, der immer wieder hoch kommt, wenn wir – und oft auch Ana – am wenigsten damit rechnen.
Wir wurden zurück ins Hotel geschickt, um die nächste Serie zu unterzeichnender Dokumente abzuwarten. Helena sagte uns, bis dahin könnten mehrere Tage vergehen, und fragte, ob wir gerne Cartagena besuchen wollten, eine Küstenstadt etwa eine Autostunde von Barranquilla entfernt. Urlaub! »Sicher«, antworteten wir begeistert. Dies war unsere Chance, etwas von Kolumbien zu sehen. Wir gingen »nach Hause«, um für den Ausflug zu packen. (Wir waren erst drei Tage in Kolumbien, und schon nannten wir das Hotel Majestic unser »Zuhause«.)
Bevor wir nach Cartagena fuhren, wagten wir uns in ein örtliches Kaufhaus, um Ana einen besser passenden Badeanzug zu kaufen. Ich konnte kaum glauben, wie schwer und anstrengend Ana bei so einem simplen Ladenbesuch werden konnte. Sie wollte ständig auf dem Arm gehalten werden und zwar ausschließlich von mir, zappelte dann aber die ganze Zeit herum. Wenn sie mir einmal erlaubte, sie abzusetzen, ließ sie sich entweder sofort schlaff auf den Boden plumpsen, oder sie lief kichernd davon – zu dem nächstbesten Fremden, der bereit war, sie auf den Arm zu nehmen. Die anderen Kunden starrten uns, wie ich mutmaßte, voller Verachtung an. Offenbar waren wir nicht in der Lage, dieses süße kleine Kind im Zaum zu halten. Casey versuchte zu helfen, aber Ana ließ sich in der Öffentlichkeit – und manchmal sogar in unserem Zimmer – von ihm nicht anfassen. Aber oh, wenn ich mit meinen Nerven am Ende und kurz davor war, das Handtuch zu werfen, dann setzte Ana ihr strahlendstes Lächeln auf, wickelte sich um meine Beine, und wir begannen das ganze Spiel von vorn.

Während Casey unsere Einkäufe bezahlte, besorgte ich Ana und mir in einer Cafeteria direkt neben dem Kaufhaus etwas zu essen. Es war etwas knifflig, ein Tablett mit Essen zu balancieren und zu bezahlen und gleichzeitig eine zappelnde Ana zu tragen, die loszuschreien drohte, falls ich versuchte, sie abzusetzen. Als wir uns an einem Tisch im Freien niedergelassen hatten, kam ein junges Mädchen auf uns zu und starrte mich mit großen braunen Augen an. Sie war zerzaust und schmutzig, hatte aber ein breites Lächeln aufgesetzt. Wo hatte ich dieses Lächeln schon gesehen? Sie fragt mich etwas auf Spanisch und ließ ein Stück Stahlrohr in ihre Handfläche klatschen, wie ein Polizist seinen Gummiknüppel. Die Menschen um unseren Tisch herum starrten herüber, um zu sehen, was ich tun würde. Ich fühlte mich sehr unbehaglich. Außerdem fühlte ich mich schuldig, weil ich ihre bettelnden Augen nicht um mich haben wollte – sie machten mir Angst. Sie war bloß ein Kind, nur wenige Jahre älter als Ana, und doch hatte ich das Gefühl, daß sie mir erheblichen körperlichen Schaden zufügen könnte. Sie fuhr fort, gleichzeitig zu lächeln und bittend auf mich einzureden. Als Casey endlich kam, sprang ich sofort auf und sagte, ich müsse noch Servietten holen. Bevor Ana protestieren konnte, war ich in der Cafeteria verschwunden, wo ich versuchte, meine Fassung wiederzugewinnen. Als ich zurückkam, sprach Casey mit dem Mädchen. Auf die Frage, wozu sie das Stahlrohr habe, grinste sie nur. Ich fragte ihn, ob wir ihr etwas zu essen anbieten sollten, aber Casey hatte vom Rezeptionschef gehört, man solle Straßenkindern kein Essen geben, um nicht als Opfer auserkoren zu werden. (Ich war nicht sicher, was für eine Art von Opfer, aber ich wußte, daß ich keines werden wollte.) Was war aus meiner hehren Weltanschauung und meiner Hilfsbereitschaft den vom Schicksal Benachteiligten gegenüber geworden? Sie hatten sich beim Anblick des Stahlrohrs verflüchtigt. Wahrscheinlich war die Vorgeschichte dieses Mädchens der von

Ana sehr ähnlich – bis auf das Eingreifen der Sozialbehörde. Ich fügte sie der immer länger werdenden Liste von Kindergesichtern hinzu, die mir nicht mehr aus dem Kopf gehen.

Wir dachten, unser Besuch in Cartagena würde ein netter Abstecher werden – eine Ablenkung vom Warten. Statt dessen entwickelte er sich zu einem ununterbrochenen Kampf darum, nicht die Fassung zu verlieren. Ana war ständig in Bewegung und hatte keine Ahnung, warum wir uns in dieser fremden Stadt aufhielten. Die neue Umgebung schien ihr nicht zu gefallen, sondern sie eher noch ängstlicher zu machen. Meine Arme taten weh, aber von Casey wollte sie sich überhaupt nicht auf den Arm nehmen lassen.
Außerdem schien sie die kleinste Blase in ganz Kolumbien zu haben. Wir kamen nicht dahinter, ob sie nervös war, uns bestrafen wollte oder ihr Territorium für zukünftige Adoptivkinder markierte. Wir unternahmen eine »Toilettentour« durch die Stadt. Wir prägten uns die Lage jeder Toilette im Radius von 7 Kilometern um unser Hotel ein. Ana war da allerdings nicht sehr eigen: Toiletten waren okay, aber sie hatte auch kein Problem damit, im Freien hinter Bäume und Ladenlokale oder in kleine Gäßchen zu pinkeln. Besonderen Spaß machte es ihr, vor größeren Touristengruppen zu pinkeln. Ana konnte keinen Moment länger warten! Sie mußte JETZT! Eine Minute später mußte sie dann schon wieder! JETZT! Wir machten uns Sorgen, daß sie vielleicht eine Blasenentzündung hätte, aber sie hatte offenbar keine Schmerzen und mußte interessanterweise viel seltener, wenn wir in unserem Hotelzimmer waren.
»Du bist dran, mit ihr zu gehen«, sagte ich zu Casey. »Ich war in der letzten halben Stunde schon dreimal.«
»Gut, ich versuch's«, sagte er und wollte Ana bei der Hand nehmen.
»Nein!« schrie sie und fing an zu weinen.

Die Leute begannen stehenzubleiben.
»Schon gut, ich gehe!«
»Laß sie brüllen. Sie muß sich an mich gewöhnen.«
Casey zerrte sie mit sich, und ich lächelte die Umstehenden matt an. Jemand fragte mich etwas auf Spanisch, aber ich konnte nicht antworten. Man konnte Ana von der Toilette her brüllen hören. Ich begann, die Blicke der Umstehenden im Sinne meiner schuldbeladenen, mütterlichen Phantasie zu deuten. Was geht da drinnen vor sich? fragten die Blicke. Warum hilft die Mutter ihr nicht? Wie kann sie mit dieser hellen Haut überhaupt ihre richtige Mutter sein? Warum geht sie nicht selbst mit ihrer kleinen Tochter auf die Toilette?
Weil ich sie schon seit geschlagenen drei Tagen auf dem Arm herumschleppe! hätte ich am liebsten gebrüllt. Statt dessen sparte ich mir das für Casey auf. »Warum hast du mich allein gelassen?« zischte ich.
Minuten später preßte Ana wieder die Beine zusammen und begann zu wimmern. Dies wurde zu unserem Routineprogramm.
Es gab auch ein paar glückliche Momente. Da ich in Iowa, tief im Binnenland, aufgewachsen bin, hat das Meer für mich seit jeher eine starke und geheimnisvolle Anziehungskraft. Hier war der Ozean tiefblau mit sanften Wellen, die beständig auf den Strand plätscherten. Ana und ich verbrachten einen ganzen Vormittag zusammen im Wasser. Ich hielt sie in den Armen, während ich bis zur Taille im Wasser stand, das ihr Gewicht mittrug. Wir bewegten uns mit den anrollenden Wellen auf und ab und lachten über unsere plötzliche Schwerelosigkeit, wenn eine der größeren Wellen mich hochhob und uns sanft etwas näher zum Strand trug. Das Wasser hatte auf uns beide eine beruhigende Wirkung und spülte einen Teil der Anspannung fort, die sich allmählich aufbaute. Leider war diese Befreiung nicht von langer Dauer.
Ein Abend in Cartagena war besonders schlimm für unsere

kleine Familie. Wir hatten zu Hause angerufen und mit Nadja und Meghan gesprochen. Meghan war gerade in besonders gekränkter Stimmung und hatte große Sehnsucht nach uns. Sie beklagte sich, daß sie ohne ihre Eltern auskommen mußte, und wir waren genauso unglücklich, nicht zu Hause zu sein. Ana spürte die Spannung und begann, auf den Betten herumzuhüpfen. Sie war nicht zu beruhigen.
Plötzlich war Casey mit seiner Geduld am Ende – aufgezehrt durch Erschöpfung, nervliche Belastung und die heiße Sonne von Cartagena. »*Ananita!*« rief er streng. Er nahm sie hoch und warf sie aufs Bett – etwas, das er im Laufe der letzten Woche wohl rund hundert Mal getan hatte. Wenn man sie aufs Bett warf, kicherte sie für gewöhnlich und schrie nach mehr. Aber sein Tonfall und die Spannung, die an diesem Abend in der Luft lag, machten ihr angst. Sie sah völlig verängstigt zu uns auf. Zuerst bewegte sich ihr Mund nur tonlos. Dann kam ein schwaches Wimmern. Dann holte sie Luft, und ein großer Schluchzer brach aus ihr heraus, alles wie in Zeitlupe.
Sie weinte jetzt lauter. Tränen strömten ihr übers Gesicht, und der Rotz lief ihr aus der Nase. Casey war verlegen und verwirrt. Zerknirscht entschuldigte er sich und streckte eine Hand aus, um sie zu trösten, aber sie wollte sich nicht von ihm berühren lassen. Ich nahm sie in die Arme und wiegte ihren bebenden Körper hin und her. Ich sang jedes beruhigende Lied, das ich kannte, und begann wieder von vorn. Ich konnte Casey verstehen. Er hatte nicht grob sein wollen – nur streng –, aber es war heftiger als beabsichtigt aus ihm herausgebrochen. Trotzdem war ich wütend.
Schließlich entspannte sie sich etwas und fiel in einen unruhigen Schlaf. Aber schon wenig später wurde sie wieder wach – offenbar von einem Alptraum. Casey sprang auf und wollte ihr helfen, aber als sie ihn sah, kehrte ihre ganze Panik zurück, und sie begann wieder zu schreien, lauter als beim er-

sten Mal. Sie war untröstlich. Ich trug sie im Raum umher und versuchte, sie zu beruhigen, während ich zugleich an mich halten mußte, um nicht selbst in Tränen auszubrechen. Als Ana schließlich wieder eingeschlafen war, wollte ich Marge anrufen.

»Ich will sie fragen, was wir mit diesem Kind anfangen sollen«, sagte ich zu Casey. »Ich habe keine Ahnung, was sie will oder braucht. Den einen Augenblick ist sie glücklich, im nächsten bekommt sie einen Anfall. Wir wissen nie, ob sie dich je in ihre Nähe lassen wird oder nicht. Wir brauchen Hilfe.«

»Maggie, laß uns bis morgen früh warten«, sagte Casey.

»Natürlich, du kannst warten, weil ich diejenige bin, die sich um sie kümmern muß, wenn sie wieder aufwacht und losbrüllt.« Ich wußte nicht, ob ich diese Nacht noch eine weitere Heulszene mit Ana durchstehen würde.

»Glaubst du, es ist einfach, bloß zuzusehen und zu wissen, daß ich nichts tun kann, um zu helfen? Mir macht das auch angst.«

Wenn ich nicht so müde gewesen wäre, hätte ich das Problem vielleicht auch von seiner Seite sehen können. Aber ich war schon weit über bloße Müdigkeit hinaus und steuerte auf einen Nervenzusammenbruch zu. Ich war wütend auf Casey, weil er die einzige Person im Raum war, auf die ich wütend sein *konnte*. Keiner von uns hatte noch die Energie für einen Streit. Ich schlief schließlich mit einem deprimierenden Gedanken ein: Wenn wir mit Ana schon hier in diesem Paradies, wo wir keine anderen Verpflichtungen hatten, nicht fertig wurden, was für ein Alptraum erwartete uns dann zu Hause mit zwei weiteren Kindern und unserem Vollzeitjob? Die Zukunft sah düster und bedrückend aus.

Am nächsten Morgen wachte Ana mit einem Lächeln auf, als wären die Tränen des Vorabends eine Art Befreiung gewesen. Vielleicht wird ja doch noch alles gut, dachte ich. Wie anders die Dinge bei Tageslicht und nach ein bißchen Schlaf aussehen können.

Wir fuhren zurück nach Barranquilla und waren erleichtert, unser Hotelzimmer und die vertraut gewordenen Gesichter des Hotelpersonals wiederzusehen. An dem Tisch in unserem Zimmer zu essen, war fast wie eine selbstgekochte Mahlzeit am heimischen Herd. Selbst Ana schien sich in diesem kleinen Zimmer wohler zu fühlen als in dem größeren Hotel in Cartagena. Die nächsten Tage waren mit Erledigungen für Anas Adoptionsdokumente ausgefüllt.
Auslandsadoptionen bewirken eine Art Zeitverzerrung. Wenn man zu Hause seinen alltäglichen Aufgaben nachgeht, scheint ein Tag vierundzwanzig Stunden (oder manchmal weniger) zu haben, aber meine zwei Wochen in Kolumbien kamen mir vor wie zwei Jahre. Jeder Tag schien sich noch länger hinzuziehen als der vorige. Ich wollte nur noch *nach Hause*. Ich weiß, es klingt jämmerlich, sich über ganze zwei Wochen seines Lebens zu beklagen, aber diese beiden Wochen vergingen im Zeitlupentempo. Das Ganze fühlte sich wie eine gewaltige Anstrengung an, der ich mich keinen Augenblick lang entziehen konnte. Ich wünschte mir verzweifelt, in ein Auto springen und zu einem Lebensmittelgeschäft, in die Reinigung oder zu einer Freundin fahren zu können (einer Freundin, die nicht von mir verlangen würde, irgendwelche Formulare zu unterzeichnen). Ich hatte genug von Exotik und Abenteuer. Ich wollte meine ganze Familie in unserem eigenen Haus beieinanderhaben – langweilig, faul und normal. Ich Ärmste, ich gab wirklich ein jämmerliches Bild ab und war heilfroh, als der Tag kam, an dem Casey und ich alle juristischen Anforderungen erfüllt hatten, die die Anwesenheit beider Elternteile erforderten, so daß einer von uns nach Hause zurückkehren konnte. Da Casey etwas Spanisch konnte, hatten wir vorher entschieden, daß er bleiben und ich

zurück zu Meghan und Nadja fliegen würde. Ich versuchte, wenigstens Casey gegenüber so zu tun, als wünschte ich, ich wäre diejenige, die zurückblieb, um sich um die restlichen Dokumente zu kümmern, aber ich konnte ihn bestimmt keine Sekunde lang täuschen. Er tat mir leid; trotzdem zählte ich die Minuten, bis ich an Bord eines Flugzeugs klettern und nach Hause fliegen konnte. Ich wünschte nur, wir hätten zusammen abreisen können. Ich konnte mir nicht vorstellen, wie Ana zurechtkam, wenn ich nicht mehr da war, um sie überall herumzutragen. *Klar, ich werde immer und ewig deine Mutter sein, aber gerade jetzt muß ich dich mit diesem Mann alleinlassen, von dem du noch nicht einmal sicher bist, ob du ihn leiden kannst. Mach dir keine Sorgen, du darfst bald nachkommen, auch wenn wir keine Ahnung haben, wann bald ist.* Die Katastrophe war praktisch vorprogrammiert.

Trotz all meiner Sehnsucht nach zu Hause war ich innerlich ziemlich verzweifelt, als ich Casey und Ana am Flughafen auf Wiedersehen sagte. Wir erklärten Ana, daß ich nach Hause fuhr, um ihr Zimmer bereitzumachen und bei ihren Schwestern zu sein, während Papa bei ihr bleiben würde, bis sie nach Hause kommen konnte. Wir erzählten ihr von ihrem Zimmer, ihrer Kleidung und all dem wunderbaren Spielzeug, das sie bei ihrer Ankunft erwarten würde. Casey und ich lächelten, als wäre das Ganze keine große Sache, aber ich war unglücklich und fühlte mich schuldig, weil ich sie verließ, Casey war unglücklich und besorgt angesichts dessen, was ihm bevorstand, und Ana war einfach nur todunglücklich. Würde sie sich jemals sicher fühlen?

Als ich dem Ausgang zustrebte, streckte Ana weinend die Arme nach mir aus und bettelte, ich solle bei ihr bleiben. Während ich die Passagierrampe hinunterlief, konnte ich sie nach mir rufen hören. Sobald ich auf meinem Platz saß, löste ich mich in Tränen auf. Casey erzählte mir später, daß Ana die gesamte einstündige Taxifahrt zurück zum Hotel geweint und geschrien habe. Casey zahlte dem Fahrer das Doppelte des Fahrpreises als Entschädigung für den Gehörschaden, den er sicherlich erlitten hatte. Während Ana mir erlaubt hatte, sie im Arm zu halten, wenn sie unglücklich war, gab sie Casey keine Chance. Sie ließ ihn nicht an sich heran. Wenn ihre neue Mutter sie verlassen hatte, wie konnte sie da ihrem neuen Vater vertrauen?

12. Kapitel

Noch mehr Arbeit, noch mehr Freude

Tagebucheintrag, 3. Februar 1994
Ich bin seit vierzehn Tagen, aus Kolumbien zurück. Die Mädchen und ich haben heute mit Casey telefoniert. Er ist deprimiert. Doctora Barbosa hat ihm gesagt, daß er und Ana entweder morgen nach Bogota abreisen können oder zwei weitere Wochen auf ihre Abreise warten müssen. Danke, danke, danke, daß er es ist und nicht ich, der allein in Kolumbien mit Ana, dem menschlichen Dynamo, ausharren muß. Ich hoffe, daß er das hier nie zu lesen bekommt.

Casey und Ana trafen am 5. Februar auf dem Internationalen Flughafen von San Francisco ein – sechzehn Tage, nachdem ich sie verlassen hatte. Unsere erschöpften Reisenden!
Ich hatte ein leuchtend grünes Spruchband bestellt, auf dem in großen weißen Blockbuchstaben *»Willkommen daheim Casey und Ana«* stand. Ich hatte pastellfarbene Luftballons mit passenden Bändern besorgt, um die Heimkehrer fröhlich zu begrüßen. Penny hatte Nadjas Haare zu Locken gedreht und Meghans zu einer schicken Hochfrisur aufgesteckt. Ich wollte unsere Reisenden stilvoll willkommen heißen, lag aber leider mit meiner Zeitplanung völlig daneben. Alles genauso hinzukriegen, wie ich es mir für Anas ersten Eindruck von ihrer neuen Familie wünschte, und alle Leute, die dabei sein wollten, richtig zu koordinieren, klappte nicht ganz so,

wie ich es mir vorgestellt hatte: Als Casey und Ana aus dem Flugzeug kamen, befand sich unser Empfangskomitee noch im Parkhaus. Ich kann mir vorstellen, wie sie die Gesichter der Menschen musterten, die es geschafft hatten, pünktlich zum Flughafen zu kommen, um ihre Lieben abzuholen, wie sie sich nach Umarmungen und Küssen sehnten und nur in fremde Gesichter sahen. Als wir sie schließlich an der Gepäckausgabe fanden, legte Casey keinen besonderen Wert mehr auf Spruchbänder, Ballons oder Besucher. Er wollte nur noch nach Hause. Er umarmte mich kurz und nicht allzu herzlich und sagte: »Ich bin durch die Hölle gegangen und du bist nicht mal da, um mich abzuholen?« Anas Gesicht war ausdruckslos, spiegelte die schlechte Stimmung ihres Vaters wider, während sie die Menschenmenge betrachtete, die sich versammelt hatte, um sie willkommen zu heißen. Aber als ihre Augen meinem Blick begegneten, wurde ich mit einem strahlenden Lächeln belohnt. Ich streckte die Arme nach ihr aus – ungefährlicher, als sich mit Casey zu befassen, sagte ich mir –, und sie machte es sich sofort auf meinem Arm bequem.

»Nadja und Meghan, das ist eure neue Schwester Ana«, sagte ich stolz, während ich meine drei wunderbaren, endlich vereinten Töchter betrachtete.

Casey dolmetschte. Nadja strahlte, während Meghan eher mißtrauisch dreinblickte. Sie schien nicht sehr begierig zu sein, diese neueste Schwester in ihr Herz zu schließen. Dafür war sie begeistert, ihren Vater wiederzusehen. Sie waren noch nie so lange getrennt gewesen, und sie hatte nur Augen für ihn. Ihre Umarmungen halfen Casey über seine Enttäuschung wegen unserer Verspätung hinweg.

Endlich sagte Ana etwas. Ihre ersten Worte in Amerika – wir waren alle gespannt, sie zu hören. Casey dolmetschte, aber das wäre nicht nötig gewesen. Ich kannte diesen Satz nur zu gut.

»Ich muß mal.«
Ich befreite mich von ihren Armen und Beinen und setzte sie auf den Boden. »Laß uns eine Toilette suchen«, sagte ich und sah mich um. »Da drüben, komm mit, Schätzchen.«
Da kam Nadja gerannt und nahm Ana an die Hand. »Ich geh' mit ihr, Mama«, sagte sie in ihrem neu gelernten Englisch. »Ich kümmere mich um Ana.«
Ana sah Nadja und ihre ausgestreckte Hand an und griff mit breitem Grinsen zu. Die beiden hüpften auf und davon zur Toilette.
Unsere schüchterne, unsichere Nadja war plötzlich die ältere, erfahrenere Schwester. Ana sah voll Ehrfurcht zu ihr auf. Sie hätten kaum einen größeren Kontrast darstellen können: die dünne, beim Gehen immer noch durch mangelnden Muskeltonus schwankende Ana mit ihrer milchschokoladenfarbenen Haut und dunklem, lockigem Haar, und die grobknochige, stämmige Nadja mit ihrer russisch-blassen Haut und dem blonden Haar. Ana sah mit ihren großen, braunen Rehaugen auf in Nadjas kleine, mandelförmige Augen von intensivem, jetzt geradezu funkelndem Blau. Sie sprachen keine gemeinsame Sprache, aber beide wußten, daß Nadja Anas Beschützerin sein würde. Nadja wußte, wie es war, das neue Kind in der Familie zu sein, und beide wußten instinktiv, daß sie Schwestern waren.
Sobald wir zu Hause waren, erzählte Casey uns Geschichten aus seiner kolumbianischen »Gefangenschaft«. Er berichtete, daß er wahrscheinlich irreparablen emotionalen Schaden genommen hätte, wenn da nicht ein Ehepaar gewesen wäre, das kurz nach meiner Abreise im Hotel Majestic ankam. Casey war nicht imstande, Anas Kummer über das, was sie für ein neuerliches böswilliges Verlassen halten mußte, zu lindern. Er war mit seinem Latein am Ende und suchte verzweifelt nach einer Möglichkeit, ihren Tränen Einhalt zu gebieten. Eines Nachmittags, als er Ana von einer Putzfrau wegzerrte,

die sie gerade zu überreden versuchte, sie mitzunehmen, begegnete er einer Familie, die ihr Zimmer im gleichen Gang hatte: Einem Geistlichen namens Carlos mit seiner Frau Katherine und ihrer Tochter Melissa, die in Barranquilla waren, um an einer einwöchigen christlichen Erweckungsversammlung teilzunehmen. (Sie dachten vielleicht, Gott habe sie zu einer Erweckung gesandt, aber Casey war überzeugt, daß sie gesandt waren, damit Melissa half, Ana zu beruhigen.) Die Mädchen spielten stundenlang im Zimmer oder draußen am Pool, so daß Casey etwas Ruhe hatte, um sich seelisch auf seine vielen Termine bei der einen oder anderen offiziellen Stelle vorzubereiten.

Einige Tage später bot Katherine eines Abends an, Ana mit ins Stadion zu einer ihrer Versammlungen zu nehmen. »Sie kann mit Melissa hinter der Bühne spielen«, sagte sie. »Kommen Sie sie einfach abholen, wenn sie ins Bett soll.« Casey ging davon aus, daß hinter der Bühne ein Spielbereich für Kinder war, und nahm ihr Angebot an, da das Stadion zu Fuß zu erreichen war. Als es Zeit war, Ana abzuholen, folgte Casey den Wegweisern zum Stadion, wo er von freiwilligen Wachleuten mit Erkennungsmarken in Empfang genommen wurde. »Ich bin hier, um meine Tochter abzuholen«, sagte er, so gut er konnte, auf Spanisch. Dann nannte er ihnen Carlos Namen.

»*Es Christiano?* (Sind Sie ein Christ?)« fragte der Wachmann streng.

»*Si*«, antwortete er und versuchte, möglichst fromm dreinzuschauen. Keinesfalls hätte er hier irgend etwas anderes behaupten mögen. Casey wurde von Wachmann zu Wachmann weitergeschickt und mußte mehrere Kontrollpunkte und ein Labyrinth kahler Korridore passieren, von vereinzelten Glühbirnen erhellt, die unheimliche Schatten auf die Betonwände warfen. Ein weiterer Wachmann begleitete ihn eine Rampe hinunter zur Bühne, wo man ihn zu warten anwies. Es war dunkel, und es gab keine Sitze, nur die umlaufenden Stufenreihen, auf denen sich die Menschen drängten. Er kam sich vor wie in einer anderen Zeit. Ein weiterer, recht offiziell wirkender Mann erschien und fragte in herablassendem Ton: »*Que pasa?* (Was ist hier los?«)« Casey erklärte noch einmal, daß er seine Tochter abholen wolle, die mit der Tochter des Geistlichen hier sei. »Gibt es hier einen Bereich für Kinder?« fragte Casey.

»Einen Augenblick«, erwiderte der andere und ging in Richtung Bühne. Just in dem Moment sah Casey, wie Melissa und Ana ihre Köpfe hinter dem Podium hervorstreckten. Sie spielten *auf* der Bühne, nicht hinter ihr. Er zeigte auf Ana und sagte: »Das ist meine Tochter.« Ana sah sofort weg, als wüßte sie gar nicht, wer dieser Mann sei, und wollte auf keinen Fall etwas mit ihm zu tun haben. Das war Caseys Sache natürlich nicht dienlich. Der Mann sah Casey an und dann dieses braunhäutige Mädchen. Casey erklärte, so gut er konnte, daß sie adoptiert und wirklich seine Tochter sei. Er stand herum und hoffte, wenn er lange genug wartete, würde Ana vielleicht ohne allzu großen Aufstand mit ihm gehen.

Die letzte Predigt war vorbei, und die Menge begann zu singen. Casey beschloß zu warten, bis Carlos nach Hause ginge, um sich ihm dann anzuschließen, aber irgendwann wurde ihm klar, daß so lange gesungen wurde, bis auch der letzte das Stadion verließ. Er erkannte, daß einige der ausdauernderen Teilnehmer noch lange nicht soweit waren, diese religiöse Erfahrung für beendet zu erklären. Was die Sache noch schlimmer machte: Carlos hatte begonnen, die Hymnen auf dem Klavier zu begleiten, und Casey konnte ihn nicht auf sich aufmerksam machen. Er wußte, daß er Ana irgendwie von der Bühne kriegen mußte, wenn sie in absehbarer Zukunft nach Hause wollten. Das konnte schwierig werden. Natürlich wehrte sie sich, als er versuchte, sie zum Mitkommen zu überreden, und schrie das ganze Stadion zusammen. Alles

drehte sich nach ihnen um und fragte sich, warum dieser *Gringo* ein kolumbianisches Mädchen fortschleppte, das offenbar nichts mit ihm zu tun haben wollte. Zum Glück hielt ihn niemand auf, als er sich durch die Menge nach draußen kämpfte. Er kaufte Ana ein Eis am Stiel, um sie für den Weg die Straße hinunter bis zum Hotel ruhigzustellen. Später dankte er Gott auf seine Weise dafür, daß er ihm eine so eindringliche Lektion in Geduld und Beharrlichkeit erteilt hatte.
Morgens war die Tageszeit, in der Ana sich gezwungen sah, allmählich ein gewisses Vertrauen zu ihrem neuen Vater zu entwickeln. Vom Aufwachen bis zu dem Zeitpunkt, wenn Melissa soweit war, mit ihr zu spielen, redeten die beiden miteinander und malten zusammen Bilder aus. Ana ließ sich gern von ihm kitzeln und fand auch das Aufs-Bett-Werfen wieder lustig. Als ich nach Hause kam, bat ich Marge, ihn in Kolumbien anzurufen und ihn etwas aufzumuntern. »Dies ist sicher sehr schwierig für dich, Casey«, sagte sie herzlich. »Aber was für eine wunderbare Gelegenheit für dich, Ana näherzukommen.«
»Es fühlt sich überhaupt nicht wunderbar an«, war seine Antwort.
»Ich weiß, aber glaub mir, das Vertrauen, das du jetzt gewinnst, wo du mit Ana allein bist, ist viel größer, als wenn ihr mit der ganzen Familie zu Hause wäret. Mädchen, die keine väterlichen Männer gewöhnt sind, brauchen oft Monate, um ihre Adoptivväter zu akzeptieren. Die meisten haben schreckliche Angst vor Männern. Du hingegen schaffst jetzt eine solide Basis für eure zukünftige Beziehung.«
Auf Marge war Verlaß, sie sah stets das Positive einer Situation.
Das schwerste an der Zeit allein mit Ana war das Warten auf die Nachricht von Doctora Barbosa, daß er nach Bogota zu einem abschließenden Termin in der amerikanischen Botschaft reisen konnte. Ein fester Termin, selbst wenn er noch

weit in der Zukunft gelegen hätte, wäre besser gewesen als die Hoffnung und Verzweiflung, mit der er jeden Tag aufs neue auf das Klingeln des Telefons wartete. Es war eine sehr einsame und strapaziöse Zeit für ihn, aber schließlich kam doch der Tag, an dem er mit Ana nach Bogota und zu guter Letzt auch nach Hause fliegen konnte.

Schließlich sah er sich noch gezwungen, durch den schlimmsten Hagelsturm zu fahren, der Bogota seit Jahren heimgesucht hatte, um Anas Ausreisevisum rechtzeitig vor Büroschluß abzuholen. Er hatte für den nächsten Tag Flugtickets in die Vereinigten Staaten reserviert, und falls er das Amt nicht bis 16 Uhr erreichte, würde er übers Wochenende in Bogota festsitzen. Die kieselsteingroßen Hagelkörner prasselten so heftig herab, daß Dächer einstürzten, viele Viertel schon unter Wasser standen, und der Verkehr zum Erliegen kam. »Bitte beeilen Sie sich«, flehte Casey seinen bogotanischen Dolmetscher und Fahrer an. »Wir können es sicher noch schaffen.« Als sie endlich ankamen, war das Schalterfenster geschlossen, und Casey sackte resigniert gegen die Wand. Just in dem Moment spazierte ein rettender Engel in Gestalt eines Urkundsbeamten aus einer anderen Tür und erklärte sich bereit, Señor Conroy das Visum auszuhändigen, das sie in Erwartung seines Kommens bereits ausgestellt hatten. Vielleicht war es die Tatsache, daß Casey so aussah, als stünde er kurz vor dem Explodieren, die das Herz des Urkundsbeamten erweichte und diese Sonderbehandlung möglich machte.

»Na ja, so schrecklich diese Wochen auch waren, hast du jedenfalls tolle Geschichten zu erzählen«, sagte ich zu Casey. Die anderen am Tisch stimmten zu – heilfroh, daß sie nicht an seiner Stelle gewesen waren. »Nächstes Jahr klingen sie sicher noch besser«, fügte ich hinzu.

Als wir die Bilder von unserer Kolumbienreise bei Familie

und Freunden herumzeigten, hielt sich Ana so fern wie möglich. Alle unsere Kinder hatten nach ihrer Ankunft zunächst Schwierigkeiten, Bilder aus ihrem »früheren Leben« zu betrachten. Wir entschlossen uns, sie nicht dazu zu drängen, ihr aber auch nichts zu verheimlichen.

Obwohl Casey mit Ana möglichst viel Spanisch sprach, wollte auch sie nur Englisch, die offizielle Amtssprache unseres Haushalts, sprechen. Da Nadja und Ana unzertrennlich waren, fiel Nadja zwangsläufig die Aufgabe der Englischlehrerin zu. Dabei schnappte Nadja sogar ihrerseits ein paar Worte Spanisch auf. Bei uns wurden täglich Spanisch, Russisch und Englisch unterschiedlichster Qualität gesprochen. Wenn wir ärgerlich oder in Eile waren, kamen schon einmal Sachen aus unserem Munde wie: *»Njet, nicht mit deinen Zapatos auf la Couch!«*

Durch all die Diskussionen über unsere jüngste Reise entwikkelte auch Nadja etwas mehr Neugier in bezug auf ihre eigene Vergangenheit. Ich hatte ein Fotoalbum auf einem Tisch im Wohnzimmer liegen. Eines Tages fand ich Nadja auf die Couch gekuschelt in Betrachtung der Bilder, die wir im Kinderheim bei unserer ersten Begegnung mit ihr gemacht hatten.

»Hey«, sagte ich, »erinnerst du dich noch an das Kinderheim in Rußland?«

»Ja«, sagte sie leise, »aber ich weiß nicht, wer diese Leute sind.«

Das waren die Leute, mit denen sie bis auf die letzten sechs Monate ihr ganzes Leben verbracht hatte.

»Soll ich dir helfen, dich zu erinnern, wer sie sind?«

»Nein.«

»Okay. Darf ich mir die Bilder mit dir zusammen angukken?«

»Ja.«

Wir saßen still nebeneinander, während Nadja die Seiten des

Fotoalbums umblätterte und jede Seite eingehend betrachtete. Ihr Gesicht hatte einen nachdenklichen Ausdruck angenommen, als ob sie gerade versuchte, ein Rätsel zu lösen.
»Mama?«
»Ja.«
»Warum hat es so lange gedauert, bis ihr mich abgeholt habt?«
»Was?« fragte ich, überrascht und doch nicht überrascht, wissend und doch nicht wissend, was sie meinte.
»Warum hat es so lange gedauert, bis ihr nach Rußland gekommen seid, um mich zu holen?«
Meine Augen füllten sich mit Tränen, während ich überlegte, was ich ihr antworten sollte. Was war die richtige Antwort? Warum mußte sie auf ihre Mutter warten? Fragte sie sich, was das für eine Mutter war, die fünf Jahre lang nicht wußte, wo ihr eigenes Kind war? War dies der Augenblick, um den Unterschied zwischen einer leiblichen Mutter und einer Adoptivmutter zu erklären? Wieviel Information brauchte ... wünschte ... benötigte sie?
Nadja starrte das Bild an, auf dem Casey und ich sie am Tag unserer ersten Begegnung vor dem Kinderheim im Arm hal-ten.
»Wir wußten nicht, daß wir dich holen *konnten*«, sagte ich, »aber sobald wir wußten, wo du warst, sind wir, so schnell wir konnten, gekommen.«
»Okay, Mama«, sagte sie und umarmte mich. Das war die letzte Frage an diesem Tag.

Unser Haus erschien uns von Tag zu Tag kleiner – und lauter. Eine Mutter, ein Vater, drei Kinder, eine Katze und jeden Tag viele Besucher veranstalteten einen solchen Trubel, daß das Haus buchstäblich bebte. Was an dem Haus niedlich und apart gewirkt hatte, als wir es für höchstens zwei Kinder erworben hatten, schien angesichts des Tumults, den unsere

Kinderschar aufführte, nur noch beengt und zerbrechlich. Aus wenig Stauraum wurde gar kein Stauraum. Nach unseren Erfahrungen mit den beengten Wohnverhältnissen in Rußland und Kolumbien hatte ich geschworen, für unseren amerikanischen Lebensstandard ewig dankbar zu sein. Aber die *Vorstellung* einer weiteren Person in einem Haus mit zwei Schlafzimmern und einem Bad und die *Realität* waren zwei ganz verschiedene Dinge. Ana war nicht sehr groß, beanspruchte aber mit ihrer unglaublichen Energie eine Menge Raum. Meghan hatte immer ein eigenes Zimmer gehabt. Jetzt mußte sie innerhalb von nur sechs Monaten lernen, ihr Zimmer mit zwei anderen Kindern zu teilen. Sie erinnerte uns gerne daran, daß keine ihrer Freundinnen ihr Zimmer mit zwei Schwestern teilen mußte. Ihre Häuser nahmen in Meghans Vorstellung geradezu palastartige Ausmaße an.

Das Zimmer der Mädchen war durch einen Bogendurchgang unterteilt. Wir stellten auf der einen Seite ein Etagenbett für Nadja und Ana auf, die am liebsten zusammen in einem Bett geschlafen hätten (manchmal fanden wir sie morgens im selben Bett), und bauten für Meghan auf der anderen Seite ein Hochbett. Damit blieb Platz für Kommoden, aber für kaum etwas anderes.

Meghan fiel auf, daß ihre Sachen zunehmend zu Gemeinschaftseigentum deklariert wurden. Das paßte ihr nicht. Spielsachen, an denen sie vor sechs Monaten nicht das geringste Interesse gezeigt hatte, waren plötzlich ihre Lieblingssachen.

»Wo ist meine Puppe?« fragte Meghan.

»Du meinst die, mit der du nie spielst?« fragte ich.

»Trotzdem ist es meine, und vielleicht möchte ich irgendwann mal wieder mit ihr spielen.«

»Schatz, du hast nicht mal an dem Tag, als du sie vor drei Jahren zum Geburtstag bekamst, mit ihr gespielt.«

»Jetzt will ich aber mit ihr spielen.«

»Du meinst jetzt, wo Nadja und Ana mit ihr spielen?«
»Sie können nicht einfach meine Sachen nehmen, wenn sie wollen. Selbst wenn ich etwas nicht benutze, müssen sie mich wenigstens *fragen*. Es ist immer noch meins!«
»Ich weiß, daß es schwer für dich ist. Und du hast recht. Sie sollten fragen, aber du mußt auch verstehen, daß sie noch nie Spielzeug gehabt haben oder es zumindest immer teilen mußten. Gib ihnen eine Chance. Wir richten dir ein paar besondere Stellen ein, wo du deine wichtigen Sachen aufbewahren kannst, an die sie nicht drangehen dürfen.«
»Kann ich ein Vorhängeschloß haben?«
»Wir werden sehen.«
»Könnten sie nicht einfach in der Garage wohnen und mir mein Zimmer zurückgeben?«
»Nein.«
Ich versuchte, Nadja und Ana den Unterschied zwischen Nadjas Sachen, Anas Sachen und Meghans Sachen zu erklären. So schwer es für Meghan war, zu verstehen, wie sie gelebt hatten, so schwer fiel es ihnen, zu begreifen, daß ein Kind so viele Besitztümer haben konnte. In Nadjas Kinderheim waren alle Spielsachen Gemeinschaftseigentum; die Kinder hatten nicht einmal eigene Kleidung. Morgens zog jedes Kind das an, was ihm hingelegt wurde, ob es ihm gefiel oder nicht. Am nächsten Tag trug ein anderes Kind die gleichen Sachen. Ana hatte zwar eigene Sachen gehabt, sie aber nie mitnehmen dürfen, wenn sie woanders hinkam; Besitztümer gehörten immer zur jeweiligen Familie. Unser Begriff von Eigentum verwirrte sie. Leider erfaßten sowohl Nadja als auch Ana die Vorstellung des »mein«, lange bevor ihnen die Vorstellung des »nicht mein« klar wurde.

Ana liebte Sylvia, unsere Katze, und konnte sie einfach nicht in Ruhe lassen. Manchmal genoß Sylvia die Aufmerksamkeit, manchmal versteckte sie sich lieber. Zu Sylvias Glück hatte Nadja damals noch Angst vor Tieren. Sie hielt vorsichtigen Abstand zu unserer Katze, und der Anblick eines Hundes lähmte sie schier vor Furcht. Vielleicht ist »lähmte« nicht ganz der richtige Ausdruck, denn beim Auftauchen eines Hundes sprang sie sofort auf meinen Arm, ob ich darauf gefaßt war oder nicht, und versuchte, so hoch wie möglich zu klettern, am besten auf meinen Kopf – außer Reichweite der gefährlichen Zähne. Ana kannte solche Ängste nicht und konnte keinen Hund sehen, ohne ihn hätscheln und streicheln zu wollen. Wenn wir in den Park gingen, mußte ich Ana von fremden Hunden fortlocken und gleichzeitig eine angstschlotternde Nadja auf meinen Schultern balancieren. Nadja war überzeugt, daß wir alle als Hundefutter enden würden; Ana war überzeugt, daß jeder Hund, dem sie begegnete – je größer, desto besser – mit uns nach Hause kommen müßte.

Zu den größten Problemen, die wir am Anfang mit Ana hatten, gehörte ihr Bedürfnis, von jedem Fremden, dem sie begegnete, auf den Arm genommen zu werden. Je mehr Liebe ich ihr zu geben versuchte, desto mehr Liebe suchte sie bei anderen Menschen – vorzugsweise solchen, die sie noch nie zuvor gesehen hatte. Die meisten Leute fanden das entzükkend, aber manche waren auch peinlich berührt durch diese extreme Anhänglichkeit eines fremden Kindes. Ich fand es gefährlich – ganz zu schweigen davon, wie sehr es meine Gefühle verletzte. Wenn ich im Park einen Augenblick nicht auf Ana achtgab, fand ich sie bei irgendeinem wildfremden Mann auf dem Schoß sitzen, den sie mit koketten Blicken aus ihren großen braunen Augen bedachte. Sie schreckte auch keineswegs davor zurück, seine Taschen nach irgend etwas Interessantem zu durchforsten.
»Es tut mir außerordentlich leid«, pflegte ich zu sagen, indem ich Ana auf den Arm nahm. Dann bedachte sie mich mit einem vernichtenden Blick, als wäre ich eine grausame Mutter,

der sie zu entfliehen suchte, und streckte ihre Arme nach dem Mann aus, als ob ich sie von ihrem einzigen wahren Freund auf der Welt trennen wollte.
Meistens fühlten sich die Männer durch ihre Aufmerksamkeit geschmeichelt. Ich wußte, wie sie sich fühlten – genauso wie ich, als ich ihr bei der kolumbianischen Sozialbehörde das erste Mal begegnete. Als ich dachte, sie hinge an mir, weil ich etwas Besonderes sei!
Manchmal gab Ana nicht so leicht auf und kehrte bei der nächsten Gelegenheit zu dem Fremden zurück. Wenn ich sie ausschimpfte und versuchte, sie wegzuzerren, sah ich aus wie eine böse Hexe, die ihrem Kind die Aufmerksamkeit eines anderen liebevollen Erwachsenen mißgönnt. Sicher würde sie nicht soviel Aufmerksamkeit von Fremden brauchen, wenn sie von ihren Eltern zu Hause genug bekäme, müssen sie gedacht haben. In Wahrheit konnte sie einfach nicht genug Liebe bekommen. Nach und nach begriff ich, daß Ana sich nicht sicher war, daß wir sie behalten würden, und sich deshalb alle Möglichkeiten offenhalten wollte. Es schien ihr viel sicherer, sich Zuwendung von Fremden zu holen, als sich in eine Mutter und einen Vater zu verlieben, die sie bestimmt nach einiger Zeit wieder wegschicken würden.
Ana machte genau wie Nadja eine Zeit durch, in der sie jeden Abend weinte, aber bei ihr war es anders. Nach dem ersten Tag ließ sich Nadja von uns in den Arm nehmen und trösten; Ana nicht. Casey und ich saßen abwechselnd neben ihr, während sie weinte – ein Schluchzen aus tiefster Seele, das bis zu einer Stunde andauern konnte. Wir wollten ihr klarmachen, daß wir sie liebten, auch wenn sie noch so unglücklich war und unseren Trost zurückwies. Es klingt seltsam, daß man ein Kind überreden muß, Trost anzunehmen, aber genau das mußten wir in diesen ersten Monaten tun.
Nadja ihrerseits weinte von Abend zu Abend weniger. Sie hatte gelernt, daß sie Trost bekam, wenn sie darum bat.

»Mama, nimmst du mich in den Arm?« funktionierte meist genausogut wie ein Tränenausbruch. Meghan, die gerade dabeigewesen war, aus ihrem Bedürfnis nach Umarmungen und Schmusen herauszuwachsen, brauchte plötzlich genauso viel Körperkontakt und Zärtlichkeit wie die anderen beiden. Ich konnte es ihr kaum verdenken. Mein Schoß war abends selten leer, und so sehr ich alle meine Kinder liebte, strapazierte ihre ständige Bedürftigkeit doch meine Kräfte. »Als ich gesagt habe, du sollst die Badezimmertür zumachen, meinte ich von *außen.*«

Wieder einmal gingen Casey und ich ganz verschieden mit dieser Belastung um. Er begann, strikte Grenzen hinsichtlich seiner freien Zeit zu setzen. Er teilte den Mädchen in strengem Ton mit, wann er in Ruhe gelassen werden wollte, und weigerte sich, irgend jemanden zu tragen, der selber gehen konnte. Er saß tatsächlich gern allein in einem Sessel – stellt euch das vor. Manchmal schritt er auch für mich ein. »Laßt eure Mutter in Ruhe. Gönnt ihr mal eine Pause.«

Ich wußte, daß er nur helfen wollte, aber es ärgerte mich, daß er nicht nachsichtiger war. »Bitte sag den Mädchen nicht, wann ich sie in den Arm nehmen kann und wann nicht«, sagte ich zu ihm.

»Nun, es sieht so aus, als seiest du selbst nicht in der Lage, ihnen das zu sagen, und am Ende überforderst du dich.«

»Sie brauchen die Zuwendung. Wenn du etwas zugänglicher wärest, bräuchten sie vielleicht nicht soviel von mir.«

»Maggie, alle Zuwendung der Welt wäre für diese Kinder im Augenblick nicht genug. Sie müssen lernen, mit sich selbst klarzukommen. Sie müssen ...«

»Sie müssen soviel wie möglich in den Arm genommen werden, das ist es. Wenn es mir zuviel wird, sage ich es ihnen selbst. Es ist nicht nötig, daß du ihnen sagst, wo meine Grenzen sind.« Ich war wütend. In Wahrheit fühlte ich mich tatsächlich überfordert. Leider war ich nur Casey gegenüber in der Lage, Grenzen zu setzen. Den ganzen Tag lang wurde ich zwischen drei sehr bedürftigen Kindern hin und her gezerrt. Dann bat Meghan uns, aufbleiben zu dürfen, wenn Nadja und Ana im Bett waren, damit sie uns wieder ganz für sich hatte, und wenn es nur für eine Stunde war. Wenn sie dann schließlich ins Bett ging, hatte ich nicht mehr das geringste Bedürfnis, mit meinem Mann zu schmusen.

»Ich brauche auch etwas Zuwendung«, sagte er.

»Es ist nichts mehr übrig«, antwortete ich. Das stimmte, und ich fühlte mich schuldig.

Nach Meghans Geburt hatte ich mich ähnlich gefühlt, aber damals war mein Körper ein Schlachtfeld der Hormone, und es hatte mich nicht so sehr gekümmert, was Casey davon hielt. Außerdem konzentrierten sich die meisten Frauen, die ich kannte, unmittelbar nach der Geburt mehr auf das Baby als auf ihren Mann; das war normal. Eine Adoption schien mir eine ähnliche emotionale Angelegenheit zu sein, aber ich hatte keinen Maßstab, um zu beurteilen, was hier normal war und was nicht. Die meisten Menschen sind sich einig, daß man Babys nicht verziehen kann. Aber was, wenn das »Baby« vier Jahre alt ist?

Ich wußte nur, daß es mich erschöpfte, den ganzen Tag gebraucht und umklammert zu werden. Ich wollte nicht mehr angefaßt werden. Wenn Anfassen schon unerwünscht war, dann war Sex wirklich das letzte, was mir in den Sinn kam. Casey hingegen wollte einen Beweis dafür, daß unsere Ehe nicht vollständig von unseren Kindern okkupiert wurde. Casey war auch erschöpft, aber nicht so erschöpft, niemals *so* erschöpft. Ich wollte aber Casey meine Liebe nicht *beweisen* müssen. Ich konnte nicht verstehen, warum er dies nicht als kurzfristiges Problem statt als dauernden Verlust unserer Privatsphäre betrachtete. Ich war gekränkt, weil er kein Vertrauen in meine Liebe hatte, auch wenn ich sie im Augenblick nicht immer zum Ausdruck bringen konnte.

So zankten wir uns, schämten uns, entschuldigten uns und machten Tag um Tag weiter. Schließlich führten wir die »22-Uhr-Regel« ein, eine Vereinbarung, nach 10 Uhr abends nicht mehr über strittige Fragen zu sprechen, die eine Auseinandersetzung auslösen könnten. Oft bedeutete dies, das wir überhaupt nicht viel miteinander sprachen.
Sich um drei Kinder zu kümmern, machte unser Leben hektischer, als es seit unserer Heirat je gewesen war, und die Belastungen erstreckten sich auch auf unsere Finanzen. Wir hatten Kredite aufgenommen, um Anas Adoption zu bezahlen. Wir hatten gedacht, die Adoption über die kolumbianischen Behörden würde billiger kommen, doch sie entpuppte sich als genauso teuer, wenn nicht teurer als die russische Adoption, weil wir so lange in Kolumbien bleiben mußten, wodurch wir Arbeitszeit verloren und außerdem unsere laufenden Kosten zu Hause und im Ausland gleichzeitig tragen mußten. Diese Kosten summierten sich rasch. Anfangs, dachte ich, daß wir die Kosten durch ein, zwei Jahre harte Arbeit wieder hereinholen könnten. Jetzt arbeiteten wir hart, doch statt aufzuholen, fielen wir immer weiter zurück.
Dann kamen Anas Arztrechnungen.

13. Kapitel

Neue Erfahrungen

Informationsblatt zur zahnärztlichen Behandlung bei Kindern, April 1994

Bei den meisten Patienten treten während der Behandlung keine größeren Probleme auf. Machen Sie sich aber keine allzu großen Sorgen, wenn Sie Weinen hören. Die kleinen Patienten möchten nur ausdrücken, daß sie lieber zu Hause beim Spielen wären. Auch bei Prämedikation weinen etwa vierzig Prozent der Patienten und wehren sich gegen die Behandlung. Es kann also keine Garantie hinsichtlich des Patientenverhaltens übernommen werden. Ich empfehle in der Regel, trotz Gegenwehr seitens des Patienten mit der Behandlung fortzufahren.

»Es tut mir leid, aber ich weiß nicht, was das ist, Mrs. Conroy«, sagte Dr. Morgan. Ich hatte Ana zu ihr gebracht, nachdem ich etwa zehn Tage in Folge morgens Blutflecken auf ihrem Bettlaken fand. Ich hatte sogar das Bettlaken der letzten Nacht als Beweis mitgebracht, was mir im Wartezimmer einige Seitenblicke eintrug.

Dies war einer von vielen Arztbesuchen, die wir in den ersten Monaten mit Ana unternahmen. Man nahm Stuhlproben, um sie auf Parasiten zu untersuchen, ein verbreitetes Problem bei aus dem Ausland adoptierten Kindern. Sie wurde auf einen Darmparasiten namens Giardia behandelt.

Blutuntersuchungen ergaben, daß Ana an Eisenmangel und verschiedenen Vitaminmangelzuständen litt. Aufgrund ihrer Eßgewohnheiten – man könnte es eher Eßzwänge nennen – hatten wir mit diesen Ergebnissen bereits gerechnet. Sie stopfte sich mit Bananen voll, als könnte sie nicht genug davon kriegen. Sie war so versessen auf Fleisch, daß sie eine ganze Kuh verspeist hätte, wenn wir sie gelassen hätten. Einmal waren wir bei Freunden zum Abendessen eingeladen, wo den Erwachsenen riesige Steaks vorgesetzt wurden. Die Kinder bekamen ein paar Happen ab, aber die meisten rümpften die Nase und wollten lieber Erdnußbutter-Sandwiches. Nicht so Ana. Sie aß ihre Portion auf und verlangte nach mehr, bis sie schließlich ein komplettes Steak und die Hälfte von meinem vertilgt hatte. Dann erklärte sie in ihrem Pidgin-Englisch/Spanisch, dies sei das beste Hühnchen, das sie je gegessen habe!
Sie bettelte auch um Bohnen und jede andere Eiweißquelle, die sie in den Mund stecken konnte. Nach einer Weile ließen diese heftigen Begierden nach, und heute weigert sie sich sogar oft, Bananen zu essen. (Die von ihr vertilgten Mengen müßten eigentlich bis an ihr Lebensende reichen.)
Die Ärztin schlug vor, eine Röntgenaufnahme von Anas Hand zu machen, um zu sehen, ob man ihr Alter anhand des Knochenwuchses ermitteln könnte. (Nicht so recht, wie sich herausstellte. Dem Röntgenbild zufolge hätte sie ein Jahr jünger sein müssen, als sie sein konnte. Der einzige Teil ihrer Geschichte, dessen wir sicher waren, hätte nicht in die drei Jahre hineingepaßt, die als ihr Knochenalter herauskamen. »Na ja, diese Tests sind nicht immer so genau«, sagte die Röntgenassistentin.)
Die Ursache für die Blutflecken haben wir nie gefunden. Dr. Morgan glaubte, sie könnten vom Zahnfleisch herrühren, aber wir hatten nie gesehen, daß es blutete. »Geben Sie ihr einfach weiterhin gesundes, nahrhaftes Essen. Wenn es etwas

Ernstes ist, werden bald andere Symptome auftreten«, versicherte sie uns. Gott sei Dank geschah das nie. Was auch immer die Ursache war, die Blutungen hörten bald auf.
Auch zum Zahnarzt gingen wir häufig. Ich nehme an, ihr Mund unterschied sich sehr von dem, was er in seiner gutbürgerlichen Vorortpraxis normalerweise zu sehen bekam. Er dürfte in San Jose, Kalifornien, selten – oder nie – so verrottete Zähne zu Gesicht bekommen haben wie Anas. Der Zahnarzt, von uns allen Dr. Jim genannt, kündigte an, er müsse Ana mehrere Zähne ziehen und den Rest überkronen. Das Ganze sei so aufwendig, daß er es auf zwei Sitzungen verteilen müsse. So großartig unser Zahnarzt ist, kann man sich denken, daß Ana ihn nicht besonders ins Herz schloß. Mit ihm fing sie jedenfalls keinen Flirt an! Am Ende der Prozedur hatte Ana oben und unten keine Schneidezähne mehr, dafür aber silberne Kronen auf allen Backenzähnen. Wir hofften, daß durch diese Maßnahmen sowie richtige Ernährung und regelmäßiges Putzen ihre zweiten Zähne gesund und stark nachwachsen. In ein paar Jahren werden wir es wissen!

Als wir begannen, die abschließenden Adoptionspapiere auszufüllen, beschlossen wir, daß Ana einen Geburtstag bekommen sollte. Wir wollten nicht am 1. Januar festhalten, weil er für uns und die kolumbianische Sozialbehörde bedeutete, daß Anas Geburtsdatum unbekannt war. Es schien uns wichtig, daß sie ihren ganz eigenen und möglichst richtigen Tag bekäme. Wir begannen, den Zeitraum auf Juni oder Juli als die passendsten Monate einzugrenzen. Das hatte zum Teil damit zu tun, daß viele Leute meinten, ihre starke, energische Persönlichkeit passe zum Sternzeichen Krebs (auch kein schlechterer Anhaltspunkt als andere). Nun gut, und jetzt ein Datum. Casey hat am 26. Januar Geburtstag, und so wählten wir, auch zu Ehren ihrer gemeinsam verbrachten Zeit in Ko-

lumbien, seinen »Halbjahrestag«: Der 26. Juli 1989 wurde Anas neuer offizieller Geburtstag.
Die Festlegung eines Datums war auch darum so dringend, weil Geburtstage bei uns im Haus ein überaus wichtiges Thema waren. Nadjas Geburtstag war der 29. April, und wir bereiteten eine Geburtstagsparty für sie vor, die erste ihres Lebens.

In dieser Zeit der Gewöhnung an unsere neue Familie fragten uns viele Leute: »Wie kommt ihr denn mit allem so zurecht?« Caseys Antwort gab unsere Gefühle am besten wieder: »Das Ganze hat uns mehr Arbeit und mehr Freude beschert, als ich je zuvor erlebt habe.« Wir waren glücklich (ja, sogar ohne allzuviel Sex), aber müde; wir fühlten uns abwechselnd, als könnten wir alles erreichen, was wir uns vornahmen, und als würde unser Leben in Zukunft nur noch aus Kinderhüten und Schufterei bestehen. Zu den freudigsten Anlässen in jenem Frühjahr gehörte Nadjas Geburtstag.
Wir erklärten Nadja, daß sie Gäste zu einer Party zur Feier ihres besonderen Geburtstags einladen dürfe. Sie lud zwei Freundinnen aus dem Kindergarten, all ihre Cousins, Cousinen, Tanten und Onkel aus der Gegend, Juri und Slawa (jetzt Daniel und Tyler) und – ihr erster Wunsch – Diana ein. Sie und Ana zogen ihre besten Sonntagskleider an und waren um 6.30 Uhr morgens bereit für die Party.
»Ich fürchte, es wird noch ein paar Stunden dauern, bis eure Gäste kommen«, sagte ich schlaftrunken, als sie neben meinem Bett auftauchten. (Sowohl Ana als auch Nadja hatten sich angewöhnt, um meinen Schlaf nicht zu stören, sich selbst mitten in der Nacht einfach neben mein Bett zu stellen und zu warten, daß ich ihre Anwesenheit spürte. Merkwürdigerweise spürte ich sie tatsächlich, auch wenn ich keinen Laut hörte. Oft öffnete ich dann meine Augen und erblickte ein Gesicht, manchmal auch zwei, direkt neben mir, das mich

mit großen Augen unverwandt ansah. Ich war gewöhnt, daß Meghan aus der Sicherheit ihres Betts nach mir rief, im festen Wissen, daß ich herbeigewankt kommen würde, sobald ich sie hörte.)

»Können wir dann rausgehen und spielen?«

»Bitte ... laßt uns wenigstens bis halb acht warten, ja?«

Nadja und Ana waren sehr beeindruckt, als am späteren Vormittag die Dekorationen aufgehängt wurden, der Kuchen geliefert wurde (bei meinen bescheidenen Backkünsten hatte ich nicht riskieren wollen, ihn selbst zu machen), und der Raum sich mit Luftballons füllte. Bunte Farben leuchteten überall. Jedes Gedeck hatte eine andere Farbkombination, und der Kuchen war mit buntem Konfetti bestreut, mit blauen, gelben und roten Kerzen besteckt und trug die schwungvolle Zuckergußaufschrift »Happy 6th Birthday, Nadja«. Wir hatten Bonbontüten mit besonders populärem Billigspielzeug vorbereitet und mit knallbunten Schleifen versehen.

Als die ersten Gäste eintrafen, übernahm Nadja sofort die Rolle der Gastgeberin. »Ihr habt auch ein Geschenk mitgebracht!« quietschte sie. »Super, Anthony und Ashton auch!« Da wurde Ana allmählich klar, daß dieser Tag für Nadja doch etwas besonderer sein würde als für sie. *Ihr* hatte noch niemand ein Geschenk mitgebracht.

»Wo ist meins?« quengelte sie.

»Keine Angst, du hast als nächste Geburtstag.«

»Du meinst morgen?«

»Nein, dein Geburtstag ist im Juli.«

»Ist das morgen?«

»Nein, Juli ist noch eine Weile hin, etwas über zwei Monate.«

»Übermorgen dann?«

»Noch eine ganze Menge Übermorgens.«

»Warum?«

»Hier, nimm eine Bonbontüte.«
Diana kam mit Geschenken, die jedes amerikanische Mädchen, das je eine Fernsehserie gesehen hat, verzücken mußten. Das Haus war voll kreischender Kinder, zufriedener Erwachsener und einer sehr aufgeregten Nadja.
Für Meghan war es die erste Geburtstagsparty in unserem Haus, bei der sie nicht im Mittelpunkt der Aufmerksamkeit stand, aber sie ließ sich vom allgemeinen Spaß mitreißen. Sie übernahm die Rolle einer »Geburtstagsexpertin« für Nadja und Ana, die sie über den korrekten Ablauf des Geschehens belehrte. »Willst du nicht endlich deine Geschenke aufmachen? Jetzt müssen wir Kuchen und Eis essen – ihr könnt nicht den ganzen Tag nur spielen, wißt ihr.«
Gegen abend waren die Mädchen völlig erschöpft. Das Haus glich einem Katastrophengebiet: Pfützen geschmolzener Eiscreme zogen sich durch den Flur, Kuchenkrümel in jedem Raum, Luftschlangen hingen schlaff von den Wänden, Überbleibsel aus Bonbontüten, Geschenkpapier und Geschenke lagen überall verstreut. Mein Gesicht tat weh vom vielen Lächeln. Ich war stolz und glücklich und empfand es als Ehre, ein Teil von Nadjas Leben zu sein. Unsere Familie fühlte sich vollständig an. Wir taten etwas für Familien ganz Normales: Wir feierten Nadjas Geburtstag – nicht weil sie adoptiert oder irgendwie anders, sondern weil sie unsere Tochter war. Ich hörte erst auf zu lächeln, als es Schlafenszeit war und alle quengelig wurden. Da erschien mir das Aufräumen der Küche plötzlich als ansprechende Alternative.
Als schließlich alle Kinder ins Bett gesteckt und zur Ruhe gebracht worden waren, umarmten Casey und ich Nadja ein letztes Mal zu ihrem Geburtstag. »Ihr seid die besten Eltern«, seufzte sie. »Danke für meinen besonderen Tag. Ich hab euch lieb!«
»Wir haben euch alle lieb, Mädels«, sagten wir zusammen, als wir das Licht ausmachten.

»Ist mein Geburtstag morgen?« fragte Ana ein letztes Mal schlaftrunken, nur für den Fall, daß die Antwort diesmal anders ausfiele. »Oder übermorgen?«

Auch wenn besondere Anlässe wie Nadjas Geburtstag Spaß machten, wurde die tägliche Tretmühle doch bald unerträglich. Beruflich hatten Casey und ich eine regelrechte »Aufholjagd« zu absolvieren. Ich stand morgens auf, machte die Mädchen für Schule und Kindergarten fertig, schickte sie los, fuhr ins Büro, schob noch ein, zwei Arzttermine ein, kam mit den Mädchen zusammen zum Abendessen nach Hause, machte mit Meghan Hausaufgaben, erledigte das Baden und Ins-Bett-bringen und arbeitete dann bis Mitternacht zu Hause weiter. Nebenher tat ich mein Bestes, um zwischendurch auch noch die Wäsche (die mit jedem Kind exponentiell anzuwachsen schien) und die Hausarbeit zu erledigen. Feinschmecker- oder auch nur ausgewogene Lunchpakete konnte man vergessen; ich steckte, was immer mir in die Hände fiel, in braune Papiertüten und schrieb ihre Namen drauf. Zum Glück war Meghan die einzige, die es anders kannte. Nadja und Ana dachten, dieses Komme-was-wolle sei ein normales amerikanisches Mittagessen. Casey oder ich gingen oft erst nach Mitternacht in den Supermarkt, weil wir vorher nicht die Zeit fanden. »Können wir nicht noch bis morgen warten?« fragte er oft.

»Na ja, wir haben keine Milch, kein Brot, keinen Aufschnitt, kein Obst, keine Cornflakes, keinen Saft und keine Suppe mehr. Ich hab' ihnen Graham-Cracker mit Gelee zum Frühstück und Erdnußbutter-Tortilla-Überraschungsrollen zum Mittagessen gemacht. Dann hab ich ganz hinten in der Küchenschublade eine Tüte Rosinen gefunden und sie gerecht verteilt, aber mit einem solchen Glücksfund kann ich nicht nochmal rechnen. Doch, irgendwer muß in den Laden gehen – *heute abend*!«

Casey wies mich darauf hin, daß mit »irgendwer« immer er gemeint sei. Das konnte ich nicht abstreiten.

»Wir brauchen Hilfe«, teilte ich Casey mit.
»Klingt gut, aber können wir uns das im Moment leisten?« fragte der große Pragmatiker, wie er es in solchen Situationen immer tat.
»Im Vergleich mit einem Monat Krankenhaus zur Erholung von einem Nervenzusammenbruch wird uns etwas Hilfe geradezu billig kommen.«
»Du hast recht. Laß uns jemand suchen, der uns helfen kann.«
Wie viele Menschen wahrscheinlich wissen, ist es nicht so einfach, die ideale Person zu finden, die sich um Kinder und Haushalt kümmert, und sei es nur für ein paar Stunden am Tag. Casey und ich ahnten nicht, wie schwer das war. Wir suchten jemand, der unsere Kinder so sehr lieben würde wie wir und Verständnis für ihre spezielle Situation aufbrachte. Sie mußte Auto fahren können und gutes Englisch sprechen, da Ana und Nadja ihre Aussprache verbessern mußten. Sie sollte eine gewisse Reife besitzen, gleichzeitig aber jung genug sein, um mit unseren drei Wirbelwinden fertigzuwerden. Im Grunde suchten wir eine aerobic-gestählte Mary Poppins. Da wir die Zusammenarbeit mit Vermittlungsstellen gewohnt waren, war unser erster Gedanke natürlich der, eine »Kindermädchenvermittlung« anzurufen.
»Ich kann kein Kindermädchen einstellen«, sagte ich zu Casey. »Kindermädchen sind was für reiche Leute. Was ist, wenn sie über unser kleines Häuschen lacht? Können wir die Bewerberinnen nicht wenigstens als 'Babysitter' bezeichnen? Ich könnte es verkraften, einen Babysitter anzuheuern.«
»Du kannst sie nennen, wie du willst, aber laß uns schnell machen.« Er begann, sich für die Idee zu erwärmen.
Ich rief mehrere Kindermädchenvermittlungen an, die in ei-

ner lokalen Elternzeitschrift aufgelistet waren, und wählte die aus, die am besten klang. Ich füllte all ihre Formulare aus, die kaum weniger kompliziert waren als die der Einwanderungsbehörde, und wartete auf eine Vermittlung. Sie kam vier Tage später.

Während des Vorstellungsgespräches saßen wir unbehaglich im Wohnzimmer und starrten einander an. Ich hatte eine lange Fragenliste, wußte aber nicht, wo ich anfangen sollte. Marnie Morrison sah mit ihrem langen, glatten, kalifornienblonden Haar, ihrer Sonnenbräune und ihrer zierlichen Figur aus wie vierzehn, war aber tatsächlich schon zweiundzwanzig. Sie studierte am College und wollte Grundschullehrerin werden. Großartig. Unser Wunsch nach jemandem, der vier Tage die Woche jeweils von drei bis sechs arbeiten sollte, ließ sich gut mit ihrem Studienplan vereinbaren. Phantastisch. Sie verfügte über umfangreiche Erfahrungen als Babysitter. Perfekt. Ein Babysitter, kein Kindermädchen. Marnie sah vielversprechend aus. Nach den Informationen der Vermittlungsstelle fuhr sie ausgezeichnet Auto, hatte großartige Referenzen, viel Erfahrung und war wesentlich kreditwürdiger als wir.

Wir erklärten Marnie, daß unsere drei Mädchen nicht unter unserem wahnsinnigen Arbeitsprogramm leiden sollten. Sie hatten mit Aktivitäten wie Schwimmen und Tanzen angefangen und mußten nicht nur hierhin und dorthin gefahren werden, sondern brauchten auch nachmittags nach Schule und Kindergarten einen geregelten Tagesablauf, von dem wir hofften, daß ein Babysitter ihn gewährleisten konnte. Wir erklärten ihr kurz, wie unsere Familie in weniger als einem Jahr so angewachsen war. Das Wichtigste war natürlich: Würde Marnie unsere Kinder mögen und würden die Kinder Marnie mögen? (Und würde sie einen Härtezuschlag verlangen, wenn sie sie kennengelernt hatte?)

Zu unserem Glück machten die Mädchen an dem Tag einen

guten Eindruck. Sie waren bezaubert von Marnie, die ruhig und lieb war – soll ich sagen, das Gegenteil ihrer Mutter –, und bezauberten sie ihrerseits. Die Erfahrung hat mich gelehrt, daß ich, ganz gleich wie gut ich meine Kinder zu kennen glaube, nie voraussagen kann, wie sie in gesellschaftlichen Situationen reagieren. Sie hatten uns eindrucksvolle Lektionen in öffentlicher Demütigung erteilt. Daher war ich genauso überrascht wie erfreut zu sehen, wie Meghan, Nadja und Ana eine konzertierte Aktion starteten, um Marnies Herz zu gewinnen.

»Wann können Sie anfangen?« fragten wir wie aus einem Munde.

Es erfordert eine Menge Organisation und Vorbereitung, sich in seinem Lebensalltag von jemand anderem helfen zu lassen. Es bedeutet, daß man jeweils Stunden im voraus wissen muß, was passieren soll. Was Zeitplanung anging, hatte ich zwar immer im Kopf, was erledigt werden mußte, doch die logistischen Einzelheiten arbeitete ich oft erst auf dem Weg von einem Termin zum nächsten aus. Jetzt mußte ich jemand anderem erklären, wie der ganze Tag ablaufen sollte, was einen exakten Zeitplan voraussetzte. Wir stellten eine Art generelles Programm auf, aber jeder Tag hatte seine Sonderfälle. Ich pflegte Marnie täglich mittags anzurufen.

»Marnie, heute ist ein typischer Montag, außer daß Ana um drei einen Arzttermin hat. Ich bringe sie hin, bevor du die anderen Mädchen von der Schule abholst. Meghan hat morgen in der Schule Basteln und muß auf dem Nachhauseweg noch kurz in den Laden, um ein paar Pfeifenreiniger zu besorgen. Ich hab' heute morgen vergessen, das Huhn aus der Tiefkühltruhe zu nehmen; also vergiß den Speiseplan, den ich aufgeschrieben habe, und mach statt dessen Suppe. Ach, und wir haben wahrscheinlich keine Milch mehr; du müßtest also vor dem Abendessen vielleicht noch welche besorgen. Und Nadja muß dreimal täglich Lotion auf ihren Ausschlag tun; hilf ihr bitte so um halb fünf dabei. Ja, es ist mehr oder weniger ein typischer Montag.«

Noch besser war es, wenn Marnie meine Erklärungen per Anrufbeantworter erhielt.

Piep – »Marnie, hier ist noch mal Maggie. Vergiß meine letzten beiden Nachrichten, mir ist gerade noch etwas eingefallen ...«

Marnie wurde unser Fels in der Brandung – unser Stückchen Stabilität im Leben. Sie war stets bereit einzuspringen, herumzufahren, sauberzumachen oder zu tun, um was immer wir sie baten. Wenn ich ihr gerade ein paar besonders komplizierte Anweisungen für den Tag gegeben habe, entsteht manchmal auf Marnies Seite eine lange Pause, und ich warte darauf, daß sie meine geistige Gesundheit oder zumindest mein Organisationstalent in Frage stellt, aber das hat sie noch nie getan. Marnie nimmt alles mit Gelassenheit. Ich sage mir gern, daß das Leben mit uns für sie ein Abenteuer ist. Wir geben ihr die Gelegenheit, das Mutterdasein aus erster Hand zu erleben, in vorderster Front sozusagen. Wir betrachten uns als die beste Form der Empfängnisverhütung für die heutige Jugend. Wenn du nicht aufpaßt, könnte dies für mehr als nur drei Stunden am Tag dein Los sein!

Doch bald schon würde ich Marnies Belastbarkeit ernstlich auf die Probe stellen – mit der Neuigkeit von einer Zweijährigen namens Alesia.

14. Kapitel

Alesia

20. Juni 1994
Es macht mir Freude, anderen Menschen durch die bürokratischen Irrgärten des Adoptionswesens zu helfen, mit denen auch Casey und ich zu kämpfen hatten. In den letzten vier Monaten habe ich gelernt, daß eine Adoption nicht streßfrei ablaufen kann. Selbst die »einfachste« Adoption ist eine harte Sache, und je mehr ich versuche, sie zu erleichtern, desto mehr erwarten die Leute von mir. Vielleicht ist die Unsicherheit ein wichtiger Teil des Adoptionsprozesses: Man lernt, einen Zeitraum zu durchleben, in dem man absolut keine Kontrolle über das Geschehen und seinen Ausgang hat. Ich glaube, Adoptionen sind wie Naturkatastrophen: Sie bringen das Beste und das Schlechteste im Menschen zum Vorschein.

Von Alesia (A-lei-si-ju) hörte ich das erste Mal, als Diana mit der Neuigkeit aus Rußland anrief, sie habe ein passendes Mädchen für eine Frau namens Lisa in Berkeley gefunden, die ein Problemkind adoptieren wollte. »Sie ist hübsch und intelligent«, erzählte mir Diana. »Ihr fehlen drei Finger an der rechten Hand, und ihr linker Fuß hat keine Zehen. Ihr linkes Bein ist etwas kürzer als das rechte, aber sie ist stark und macht alles mit, was die anderen Kinder ihres Alters machen. Maggie – sie tanzt sogar«, berichtete sie lachend. »Sie lächelt immerzu und hat braune Haare und braune Augen. Sie ist zwei Jahre und zwei Monate alt. Ein anderes Ehepaar wird Bilder von ihr mit nach Hause bringen.«

Sie klang wundervoll, wie alle Kinder, von denen Diana mir erzählt. Seit ich aus Kolumbien zurück war, arbeitete ich neben meiner Tätigkeit als Grafikerin stundenweise für Diana. Nicht, daß ich nicht genug Arbeit gehabt hätte, aber ich wollte die Funktionsweise des Adoptionswesens von innen kennenlernen. Meine Aufgabe bestand darin, Adoptionsbewerbern nach Abschluß ihres Sozialberichts durch die ersten Schritte der Kindersuche zu helfen.

Diana gab mir Fotos und Geburtsdaten von Kindern, die zur Adoption freigegeben worden waren, und ich machte Termine mit den Eltern, beantwortete ihre Fragen, so gut ich konnte, und half ihnen, nachdem sie sich für ein Kind entschieden hatten, beim Einstieg in die russischen Adoptionsanträge. Die Arbeit machte süchtig. Ich hatte große Freude daran, zukünftige Adoptiveltern an unserer Geschichte teilhaben zu lassen. Ebenso große Freude machte es mir, ihre Geschichten anzuhören. Ich fühlte mich fast wie eine Hebamme, die beim Wunder der Geburt assistieren darf. Allerdings brachte die Arbeit mir nicht nur Freude, sondern auch eine Menge Schuldgefühle ein. Casey fand, daß ich den Streß neuerdings magnetisch anziehe.

»Aber das ist *guter* Streß. *Lohnender* Streß«, argumentierte ich.

»Streß ist Streß, ob gut oder schlecht«, sagte er. »Und der Streß, den du mit nach Hause bringst, belastet uns alle.«

Ich wußte, daß er recht hatte. Aber es gibt keine Entwöhnungsprogramme für Adoptionssüchtige. Ja, es war Streß, aber ich verspürte jedesmal ein Hochgefühl, wenn ich ein Foto erhielt, von dem mich ein Kind anstrahlte, breit lächelnd und zufrieden, Baseballmütze auf dem Kopf und ein Elternteil zu jeder Seite – ein Kind, dessen Aussehen noch wenige Monate zuvor an einen einsamen Zuchthäusler erinnert hatte.

Ich wünschte mir, Casey hätte an meiner neuen Mission ebenfalls Freude. Doch obwohl er oft Spaß an den Geschichten hatte, nahm er übel, wieviel Zeit ich mir für Telefongespräche mit entnervten Adoptionsanwärtern nahm.

Jedes Elternpaar wollte meine ungeteilte Aufmerksamkeit, genau wie wir es uns während unserer Adoptionen wünschten. Jedes Paar fand, *seine* Adoption sollte vorrangig behandelt werden. Nun lernte ich die Aufs und Abs des Adoptionsverfahrens von der anderen Seite des Zauns kennen, und das war nicht immer erfreulich. Manche Menschen gehen an eine Adoption heran wie an einen Einkauf im Supermarkt; sie suchen kein Kind, sondern ein perfektes Markenprodukt mit dieser Art Haar und jener Augenfarbe. Manche grämen sich immer noch darüber, daß sie kein leibliches Kind bekommen können, und betrachten die Adoption als unwillkommene, letzte Alternative nach jahrelanger, erfolgloser Behandlung ihrer Unfruchtbarkeit. Die Nachwirkungen dieser langjährigen Ängste und Frustrationen sind oft auch in ihren Adoptionsbemühungen spürbar, und die Zusammenarbeit mit ihnen kann emotional sehr belastend sein.

Aber die große Mehrzahl der Adoptiveltern sind liebevolle, intelligente, dynamische Menschen, mit denen arbeiten zu dürfen mir eine Ehre war. Ich bin heute noch mit vielen Eltern, die ich damals kennenlernte, befreundet, und unsere Kinder wachsen zusammen auf. Casey hatte zwar recht, sich Sorgen um den Streß zu machen, aber der Streß war eben nicht alles.

Ich war sehr aufgeregt und freute mich darauf, Lisa von dem Kind zu erzählen, daß Diana für sie gefunden hatte. Da wir selten ausdrückliche Anfragen nach Problemkindern bekamen, lag mir diese Adoption besonders am Herzen. Doch als ich sie mit der Neuigkeit anrief, reagierte sie nicht so, wie ich gehofft hatte. Nach meiner Schilderung von Alesias Gesundheitszustand und Persönlichkeit war Lisa nicht sicher, daß dies das richtige Kind für sie sei. Sie hatte bei einer anderen Vermittlungsstelle eine Videoaufnahme von einem Kind mit Gaumenspalte gesehen, zu dem sie sich hingezogen fühlte und von dem sie glaubte, daß es sie dringender brauche. Ich machte mir keine großen Sorgen. Ich war sicher, Alesia bei einer anderen Familie unterzubringen. Wer würde ein so lebendiges und großartiges Kind nicht haben wollen? Ich würde auf die Bilder warten. Bestimmt konnte ich ein Zuhause für sie finden.

Einige Tage später brachte ein Pärchen, das gerade seinen neuen Sohn aus Alesias Kinderheim abgeholt hatte, die Fotos von ihr mit. Nina beschrieb sie als ein Kind, das bei den anderen Kindern den Ton angab und von allen neuen Besuchern Umarmungen und Aufmerksamkeit forderte. Sie hatten ihre »Behinderungen« überhaupt erst nach geraumer Zeit bemerkt. Ich bat Nina, sich zu setzen, nahm die Fotos aus dem Umschlag und legte sie auf den Tisch. »Sie ist wunderbar«, stieß ich hervor, als ich ihr rundliches Gesicht mit den Apfelbäckchen sah. Sie stand neben einem kleinen Tisch und starrte geradewegs ins Objektiv, als wolle sie genau wissen, was der Fotograf da machte. Durch ihr verkürztes Bein hatte sie leichte Schlagseite, aber sonst sah sie aus wie das blühende Leben. Sie hatte ein schlichtes Kleidchen an, trug aber eine riesige Schleife auf dem Kopf. Vielleicht war es gar nicht ihr Bein, das sie aus dem Gleichgewicht brachte, sondern diese Schleife.

Ich habe inzwischen Bilder von Hunderten von Kindern gesehen, die ein Zuhause brauchen. Jungen und Mädchen jeden Alters, deren Blicke einen auffordern, ihnen zu einer Zukunft an einem anderen Ort zu verhelfen. Manche sind verwaist, manche wurden ihren Eltern wegen Mißhandlung fortgenommen, die meisten wurden von ihren Müttern weggegeben, die angesichts ihrer eigenen Lebensumstände keine Möglichkeit sahen, sie aufzuziehen.

Bestimmte Bilder berühren einen besonders – aus verschiedenen Gründen. Mal ist es ein Kind, das verblüffende Ähnlichkeit mit einem Mitglied der eigenen Familie hat. Mal eines mit einem Funken Hoffnung in den Augen. Mal ist es die Persönlichkeit, die man aus einem Lächeln oder einer bestimmten Neigung des Kopfes herausliest. Jedenfalls entsteht eine Bindung – was immer daraus werden mag. Ich werde ewig dankbar sein, daß ich bei unseren Adoptionen keine größere Auswahl hatte. Die Wahl zwischen Nadja und Ruta war schon schwer genug. Ich habe oft erlebt, daß Menschen in Tränen ausbrachen angesichts einer Gruppe von Kindern, aus der sie eins auswählen sollten. Seit ich für Diana arbeitete, kam ich mit vielen kleinen Gesichtern in Kontakt, und natürlich sprachen mich manche von ihnen durch ihre Geschichte und ihre Pose besonders an, verlangten nach meiner Aufmerksamkeit. Aber Alesia war anders. Ich kann den Funken nicht erklären, den ich irgendwie in ihrem entschlossenen Gesicht erkannte. Ich fand es großartig, daß sie trotz ihrer fehlenden Finger und Zehen mit herumrannte und die anderen Kinder beim Spielen anführte. Ich spürte eine Stärke in ihr, die nicht direkt aus dem Foto kam, sondern von irgendeinem unbekannten Ort tief in meinem Inneren. Manche Dinge lassen sich nicht erklären. Meine Empfindungen Alesia gegenüber gehören zu diesen Dingen. Ich schwor, alles in meiner Macht Stehende zu tun, um ein Zuhause für sie zu finden.

Ich zeigte Alesias Bild einem anderen Paar und gab ihnen alle Informationen, die ich über sie hatte. Sie lächelten höflich, sagten aber, sie hätten bei ihren Bemühungen, ein eigenes Kind zu bekommen, bereits soviel Kummer erlebt, daß sie als erstes Kind nicht ein behindertes haben wollten. Ich konnte das verstehen: Hatten nicht auch Casey und ich unsere Entscheidung, Maria zu adoptieren, wegen ihrer Gesundheitsprobleme bis in die Nacht diskutiert? Aber an diesem

Punkte kam es mir bereits so vor, als *sei* Alesia gar nicht behindert. Verglichen mit meiner Zuneigung zu ihr erschienen mir fehlende Finger und ein mißgebildeter Fuß bedeutungslos.

Ich rief mehrere andere Paare an, die alle sagten, sie seien nicht an Alesia interessiert. Ich konnte nicht verstehen, warum andere ihr nicht die gleichen intensiven Gefühle entgegenbrachten wie ich. Als ich Diana die schlechte Nachricht mitteilte, war sie nicht überrascht. »Es haben schon zwei Vermittlungsstellen erfolglos versucht, sie zu plazieren«, erzählte sie mir. »Die Direktorin hat sie mir nicht einmal gezeigt, als ich das erste Mal kam, weil sie dachte, ich würde kein Kind vermitteln wollen, das nicht ganz so perfekt ist. Es waren die Betreuerinnen, die zu mir kamen und mich baten, ein Zuhause für Alesia zu finden.

»Ich bin sicher, daß wir sie vermitteln können«, sagte ich zu Diana. »Wenn niemand sie haben will, nehme ich sie!« platzte es irgendwie aus mir heraus.

Diana lachte. »Gut, ich werde es ihnen sagen, aber ich glaube, dein Mann wird Wert darauf legen, daß du schnell ein anderes Zuhause für sie findest.«

Natürlich hatte ich nur Spaß gemacht. (Oder nicht?) Zu dem Zeitpunkt war ich ehrlich überzeugt, daß ich ein Zuhause für Alesia finden würde. Ich zeigt ihr Foto überall herum. Aber ihre Chancen verschlechterten sich zusehends. Diana hatte in Rußland harte Arbeit geleistet, um gute Beziehungen zu den für die Kinderheime zuständigen Funktionären aufzubauen, und sie fand zunehmend mehr Kinderheime, die bereit waren, auch Säuglinge und Kleinkinder zur Adoption in die USA freizugeben. In Kenntnis dieser Tatsache beschlossen die meisten Paare, mit denen wir zu tun hatten, zur Gründung ihrer Familie auf ein gesundes Kind zu warten. Angesichts so vieler zu vermittelnder Kinder geriet Alesia immer weiter ins Hintertreffen.

Derweil war ich selbst dabei, mich in sie zu verlieben. Ich hatte ihr Bild in meinem Büro aufgehängt. Ich begann mit Familienmitgliedern und mit Casey über sie zu sprechen. Schließlich, nachdem am Vortag wieder ein Paar ein anderes Kind vorgezogen hatte, sprach ich Casey darauf an. »Du erinnerst dich an dieses Kind, Alesia, mit den fehlenden Fingern und Zehen?« fragte ich.
»Du meinst die, von der du andauernd redest?« erwiderte er.
»Ja ... also ... wie wäre es, wenn *wir* sie adoptieren würden?«
»Nun, Maggie, es dürfte ziemlich schwer für dich werden, vier Mädchen *ganz allein* aufzuziehen.«
Ich hatte seinen Wink verstanden, aber es gelang mir nicht, mir Alesia aus dem Kopf zu schlagen. Mein Verstand sagte mir, daß es eine aussichtslose Sache war. Erst im vorigen Monat hatten Casey und ich mit Meghan ein langes Gespräch über all die Probleme und Schwierigkeiten geführt, vor die uns Meghan, Ana und Nadja stellten. Sie waren zwar alle dabei, sich an die Situation zu gewöhnen, aber war es nicht zu früh, unsere Familie um ein neues Mitglied zu erweitern? Vor allem eines, das vielleicht besondere medizinische Betreuung brauchte? Nicht zu vergessen, daß wir uns gerade um eine neue Krankenversicherung bemühten – nicht die ideale Zeit, um ein weiteres Kind mit unabsehbaren Bedürfnissen aufzunehmen. Und wie konnten Casey und ich beide arbeiten und gleichzeitig vier Kindern die nötige Aufmerksamkeit geben, von denen sich drei auf ein neues Leben, eine andere Kultur und Sprache einstellen mußten? Es war absurd, es war unmöglich – doch Alesia zerrte immer noch an meinem Herzen, und ich würde sie nicht kampflos aufgeben.
Ich beschloß, mit Bee zu sprechen. Am Anfang fand sie, ich hätte schlicht den Verstand verloren. Als ich ihr versicherte, daß es mir ernst sei, zählte sie mir all die Probleme auf, die auf uns zukämen. Aber Bees Aufgabe ist es, Informationen und Wissen zu vermitteln, damit andere fundierte Entschei-

dungen treffen können. Was für den einen vielleicht verrückt wäre, mag für einen anderen in Ordnung sein. Außerdem hat sie fünf Kinder und weiß, wie es ist, eine berufstätige Mutter zu sein. Sie versicherte mir, daß die fehlenden Finger und Zehen keine wirkliche Behinderung seien, daß sie nicht notwendigerweise zu größeren Belastungen führen würden als alles andere. Auch wenn sie ihre Begeisterung im Zaum hielt, hatte ich den Eindruck, daß sie meine Bindung an dieses Foto-Kind verstand. Da ich Bee sehr schätze und weiß, daß sie immer ehrlich und geradeheraus antwortet, wenn man sie nach ihrer Meinung fragt, trug ihre Unterstützung noch zu meiner Entschlossenheit bei.

Marge sah das Ganze wiederum aus einem anderen Blickwinkel. Sie wußte aus erster Hand, was wir mit Ana und Nadja durchgemacht hatten. Sie hatte uns während unserer gesamten Adoptionserfahrung beraten und am Telefon zahllose Stunden damit verbracht, uns zu versichern, daß die Dinge mit der Zeit leichter werden würden. Sie befürchtete, daß wir die finanziellen Konsequenzen der Aufnahme eines weiteren Kindes nicht ausreichend bedachten. Sie machte sich auch Gedanken um die Auswirkungen auf Meghan, Nadja und Ana und darum, ob wir sowohl ihnen als auch diesem neuen Kind die benötigte Zuwendung würden geben können, ohne uns emotional zu überfordern (von der Zuwendung, die Caseys und meine Beziehung benötigte, ganz zu schweigen).

Sie wußte aus persönlicher Erfahrung, wie leicht man sich berufen fühlt, ein einziges Kind zu retten, das einen in irgendeiner Weise berührt hat, anstatt das Gesamtbild zu sehen. »Du kannst entweder dieses Kind adoptieren oder deine Arbeit bei Diana fortsetzen und Hunderten von Kindern helfen? Welches ist der bessere Weg?« fragte sie.

Eine gute Frage.

Während des Gesprächs mit Marge war ich sehr ruhig und

gelassen. Sie machte sich Sorgen, weil sie unsere Familie mochte. Sie gab mir nicht das Gefühl, ich sei unvernünftig, daß ich eine weitere Adoption in Erwägung zog, sondern warf lediglich die gleichen Fragen auf, über die ich mir schon seit Wochen Gedanken machte. Ich wußte, daß es finanziell schwierig sein würde. Ich wußte, daß wir unsere Mädchen vielleicht nicht auf teure Colleges schicken könnten. Ich wußte, daß unser Haus sehr klein war und daß wir unsere Pläne für ein größeres Haus aufschieben müßten, falls wir Alesia adoptierten.

Ihre Bedenken schüchterten mich nicht ein (auch wenn ich kurzfristig zweifelte, ob unser überschwenglicher Sozialbericht sich weit genug dehnen ließe, um noch ein Kind abzudecken). Ich wußte, daß wir die Schwierigkeiten und Entbehrungen bewältigen konnten, ich wußte nur noch nicht genau wie. Ich mußte vor allem zweierlei tun, um die richtige Entscheidung zu treffen. Erstens mußte ich mir selbst und Casey ehrlich klarmachen, was uns möglicherweise bevorstand. Zweitens mußte ich geduldig sein, geduldiger als ich es normalerweise bin.

Zu Beginn unserer Ehe hatte ich bei größeren Entscheidungen oft meinen Kopf durchgesetzt, und Casey hatte nachgegeben, um Streit zu vermeiden. So hatte ich zum Beispiel darauf bestanden, gleich nach unserer Heirat schwanger zu werden. »Meine Mutter hat sieben Jahre gebraucht, um ihr erstes Kind zu empfangen«, argumentierte ich. »Meine Schwester hat drei Jahre lang geübt, bevor Beth zur Welt kam. Was, wenn wir auch so lange brauchen? Ich werde bald *dreißig*. Bitte laß uns nicht zu lange warten.«

Drei *Wochen* später war ich schwanger. Casey versuchte, so zu tun, als sei er über die Neuigkeit genauso begeistert wie ich, aber er war nicht begeistert. Er hatte Angst. An unserem ersten Hochzeitstag war ich bereits im fünften Monat. Ihm war das alles zu schnell gegangen. Er liebt Meghan von gan-

zen Herzen, aber er hat mir oft gesagt, daß er wünschte, wir hätten mit dem Kinderkriegen noch etwas gewartet.
Ich wollte nicht wieder den gleichen Fehler machen, nachdem wir so hart daran gearbeitet hatten, dieses Schema zu durchbrechen. Ich versuchte zu akzeptieren, daß wir Alesia nicht adoptieren konnten, wenn Casey nicht einverstanden war. Wir mußten beide gewillt sein, dieses Kind aufzuziehen. Ich durfte ihn nicht dazu überreden. Aber ich wußte nicht recht, wie ich meinen Standpunkt in bezug auf Alesia vertreten sollte, ohne zu versuchen, ihn zu überreden und »meinen Kopf durchzusetzen«.
Mitte Juli schließlich kam es mir vor, als hätte ich die Sache weit genug durchdacht, um das Thema bei Casey noch einmal anzuschneiden. Die Mädchen waren mit Marnie unterwegs. Wir beide waren in der Küche. »Es gibt etwas, worüber ich mit dir reden muß«, sagte ich – bemüht, meine Gefühle unter Kontrolle zu halten. »Ich möchte über Alesia reden – darüber, ob sie ein Teil unserer Familie werden könnte.«
Casey seufzte und ließ sich schwer auf den nächsten Stuhl fallen. Er hörte schweigend zu, während ich erklärte, wie sehr ich mich bemüht hatte, meine Motive im Hinblick auf Alesia kritisch zu prüfen. Ich erzählte ihm von der starken Anziehungskraft, die sie immer noch auf mich ausübte. Er begann zu verstehen, daß es mir mit diesem Kind wirklich Ernst war. »Maggie, ich kenne dich. Wenn du eine Idee hast, wird sie auch in die Tat umgesetzt«, sagte Casey entnervt. »Im Moment ist bei uns soviel los, daß man nicht mal *daran denken sollte*, ein weiteres Kind in die Familie aufzunehmen.«
Er hatte recht, und das wußte ich, trotzdem mußte ich noch etwas sagen. »Du weißt, daß es andere Kinder gegeben hat, die bei mir besondere Gefühle ausgelöst haben, Casey, aber ich kann ehrlich sagen, daß keins davon mich so angespro-

chen hat wie dieses Kind.« Die Stimme versagte mir fast. »Bitte denk über Alesia nach. Ich fühle, daß wir ihr eine Menge zu geben haben, aber auch – und das ist genauso wichtig –, daß sie uns etwas Wertvolles beibringen könnte. Ich kann es nicht erklären, aber dieses Mädchen löst so starke Gefühle in mir aus. Bitte nimm mich ernst. Bitte schließ die Möglichkeit, sie in unser Heim aufzunehmen, nicht von vornherein aus. Hör dir wenigstens ihre Geschichte an, bevor du nein sagst.«

Das Haus war ganz still. Ich hielt den Atem an. Dann sah Casey mich an und sagte die Worte, die ich immer in dankbarer Erinnerung behalten werde.

»Maggie, wenn ich eines in unseren elf gemeinsamen Jahren gelernt habe, dann dies: Wenn du etwas so stark empfindest, ist es für uns meist der beste Weg. Dein Timing gefällt mir nicht immer, und obwohl es mich zum Wahnsinn treibt, ist es auch einer der Gründe, warum ich dich liebe. Wenn du gewillt bist, dich mit den Konsequenzen der Adoption dieses Kindes auseinanderzusetzen, und mich erst einmal den Juli überstehen läßt, bin ich bereit, über Alesia nachzudenken.«

Ich war überglücklich. Ich nahm seine Hände fest in meine. »Danke«, flüsterte ich. »Danke, danke.«

Jetzt mußte ich nur noch mein dringendes Bedürfnis unterdrücken, Alesia Casey gegenüber alle fünf Minuten zu erwähnen.

Ich sprach mit Marnie, die schockiert war, und mit Diana, die kein bißchen schockiert war. Diana war eine große Stütze und bot mir jede erdenkliche Hilfe an. Sie besorgte so viele Informationen wie möglich und bat eine Familie in Jekaterinburg (wo sich Alesias Kinderheim befand), ein Auge auf Alesia zu haben, um meine Fragen über sie beantworten zu können. Ich teilte Diana mit, ich würde nicht mehr so viel arbeiten können, falls ich Alesia adoptierte, und obwohl es in ihrem Interesse gewesen wäre, ihre Vermittlungsagentur an erste Stelle zu setzen, äußerte sie vollstes Verständnis dafür. Auch Diana ist in diese Kinder verliebt.

Am 3. August setzten wir die Mädchen in ein Flugzeug nach Portland zu ihren Großeltern. Sie waren ganz aufgeregt über die Reise und die tollen Pläne, bei Großmama und Großpapa zu backen und zu schwimmen. Casey und ich waren selig über die Aussicht auf fünf gemeinsame Tage ganz für uns allein. Fünf Tage allein! Ich fragte Casey, ob er mit zu Diana kommen wolle, um über neue Adoptionsbewerber zu sprechen. »Danach könnten wir zum Abendessen nach San Francisco fahren«, schlug ich vor.

Auf der Fahrt sprachen wir detaillierter über Alesia. Ich erzählte Casey die Geschichten, die ich über sie gehört hatte, wie sie immer mit auf jedes Foto kam, daß sie eine Anführerin war, eine unabhängige kleine Seele, die angerannt kam, um die Eltern zu begrüßen, wenn sie zu Besuch kamen. Eine Mutter erzählte mir von einem Tag, an dem sie zur »Töpfchenzeit« eintraf. In diesem speziellen Kinderheim setzen sich die Kinder alle gleichzeitig auf ihre Töpfchen und müssen warten, bis alle fertig sind, bevor sie aufstehen dürfen. Alesia sah diese Mutter und machte Anstalten aufzustehen, um zu ihr zu laufen. Sie setzte sich jedoch schnell wieder hin, als ihr einfiel, daß sie noch nicht vom Topf aufstehen durfte. Die Mutter hatte ihr nur einen Augenblick den Rücken zugedreht und plötzlich sah sie, daß die kleine Alesia mit ihrem Topf quer durch den Raum zu ihr hin gerutscht war und ihre Arme ausstreckte, um gedrückt zu werden. Sie hatte nicht gegen die Regeln verstoßen, aber trotzdem bekommen, was sie wollte!

Während wir über die Autobahn brausten, lachte Casey in sich hinein. Wir tauschten Erinnerungen über das vergangene Jahr und unsere Erlebnisse mit den Mädchen aus. Weißt du noch, wie Meghan Nadja überredet hat, sich dem Osterhasen auf den Schoß zu setzen, und sie ihm fast den Kopf abgerissen hätte? Erinnerst du dich, wie Ana das erste Mal Grapefruits probiert hat? Ihr Gummigesicht hatte sich zu einer Maske puren Ekels verzogen! Wir lachten beide, während sich die Erinnerungen überschlugen. »Wir haben eine Menge Spaß gehabt, oder?« fragte ich und lehnte mich in meinem Sitz zurück. Es war entschieden einfacher, unseren Mädchen positive Gefühle entgegenzubringen, wenn sie weit weg bei Großmama und Großpapa waren und fünf erholsame Tage vor uns lagen. Nach einer Weile fragte ich Casey nach etwas anderem, das mich beschäftigte. »Wenn wir Alesia adoptieren sollten, würde es dir etwas ausmachen, keinen Sohn zu haben?«

Casey hielt mit seinen Bedenken – von denen er eine Menge hatte – nicht hinterm Berg, aber vier Mädchen zu haben, war kein Problem.

»Ich bin ganz zufrieden damit, Mädchen großzuziehen«, sagte er. »Eigentlich finde ich sogar, daß ich allmählich ziemlich gut darin werde. Wenn ich Jungs um mich haben möchte, sind da ja immer noch meine Neffen.«

»Wer weiß, vielleicht hält die Zukunft ja noch den einen oder anderen Jungen für dich bereit«, seufzte ich, ließ den Gedanken aber rasch wieder fahren, als ich seinen entsetzten Gesichtsausdruck sah.

Ich konnte ihm immer noch keine klare, vernünftige Erklärung dafür geben, warum Alesia mir so viel bedeutete, aber er gab zu, daß er ebenfalls begann, eine Bindung an sie zu spüren. Dieses Eingeständnis tat mir so gut! Er fühlte es auch. Es war nicht mehr nur ich allein. Ich beugte mich zu ihm hinüber und drückte seinen Arm, bevor wir das Thema wechselten und unsere Pläne fürs Abendessen besprachen.

Als wir bei Diana ankamen, war Casey voller Fragen über Alesia, aber er ermahnte uns beide, über die Adoption nicht zu sprechen, als sei sie eine abgemachte Sache. Wir mußten immer noch die finanziellen Einzelheiten ausarbeiten und ihm etwas mehr Zeit geben, die Sache zu durchdenken. Aber als wir uns verabschiedeten, dachte Casey schon laut darüber nach, wo wir während unseres Aufenthalts in Moskau wohnen würden. »Das klingt in meinen Ohren aber ziemlich nach abgemachter Sache«, zog ich ihn auf. Diana lachte nur. Casey war ertappt.

Am 5. August willigte Casey schließlich offiziell ein, Alesia zu adoptieren. Wir machten uns gerade fertig, um mit Freunden auszugehen, als er es mir freudestrahlend erzählte. »Wir müssen unsere Ausgaben einschränken«, sagte er. »Und dieser Sommer könnte unser letzter Urlaub bis zur Jahrtausendwende sein. Wir werden vieles ändern müssen.«

Seine Worte waren streng, aber er strahlte übers ganze Gesicht.

»Das klingt schauderhaft! Warum lächelst du?« wollte ich wissen.

»Weil wir es tun werden! Wir werden es wirklich tun!«

»Ich liebe dich.«

»Ich dich auch.«

Unsere Freunde feierten unsere gute Neuigkeit mit uns. Am nächsten Tag riefen wir Diana und Marge an und erzählten ihnen aufgeregt von unseren Plänen.

Wir riefen alle unsere Verwandten an. Dies wurde allmählich zur vertrauten, aber immer noch aufregenden Routine.

Am nächsten Abend holten wir die Mädchen vom Flughafen ab. Nachdem wir die erste Freude über unsere Wiedervereinigung nach ganzen fünf Tagen Trennung überwunden hatten, ließen die Dinge schon im Auto rapide nach. Die Mädchen stritten sich darum, wer wem den Platz wegnähme. Nadja äffte alles nach, was Meghan sagte. Meghan war wütend auf Nadja, weil sie sie nachmachte. Ana mußte aufs Klo und konnte unmöglich noch einen Moment länger warten! Dann klebte eine der anderen eine, die ihrerseits einer anderen eine klebte, die brüllte, aber immer noch aufs Klo mußte. SO-

FORT! Casey und ich sahen einander entsetzt an. Was hatten wir getan?
Wie meistens stimmte das Abendessen uns alle etwas versöhnlicher, und wir erzählten den Mädchen von ihrer neuen Schwester. Nadja sagte »Okay«, und aß weiter.
Ana fragte: »Darf ich dann auf sie aufpassen?«
Den Rest des Abends erwähnten sie Alesia nicht mehr. Anscheinend war eine neue Schwester nichts Besonderes für sie. Meghan nahm diese neueste Adoption jedoch deutlich positiver auf. Ich glaube, sie hatte sich durch Nadjas und Anas sofortige Anhänglichkeit aneinander ausgeschlossen gefühlt und hoffte nun, eine eigene Komplizin zu bekommen. Außerdem hatte sie meine Bemühungen, ein Zuhause für Alesia zu finden, mitbekommen und war genauso hingerissen von ihrem Foto wie ich.

Jetzt, da Casey und ich uns über Alesias Adoption einig waren, kamen meine eigenen Ängste wieder hoch. Was, wenn meine Instinkte falsch sind? fragte ich mich. Was, wenn das alles zuviel für uns wird? Wenn die Mädchen sich hassen? Was, wenn ein Zweijähriges in der Familie uns das letzte bißchen Freizeit nimmt? Was, wenn es schiefgeht und Casey *mich* dafür verantwortlich macht?
Dann dachte ich, ich kann es kaum erwarten, sie tanzen zu sehen.

15. Kapitel

Zeit des Wachsens

7. August 1994
Es kommt mir vor, als ob ich seit Ewigkeiten nichts anderes tue, als Formulare ausfüllen. Ich sollte langsam besser darin werden. Werde ich aber nicht, sondern immer schlechter. Ich möchte in meinem ganzen Leben kein einziges leeres Kästchen mehr ausfüllen. Heute mußte ich all unsere Ausgaben im Zusammenhang mit der letzten Adoption dokumentieren. Es war deprimierend.

Während wir mit der Zusammenstellung der Unterlagen für unsere dritte Adoption in weniger als zwölf Monaten begannen, waren wir gleichzeitig damit beschäftigt, die abschließenden Adoptionspapiere für Nadja und Ana auszufüllen. Wir mußten mehrere Berichte über ihre Entwicklung und diverse Dokumente einreichen, um bei Gericht die offizielle Verleihung der US-Staatsbürgerschaft zu beantragen. Nadjas Gerichtstermin war am 9. August 1994.
Auf unsere übliche unorganisierte Art fanden wir erst in der Woche davor heraus, daß es noch weitere gerichtliche Dokumente gab, die wir ausfüllen mußten, bevor wir einem Richter unter die Augen traten. Ich fand diese wertvollen Papiere nach einer gründlichen Durchsuchung des Kellers. Mir blieb nur noch das Wochenende, um sie zu ordnen und sauber zu tippen. Wir holten unsere fertigen Gerichtsdokumente am

Montag abend ab und bemühten uns am Dienstag morgen, die Familie für unseren Gerichtstermin um 10 Uhr vormittags bereit zu machen. Noch während wir im Gericht warteten und ich mich bemühte, die Mädchen vom Zanken abzuhalten, füllte Casey ein letztes Formular aus!

Ana hatte Probleme mit der Sache. Sie schien besorgt und etwas verwirrt, warum wir dies für Nadja taten und für sie nicht. Wir erklärten Ana, daß ihr Tag im November käme, und versicherten ihr, daß sie immer unsere Tochter sein würde. »Wir brauchen keinen Richter, der uns sagt, daß du unsere Tochter bist; das wissen wir auch so. Das hier ist nur eine Formalität.«

Sie sah uns verständnislos an. Sie lernte gerade erst Englisch und hatte keine Ahnung, was eine Formalität ist.

Meghan war eifersüchtig, weil sie keinen speziellen Tag hatte, an dem sie offiziell anerkannt worden war. Wir erinnerten sie an ihre Taufe mit sechs Monaten. »Wir haben alle unsere Freunde eingeladen und deine Ankunft in unserer Familie mit einem ganz speziellen Fest gefeiert.«

»Also, ich kann mich daran jedenfalls nicht erinnern«, schmollte sie.

Nadja hatte andere Sorgen. »Bekomme ich eine Spritze?« fragte sie schließlich.

»Nein, Richter geben keine Spritzen«, antwortete Casey.

Neben unseren Versuchen, jedem alles zu erklären und unsere Papiere in Ordnung zu bringen, wollten wir diesen historischen Moment im Leben der Familie natürlich auch fotografisch festhalten. Die Gerichtsbeamtin war eine wunderbare Frau und hatte offenbar Freude daran, wenn Familien zum Adoptionstermin ins Gericht kamen. Sie sagte, wir könnten uns in dem riesigen, schwarzledernen Richtersessel fotografieren lassen. Meghan gefiel es außerordentlich, »über uns zu Gericht zu sitzen«, und wir mußten zugeben, daß sie sich in der Rolle gut machte. Nadja quengelte darüber, was sie tun

sollte, weil es ja ihr Gerichtstermin sei – und nebenbei, es war doch *ihr* Tag, wieso machten wir nicht alles so, wie *sie* es wollte? Ana wurde wütend, weil ich Nadja tröstete.
Das erste Bild zeigt Meghan in majestätischer Pose und mich mit einer verstörten Nadja im Arm, während ich versuche, in die Kamera zu lächeln. Ana ist nicht zu sehen, weil sie sich schmollend unter dem Richtertisch verkrochen hat, und Casey fehlt auch – er war immer noch dabei, das letzte Formular auszufüllen. Ein anderes Bild zeigt auch Casey und eine widerstrebende Ana (jetzt auf meinem Arm, so daß sie nicht entwischen kann). Nadja sieht jetzt glücklicher aus, dafür sieht Meghan finster drein, weil Ana sie »*so* angeguckt hat«! Auf einem weiteren Bild schließlich ist auch die lächelnde Gerichtsbeamtin zu sehen, die von Ana gerade befragt wird, warum sie eine Pistole hat und ob sie damit spielen könne. Ich sehe aus, als könnte ich eine Beruhigungspille und ein zweites Paar Arme gebrauchen.
Schließlich wurden wir ins Richterzimmer gerufen. Zum Glück war die Richterin an chaotische Eltern mit neugierigen Kindern gewöhnt. Sie verlas, was sie lesen mußte, und sagte, was sie sagen mußte, um dem Buchstaben des Gesetzes zu genügen. Sie fragte, ob die finanziellen Angaben, die wir in den Formularen gemacht hatten, zutreffend seien. Zu dem Zeitpunkt waren Casey und ich schon so desorientiert, daß wir nur noch nickten. »Ich kann nur fortfahren, wenn Sie mir laut antworten«, ermahnte sie uns. Wir sagten beide: »Ja«. Dann fragte sie, ob wir bereit seien, alle Rechte zu übernehmen – et cetera, et cetera, et cetera, während ich versuchte, die Kinder unter Kontrolle zu bringen – und gewillt seien, durch die Adoption unseres Kindes – et cetera, et cetera, et cetera –, und wir sagten laut und deutlich: »Ja!« Wir unterzeichneten die Papiere, die Richterin unterzeichnete die Papiere, ihre Assistentin machte ein Foto von uns, und dann waren wir fertig. Das Ganze hatte keine fünf Minuten gedauert.

»Nächstes Mal sind wir besser vorbereitet«, versprach ich der Richterin. »Wir kommen in ein paar Monaten zu Anas Termin wieder.« (Ich wollte unser Glück nicht überstrapazieren, indem ich Alesia erwähnte. Nach dieser Vorstellung würde die Richterin womöglich entscheiden, daß wir unmöglich noch ein weiteres Kind bändigen konnten.)
Als nächstes mußten wir nach unten gehen, um den Stempel des Urkundsbeamten abzuholen. Während wir hierfür anstanden, zogen und zerrten die Mädchen beständig an mir und versuchten, jede soviel Aufmerksamkeit wie möglich abzubekommen. Der Schuhputzer sprach uns an und fragte, ob wir zu einem Adoptionstermin hier seien. Er wollte meine Schuhe zur Feier des Tages umsonst putzen. Das klang gut, also zog ich meine Schuhe aus, und Meghan und Ana folgten ihm hinaus in die Eingangshalle.
Als wir an die Reihe kamen, durfte Nadja den Stempel des Urkundsbeamten auch auf eine spezielle Bescheinigung setzen, die die Richterin vorher unterschrieben hatte. Mit den anderen Formularen waren wir vielleicht etwas unorganisiert, aber dafür hatten wir unser eigenes kreiert – samt Nadjas Zeichnung unserer Familie mit Micky Maus. Es sah neben der Unterschrift der Richterin Platz für unsere Unterschriften vor, mit denen Nadja feierlich für immer und ewig in unserer Familie aufgenommen wurde. Als Meghan und Ana mit meinen frisch polierten Schuhen zurückkamen, unterzeichneten wir es alle und machten noch mehr Fotos von Nadja, wie sie stolz ihre einzigartige und hochoffizielle »Familienbescheinigung« hochhielt. Schließlich waren wir mit drei zappeligen, hungrigen und nörgelnden Schwestern wieder draußen vor der Tür.
Wir gingen in eine Eisdiele in einem schicken Innenstadt-Hotel. Für eine Eisdiele war die Aufmachung sehr elegant – weiße Leinenservietten und Porzellangedecke. Es gab noch etwas anfängliches Gezänk, aber sobald alle etwas im Magen

hatten, begannen wir, uns bestens zu amüsieren. Die nächsten dreißig Minuten waren wir die reinste Bilderbuchfamilie. Nachdem wir unserer Bedienung erzählt hatten, daß dies für uns ein besonderer Tag sei, spendierte sie uns eine Runde Eiscreme auf Kosten des Hauses. Nadjas Portion war sogar mit einer Kerze geschmückt, die sie mit großer Pose ausblies, wie es ihr als Heldin des Tages gebührte.

Während Casey und Ana das Auto holten, warteten Meghan, Nadja und ich auf der anderen Straßenseite an einem Springbrunnen, der aus lauter kleinen Fontänen bestand. Nadja zog Schuhe und Strümpfe aus und hatte einen Riesenspaß daran, um den Brunnen herumzuhüpfen, wobei sie vor Vergnügen kreischte und nicht im geringsten darauf achtete, ob sie naß wurde. Ich dachte an ihre ersten Wochen bei uns zurück, in denen sie niemals unbefangen genug gewesen wäre, um Schuhe und Strümpfe auszuziehen und in ihren guten Sachen zu spielen. Sie hatte große Fortschritte gemacht.

Und doch brach Nadja an diesem Abend kurz vor dem Schlafengehen in Tränen aus und war ganz untröstlich. Ich hielt sie lange im Arm, während sie weinte, und fragte sie, was ihr fehle. Zwischen ihren Schluchzern sagte sie: »Ich will nicht, daß es vorbei ist.« Ich fragte, was sie meinte. Sie sagte: »Ich werde nie wieder einen so schönen Tag haben. Ich will nicht, daß er vorbei ist.« Da erzählte ich ihr, daß Marnie am nächsten Tag mit ihnen schwimmen gehen wollte. »Wirklich?« schniefte sie. »Wir gehen schwimmen? Oh, super! Das wird toll!« Die Tränen waren vergessen. In wenigen Minuten war sie fest eingeschlafen.

Alle unsere Mädchen begeisterten sich fürs Schwimmen, aber bei Nadja war das nicht von Anfang an so. Meghan war schon seit einiger Zeit eine ausgezeichnete Schwimmerin. Ana war wie ein Fisch im Wasser, verfügte allerdings über mehr Mut als Technik. Nadja hatte, als sie zu uns kam, noch nie ein Gewässer gesehen, das größer war als ein Waschzuber. Kurz nach Anas Adoption entschieden wir, daß die beiden jüngeren Mädchen Schwimmunterricht bekommen sollten. Ich fand eine wunderbare Schwimmschule, die Kurse von Januar bis einschließlich Oktober anbot. Das Schwimmbecken war klein und in den Wintermonaten mit einem Kuppelzelt überdacht. Als wir am ersten Kurstag durch den Eingang des Zelts kamen, leuchteten Anas Augen vor Freude auf. Sie hatte ihr Lieblingselement wiedergefunden: das Wasser. Sie konnte es kaum abwarten. Ihre Begeisterung brachte mich zum Lachen; aber dann merkte ich, daß Nadja immer noch am Eingang stand. Ihre Augen glänzten ebenfalls – aber vor Panik. »Zuviel Wasser, Mama!« rief sie. »Zuviel Wasser hier.«

»Aber Nadja, das ist ein Schwimmbad; da muß soviel Wasser drin sein. Das ist ja gerade der Spaß dabei. Ihr könnt in diesem ganzen Wasser schwimmen und spielen. Ist das nicht toll?«

Sie sah mich zweifelnd an. »Ich weiß nicht«, sagte sie.

Während Ana lossauste, um ihre Schwimmlehrerin zu begrüßen, mußte Nadja mühevoll überredet werden, sich die Füße naß zu machen – im wahrsten Sinn des Wortes. Ihre erste Lektion bestand darin, sie zu überzeugen, daß es eine gute Idee sei, ihren Körper in »zuviel Wasser« einzutauchen. Zu sehen, wie Ana ausgelassen zur anderen Seite des Beckens paddelte, wirkte auf Nadja beruhigender, als meine Worte es je gekonnt hätten. Im Rückblick (da funktioniert mein Mutterinstinkt immer am besten) wünschte ich, ich hätte darauf bestanden, bei Nadjas ersten Schwimmstunden mit ihr ins Wasser zu gehen. Aber bei diesen Kursen war es üblich, nur die Mütter sehr kleiner Kinder mit ins Wasser zu schicken – eine Regel, die in den meisten Fällen sicher sinnvoll war. Aber sie war nicht für Kinder gemacht, die im Alter von sechs Jahren noch nie ein Schwimmbecken gesehen hatten –

für die selbst eine Badewanne eine recht neue Entdeckung war.
Es passierte bei Nadjas dritter Schwimmstunde. Sie spielte am flachen Ende des Beckens, wo sie gut stehen konnte. Anas Freispiel bestand aus Purzelbäumen unter Wasser, heftigem Wassertreten und Herumgespritze. Nadjas bestand darin, sich am Rand festzuhalten und Ana zuzusehen. Obwohl Nadja nicht besonders gern zu den Schwimmstunden ging, schien sie durchaus Spaß zu haben, wenn sie erst mal im Wasser war. Ich glaube, sie versuchte herauszufinden, warum Ana das Schwimmbecken so toll fand. Nadja wollte auf keinen Fall etwas verpassen, das Spaß machte. An diesem Tag zeigte sie mehr Selbstvertrauen, ließ den Beckenrand los und machte ein paar Schritte. »Bravo!« rief ich und klatschte. Nadja grinste. Obwohl sie hier gut stehen konnte, war das schon eine beachtliche Leistung. Ana stimmte in die Beifallsrufe ein. Nadja machte noch ein paar Schritte, wobei sie mich zustimmungheischend ansah. Plötzlich – vielleicht spritzte Ana zu sehr herum, vielleicht hatte sie einen größeren Schritt gemacht – glitt Nadja aus und sank vor meinen Augen langsam unter Wasser auf den Grund. »Steh auf«, rief ich, obwohl mir klar war, daß sie mich nicht hören konnte. »Warum steht sie denn nicht auf?« Sie verlor völlig die Orientierung und streckte in Zeitlupe die Hände aus, als ob sie festen Boden suche. Die Schwimmlehrerinnen waren mit der nächsten Kursgruppe im anderen Teil des Beckens. Sie waren nicht weit weg – aber auch nicht nah genug. Ich stand da und wartete immer noch darauf, daß Nadja *einfach aufstand.* »Holen Sie sie raus!« schrie eine andere Mutter. Und so sprang ich in meinen Jeans, meinem nicht waschfesten Pullover und meiner nagelneuen Wollweste ins hüfttiefe Wasser, um meine Tochter herauszufischen. Es war vielleicht nicht die heroischste aller Rettungen, aber Nadja wußte sie sehr zu schätzen. Sie sah zu mir auf und lächelte mich dankbar an. »War-

um hast du so lange gebraucht?« fragte sie gelassen. »Spielst du jetzt auch mit?«
»Ich schwimme eigentlich lieber im Badeanzug«, antwortete ich. Ich fühlte, wie mein Herz schnell und heftig gegen meine Rippen schlug und das Wasser in meinen Lederschuhen schwappte. »Ich muß jetzt wieder raus.«
»Halten Sie sie im Wasser«, sagte die Lehrerin. »Sie soll wissen, daß es nicht gefährlich ist. Ich borge Ihnen ein paar trokkene Sachen. Gut gemacht, Mrs. Conroy.«
Nadja bekam gerade so viel Schwimmunterricht, daß sie lernte sich ungefährdet im Wasser zu bewegen. Sie geht inzwischen gern zum Spielen ins Schwimmbad, bleibt aber immer noch lieber an dem Ende, wo sie die Fähigkeit einsetzen kann, die sie inzwischen perfekt beherrscht – in flachem Wasser wieder aufzustehen.
Einige Monate später fing Nadja mit Tanzunterricht an, was ihr ungeheuren Spaß macht. Sie erklärte mir einmal, daß sie gern »die ganze Zeit den Boden unter sich spürt«. Ich habe sie bisher noch nicht aus einem Grand Jeté oder einem Spagatsprung retten müssen. Das gefällt mir sehr gut an der Sache.

Als der September herannahte, wurde es für die Mädchen Zeit, zur Schule zu gehen. Es gelang uns, alle drei Kinder in der gleichen Grundschule anzumelden. Das bedeutete für Meghan, daß sie die Schule wechseln mußte, weil ihre bisherige Schule keine Eingangsklassen anbot. Wir wußten, daß ein Schulwechsel zusätzlich zu all den anderen Veränderungen nicht ganz einfach für sie war, hofften aber, die Pluspunkte – alle Mädchen zusammen an einer Schule, die noch dazu näher an zu Hause lag – würden die zusätzlichen Minuspunkte für Meghan wettmachen.
Am ersten Schultag waren alle unsere Mädchen nervös, Meghan noch mehr als Nadja und Ana. Sie vermißte ihre

Freunde von der alten Schule und machte sich Sorgen, daß sie in der neuen Schule nicht zurechtkommen würde. Ana schien es egal zu sein, was passieren würde – sie war zu jedem neuen Abenteuer bereit. Nadja war wie immer vorsichtig, aber willig zu tun, was man von ihr verlangte.

Casey und ich legten Wert darauf, unsere Kinder am ersten Schultag zu begleiten. Als Meghan in die erste Klasse kam und zum ersten Mal mit dem Schulbus fuhr, brachten Casey und ich sie zur Bushaltestelle, winkten ihr nach und rasten dann mit dem Auto zur Schule, um sie bei ihrer Ankunft zu begrüßen. Dann brachten wir sie zu ihrem Klassenzimmer. Wir begleiteten sowohl Nadja als auch Ana an ihrem ersten Tag in den Kindergarten. Als Nadja zum ersten Mal in den Kindergarten ging, gab ich mir besondere Mühe, ihr bei der Eingewöhnung zu helfen. Als Ana in den Kindergarten kam, hatte sie mich und Nadja zur Unterstützung. Aber diese Situation war anders. Wir hatten jetzt drei Kinder, für die etwas Neues anfing. Wie sollten wir das hinkriegen? Wir waren ja nur zu zweit.

Meghan wollte, daß wir ihr halfen, ihren Raum zu finden, wünschte aber nicht, mit ihren Eltern gesehen zu werden. Es ist gar nicht so einfach, hilfreich und gleichzeitig unsichtbar zu sein.

Nadja ging es gut, bis sie ins Klassenzimmer kam; dann wollte sie nicht, daß ich wegginge. Ich machte mir ebenfalls Sorgen um sie. Diese ganzen Erstklässler sahen so ... kompetent aus. Sie sahen aus, als könnten sie schon seit ihrem dritten Lebensjahr lesen – als sei die erste Klasse für sie alle nur eine Wiederholungsvorstellung. Sie begrüßten sich gegenseitig und setzten sich vergnügt ihrer neuen Lehrerin gegenüber. Nadja klammerte sich an mich und wollte nicht, daß ich irgendwo anders hinginge. Vielleicht hätten wir die Vorschule nicht überspringen sollen. Die Lehrerin war sehr verständnisvoll und erlaubte mir dazubleiben, bis Nadja sich sicher genug fühlte, um mich gehen zu lassen. Ich war stolz, daß meine wundervolle russische Tochter so gut Englisch sprach. Aber als die Lehrerin anfing, den Kindern etwas von Aufsichtsschülern, Essensgeld, Verspätungsscheinen und Anwesenheitspflicht zu erzählen, drehte sich Nadja zu mir um und sagte: »Ich höre die Wörter, die sie sagt, aber ich verstehe überhaupt nicht, wovon sie spricht!« Sie beugte sich angestrengt vor, um alles mitzubekommen, aber die ganzen Begriffe, die den anderen Kindern selbstverständlich erschienen, waren für sie völlig neu. Sie hatte gerade erst gelernt, ihren Namen zu schreiben, konnte ihn aber nicht erkennen, als sie ihr Namensschild heraussuchen sollte – wer hatte überhaupt je von einem *Namensschild* gehört? Sie sah mich an, als wollte sie mich fragen, warum um alles auf der Welt ich sie in eine so exotische Schule schickte. Bis vor zehn Monaten hatte sie das englische Alphabet nicht einmal gesehen. Jetzt kannte sie das ABC-Lied, konnte aber nur wenige Buchstaben für sich allein stehend erkennen, und dann bezeichnete sie sie als Zahlen. Das Herz tat mir weh, als ich sah, wie sie sich anstrengte zu verstehen, was von ihr erwartet wurde. Aber Nadja hatte große Fortschritte gemacht. Obwohl sie sichtlich durcheinander war, fiel sie nicht ins Schaukeln und Summen zurück. Statt dessen hielt sie durch und versuchte ihr Bestes.

Sie weinte, als ich ging. Ich auch, sobald ich aus dem Zimmer war. Ich hatte Schuldgefühle und fragte mich, ob wir einen schrecklichen Fehler gemacht hatten, sie nicht in die Vorschule zu schicken, aber Marge hatte uns gewarnt, daß Kinder, die man mit jüngeren Kindern zusammensteckt, nur deren Niveau erreichen. So hart es sein mochte, riet sie uns, sollten wir Nadja doch die Chance geben, mit ihren Altersgenossen zusammen zu lernen. »Tut so, als hättet ihr ein Jahr lang eine Austauschschülerin aus dem Ausland«, empfahl sie

uns. »Wenn es nicht klappt, kann sie später immer noch wechseln.«
Ich wußte, daß Marges Ratschlag auf handfesten Erfahrungen beruhte, aber das machte diesen ersten Tag um nichts leichter. An diesem Abend war Nadja sehr erschöpft. Herauszufinden, was von ihr erwartet wurde, kostete sie eine Menge Konzentration und Energie.
Anas Erfahrung war ganz anders. Sie war begeistert, ein neues Publikum zu haben. Wenn sie etwas nicht verstand, lächelte sie ihre Lehrerin einfach strahlend an. Aber als ich nachmittags zur Informationsveranstaltung in ihre Vorschule kam, wurde mir klar, daß Vorschulen nicht mehr das waren, was sie in meiner Kindheit gewesen waren. Keine Mittagsschläfchen und Kekse mehr. Die Kinder bekamen jeden Tag Hausaufgaben auf, und wir erhielten ein Informationsblatt, anhand dessen wir Anas schulische Voraussetzungen überprüfen sollten. Ana war ganz wild darauf, am nächsten Tag wieder hinzugehen. Wen interessierten schon Buchstaben und Zahlen? Ihr gefielen die Klettergerüste auf dem Pausenhof.
Als ich mit Ana abends den Vorschultest machte, ging mir erst auf, wie erstaunlich anpassungsfähig sie war. Es hatte so ausgesehen, als ob Ana spielend Englisch lernte. Doch jetzt erkannte ich, daß sie viel weniger Englisch verstand, als wir alle geglaubt hatten. Tatsächlich war Ana eine solche Meisterin der Anpassung, daß sie uns auf *allen* Gebieten ein viel größeres Wissen vorgemacht hatte, als sie eigentlich besaß. Wir hatten uns viel mehr Gedanken darum gemacht, ob Nadja schon weit genug war für die erste Klasse, weil wir bei ihr genau wußten, was *sie* verstand und was nicht. Sie versuchte nie zu verschleiern, daß sie etwas nicht kapierte. Ich fand jedoch bald heraus, daß Ana genauso viel, wenn nicht mehr von dem Grundwissen fehlte, das sie für ihre Altersgruppe brauchte.

»Was ist das für eine Farbe?« fragte ich und zeigte auf ihr leuchtendrotes T-Shirt.
»Grün«, antwortete sie.
Zählen konnte sie nur bis drei und auch das nur mit Hilfe. Sie konnte ihren Namen nicht schreiben, ihre Telefonnummer nicht aufsagen, und als ich ihr das Märchen von »Goldlöckchen und den drei Bären« vorlas, konnte sie mir nicht sagen, worum es in der Geschichte ging oder wer darin vorkam.
»Ana, wovon handelt die Geschichte, die ich dir gerade vorgelesen habe?«
Strahlendes Lächeln. »Ich weiß nicht.«
»Was glaubst du denn, worum es bei ›Goldlöckchen und den drei *Bären*‹ ging?«
Strahlendes Lächeln. »Ich weiß nicht.«
»Ging es um *Bären?*«
Strahlendes Lächeln. »Ja schon.«
»Ja, es ging um Bären. Wie viele Bären kommen denn in der Geschichte von Goldlöckchen und den *drei* Bären vor?«
Strahlendes Lächeln. »Ich weiß nicht.«
Ich kehrte zu den Farben zurück, aber die Antwort lautete immer: »Grün.«
Ana schien das alles gar nichts auszumachen. Da ich einfach mit einer anderen Frage weitermachte, war sie ganz zufrieden, ob ich sie nun korrigierte oder nicht. Wenn ich ihr die richtige Antwort sagte und sie dann noch einmal fragte, konnte sie mir immer noch keine Antwort geben. Ich war etwas beunruhigt. Macht mein Lächeln dich nicht glücklich, Mama? schien sie zu sagen. Ist das nicht genug?

Die Mädchen mußten sich an die regelmäßigen Hausaufgaben gewöhnen. Wir arbeiteten immer noch daran, so etwas wie eine allgemeine Familienroutine herzustellen. Ich wußte, wie sich die Mädchen fühlten. Allein das Ausfüllen sämtlicher Notfallformulare, das Absolvieren der erforderlichen

Impftermine und die Frage, wie um alles in der Welt ich es schaffen sollte, in allen Klassenzimmern auszuhelfen, erschienen mir wie eine kaum zu bewältigende Aufgabe. Gleichzeitig steckten wir natürlich bis über beide Ohren im laufenden Papierkram für Alesias Adoption und mußten die Dokumente für Anas endgültigen gerichtlichen Adoptionsbeschluß zusammentragen.

An einem Abend mußte Nadja als Hausaufgabe ihren Namen zehnmal schreiben. Das schien einfach. Aber Nadja war abends ohnehin schon völlig erschöpft. Nach einer halben Stunde harter Arbeit hatte sie ihren Namen erst dreimal geschrieben. Zum Glück war ihre Lehrerin sehr verständnisvoll und erklärte, von den Kindern der ersten Klasse werde nur das erwartet, was sie schaffen konnten. Das war eine Erleichterung, aber ich wollte nicht, daß Nadja das Gefühl bekam, den allgemeinen Anforderungen nicht zu genügen.

Ich brauchte mir keine Sorgen zu machen. Nadja war sehr stolz auf ihre Leistungen, viel stolzer als die meisten Kinder. Es machte ihr große Freude, ihrer Großmutter, ihrer Tante oder ihrem Onkel noch von den kleinsten Erfolgen zu berichten. Sie fragte sich nicht, ob sie besser oder genauso gut war wie die anderen Kinder. Als Nadja, eines Abends an ihren Hausaufgaben saß, sah sie mich an und sagte: »Ich bin wirklich schlau!«

»Oh ja, Nadja«, antwortete ich, »das bist du wirklich.« Es dauerte eine Zeit, bis sie sich dafür interessierte, wo sie im Klassenvergleich stand. Meghan hatte sich immer Gedanken darum gemacht, wie gut sie in der Schule war, obwohl wir uns sehr bemüht hatten, diesen Aspekt des Lernens nicht überzubewerten. Es war erfrischend, ein Kind zu erleben, das so unverdorben vom Konkurrenzdenken war. Nadja freute sich ehrlich für jeden, der gut in der Schule war, während andere Kinder Angst hatten, sie könnten dagegen dumm aussehen. Leider hat sie inzwischen viel von dieser Unschuld verloren. Auch in ihr Bewußtsein hat sich allmählich die Existenz einer gesellschaftlichen und schulischen Hackordnung eingeschlichen, aber was für ein Geschenk war ihre Naivität in diesem ersten Schuljahr für sie.

Gegen Ende Oktober wurde Anas Lehrerin und uns klar, daß Ana, obwohl ihr die Schule wirklich Spaß machte, noch nicht in die Vorschule gehörte. Sie war bezaubernd, sie war lieb zu den anderen Kindern, aber sie konnte nicht stillsitzen (sie konnte es wirklich nicht – sie konnte ihren Körper nicht länger als eine Minute am Stück in einer sitzenden Position halten). Anas Skelettmuskulatur und Konzentrationsfähigkeit mußten noch trainiert werden. Vorher war sie nicht in der Lage, den ihr vorgesetzten Stoff zu lernen.

Wir entschieden, für Ana sei es besser, noch ein weiteres Jahr in den Kindergarten zu gehen, wo sie in ihrem eigenen Tempo in einer Umgebung mit weniger Sitzzwang und mehr Kindern unterschiedlicher Voraussetzungen lernen konnte. Zum Glück unterstützten die Kindergartenerzieherinnen unsere Entscheidung und freuten sich, Ana wiederzusehen. Obwohl sie ihre Vorschullehrerin gern mochte, war Ana begeistert festzustellen, daß ihre »andere Schule wieder aufgemacht« hatte.

»Mach dir keine Sorgen«, sagte sie zu ihrer Vorschullehrerin. »Ich komme nächstes Jahr wieder.«

»Ich werde auf dich warten«, antwortete ihre Lehrerin mit einem Lächeln.

16. Kapitel

Zurück nach Rußland

6. November 1994
Zurück in Moskau – kaum zu glauben, daß wir erst vor einem Jahr hier waren, um Nadja zu adoptieren. Diese Reise ist in vieler Hinsicht anders, und doch kommt es uns vor, als wären wir erst vor einer Woche hiergewesen. Diesmal war ich vor der Abreise viel nervöser als das letzte Mal – ängstigte mich vor allem und jedem und erinnerte mich nur an die Schwierigkeiten der vorigen Reise. Aber sobald wir auf dem Weg zum Flughafen waren, erschien mir plötzlich alles ganz selbstverständlich, und seitdem bin ich ganz ruhig. Ich werde dieses Gefühl so lange wie möglich genießen.

Die Kinder gewöhnten sich in ihren Schulen bzw. Kindergärten ein, Marnie war wie immer unerschütterlich, unsere Firma ging gut, unser Leben begann, in ruhigeren Bahnen zu verlaufen: Zeit, ein neues Kind zu adoptieren. Ende Oktober erfuhren wir unseren Reisetermin. Am 4. November würden wir nach Rußland fliegen.
Wie gewöhnlich war unsere Abreise mit Chaos und Hetze verbunden. Obwohl ich uns für so gut vorbereitet hielt, war die Woche vor unserem Aufbruch nach Rußland absolut hektisch. Wir wußten bis zum Nachmittag vor unserer Abreise nicht, ob wir die endgültige Genehmigung der Einwanderungsbehörde rechtzeitig bekommen würden. Der zuständige

Sachbearbeiter teilte Casey schließlich mit, er habe die Adoptionsgenehmigung am selben Tag telegraphisch durchgegeben, werde sie aber wieder zurückziehen, falls für die letzten sechs Monate noch irgendwelche strafbaren Handlungen herauskämen. Darum machte ich mir keine Sorgen: Wer hat mit drei Kindern und einer expandierenden Firma schon Zeit für eine Verbrecherkarriere?!

Am Freitagabend kamen Freunde, um uns mit Care-Paketen zu versorgen: Sonnenblumenkerne, Granola und Vollwert-Knabbereien für Casey, Schokolade für mich.

Um 10 Uhr abends hatten wir unsere letzten Telefonanrufe getätigt, die Mädchen ins Bett gebracht (Meghan vergoß viele Tränen) und versuchten, mit dem Packen fertigzuwerden, als plötzlich alle Lichter trüb wurden. Minuten später hatten wir überhaupt keinen Strom mehr. Wir packten im Dunkeln im Schein von Taschenlampen weiter.

Caseys Schwester brachte uns um 6 Uhr morgens zum Flughafen. Vor der Abfahrt weckten wir Ana und Nadja, um uns zu verabschieden und ihre Umarmungen und »schmatzenden« Küsse entgegenzunehmen. Wir hatten uns in den vergangenen Wochen bemüht, sie möglichst gut auf unsere Abwesenheit vorzubereiten, aber es war soviel anderes los – Schulbeginn, neue Freundschaften, Halloween, die Ankunft von Großmama Lois, die sich um sie kümmern würde –, daß sie eigentlich noch gar keine Zeit gehabt hatten, sich Gedanken über ihre neue Schwester zu machen. Nadja schien es als gegeben hinzunehmen, daß Casey und ich im Sechsmonatsrhythmus neue Kinder adoptierten. Ana hatte Schwierigkeiten zu verstehen, was überhaupt los war. Das lag teils daran, daß es ihre erste Erfahrung dieser Art war, teils aber auch daran, daß sie immer noch von Zweifeln geplagt wurde, wie lange wir wohl ihre Eltern bleiben würden. Wir versicherten ihnen, daß wir sobald wie möglich zurückkommen würden, und versuchten, die ganze Angelegenheit möglichst fröhlich darzustellen. Daß unser

Abschied so früh morgens stattfand, half, keine Panik aufkommen zu lassen. Sie waren schon wieder eingeschlafen, bevor wir aus dem Zimmer waren. Meghan hingegen wollte mit zum Flughafen kommen, und ich hielt sie den ganzen Weg auf dem Rücksitz in meinen Armen.

Unser Flug nach Moskau kam mir viel kürzer vor als beim letzten Mal. Ungefähr zu wissen, was uns bevorstand, nahm unserer neuerlichen Adoptionsreise einiges von ihrem Schrekken. Da wir mit der russischen Zollabfertigung bereits vertraut waren, brachten wir sie bis auf einen kleinen Patzer fast reibungslos hinter uns. Casey hatte angegeben, Antiallergika einzuführen, und der Zollbeamte wollte nun wissen, warum er Drogen ins Land bringe. Casey lieferte ihm eine pantomimische Darstellung von Niesen und diversen anderen allergischen Symptomen, woraufhin er sich ausführlich mit einem Kollegen beriet und schließlich mit verdrießlichem Gesicht sagte: »Schreiben Sie einfach nichts über Drogen!«

Wir wurden von Natascha abgeholt, die uns mit Umarmungen und Anekdoten überhäufte. Sie konnte gar nicht glauben, daß wir schon wieder da waren, um ein weiteres Kind abzuholen (wir mußten uns selbst noch an die Vorstellung gewöhnen).

Unser Fahrer, Andrej, war zugleich unser Gastgeber. Er lebte zusammen mit seiner Frau, seiner Schwiegermutter und seinem vierjährigen Sohn in einer Drei-Zimmer-Wohnung. Der Junge war am Anfang sehr scheu, taute aber am späteren Nachmittag, als man uns stolz alle seine Babyfotos zeigte, allmählich auf.

Da wir erst am nächsten Tag zu Alesias Kinderheim in Jekaterinburg, Sibirien, weiterreisen konnten, nutzten wir die Gelegenheit, etwas von Moskau zu sehen. Wir besuchten den Roten Platz. Wir besichtigten eine Kirche, in der wir eine Kerze für Caseys Großmutter Bertoli anzündeten. Wir machten einen Rundgang durch die Basiliuskathedrale, sahen die ewige Flamme für die Soldaten des Zweiten Weltkriegs und flanierten am Kreml vorbei. Zu dem Zeitpunkt waren wir beide bereits völlig erschöpft und verfroren. Wir waren aus San Jose bei milden 25 Grad abgeflogen; hier in Moskau lagen die Temperaturen bei schneidendem Nordwind um die -18 Grad. Ich wollte gar nicht darüber nachdenken, wie kalt es in Sibirien sein würde.

Nach dem Abendessen tranken wir auf die Freundschaft, auf unser neuestes Kind, auf Rußland, auf die Vereinigten Staaten und auf das Leben im allgemeinen. Andrej neckte uns, daß wir uns keine Sorgen um das Dolmetschen zwischen Englisch und Russisch machen müßten, wenn wir nur so weiter tranken!

Am nächsten Morgen wurden uns weichgekochte Eier, Salami, Käse, Brot und Tee zum Frühstück serviert. Casey und ich waren heilfroh, daß wir am Vorabend am Wodka nur »genippt« hatten. Wir verteilten Geschenke – einen Taschenrechner, einen Lippenstift mit Etui, ein besticktes Handtuch und für Andrejs Sohn etwas Kaugummi und ein Seifenblasenfläschchen. Wann immer ich einem Russen ein Geschenk machte, hätte ich nicht sagen können, ob es ihm gefiel oder ob es ihn überhaupt interessierte, was es war. Ich fragte mich, ob es eine Sache der Mentalität war, oder ob wir mit unseren Geschenken immer so daneben lagen. Später erzählte mir Diana, daß Russen grundsätzlich kein besonderes Aufheben um Geschenke machen, sondern sie still und ohne großen Kommentar entgegennehmen. Oft, sagte sie, öffnen sie Geschenke erst, nachdem der Geber gegangen ist. Kein Wunder, daß unsere russischen Freunde immer etwas erstaunt schienen, wenn sie uns ein Geschenk gaben und wir es sofort öffneten, ihnen erzählten, wie wunderbar wir es fanden und wie wir es in unserem Haushalt verwenden würden, und sie zum Dank herzlich umarmten.

Morgens, auf dem Weg zum Flughafen, unterhielt uns Nata-

scha mit Geschichten über die Adoptionen des vergangenen Jahrs. Ich fand es interessant, etwas über die russische Seite der Adoptionen zu hören, die ich in den USA betreut hatte.
Unser Flug ging von einem Flughafen außerhalb Moskaus, den wir bei unserer vorigen Reise nicht zu Gesicht bekommen hatten. Offenbar hat Moskau vier verschiedene Flughäfen – je nachdem, wo man hin will. Wir warteten draußen im eisigen Wind zwanzig Minuten auf einen Transferbus zum Hauptterminal. Schließlich gaben wir auf und beschlossen, zu Fuß zu gehen. Meine Wintersachen waren der Kälte einigermaßen gewachsen – bis auf die Stiefel. Die waren mehr auf kalifornisches Wetter zugeschnitten und entsprechend dünn. Ich schwor mir, von jetzt ab die von einer Freundin geliehenen gefütterten Wanderstiefel mit dicken Wollsocken zu tragen. Aber vorläufig wanderte die Kälte von meinen Füßen durch meinen ganzen Körper und setzte sich in meinen Knochen fest. Meine Muskeln taten weh vom Zittern. Während des Wartens war es uns für eine Unterhaltung zu kalt und so schweiften meine Gedanken ab, hauptsächlich zu Szenen aus *Doktor Schiwago*.
Da es einen gewissen Schutz vor der Kälte bot, sah dieses Aeroflot-Flugzeug in meinen Augen viel besser aus als das vorige, mit dem wir geflogen waren. Das Flugzeug war alt und im Inneren genauso heruntergekommen, wie ich es in Erinnerung hatte, aber dank unserer früheren Erfahrungen hatte ich diesmal nicht halb soviel Angst. Ach ja, wir waren schon alterfahrene Reisende.
Nach der Landung lernten wir Leda, unsere neue Dolmetscherin, kennen. Während wir auf unser Gepäck warteten, erzählte sie uns, unsere Unterlagen seien fast fertig und wir könnten Alesia am nächsten Tag sehen. Ich hätte sie zwar lieber sofort gesehen, doch da ich diese Routine von unseren vorigen Adoptionen bereits kannte, war meine Enttäuschung nicht so groß, wie sie hätte sein können – ich wußte, worauf

ich gefaßt sein mußte. Wir sollten in einer leerstehenden Wohnung untergebracht werden, an der die Besitzer festhielten, bis ihr Sohn mit seiner Familie einziehen konnte. Eine Frau namens Natalja würde kommen, um für uns zu kochen. Eine Wohnung für uns allein. Hurra.

Unterwegs erzählte uns Leda von ihrer Begegnung mit Alesia. »Sie ist ein sehr *dynamisches* Mädchen, das immerzu lächelt«, berichtete sie. Wie kam es, daß jeder, der uns Alesia beschrieb, das Wort »dynamisch« verwendete und es mit einem Lachen und einem kleinen Kopfschütteln begleitete? Wir blieben einen Augenblick still. Dann sahen Casey und ich uns an und sagten einstimmig: »Aber es kann nicht schlimmer werden als mit Ana.«

Dann verstummten wir wieder, eine Pause, die zu bedenken gab: Oder doch?

»Sie ist sehr intelligent und sowohl körperlich als auch charakterlich sehr stark«, fuhr Leda fort, aber Casey und ich grübelten immer noch über die genaue Bedeutung des Wortes »dynamisch«.

Natalja war sehr nervös, weil sie zum ersten Mal eine amerikanische Familie bekochte und außerdem kein Englisch sprach. Die Aussicht, zwei Amerikaner füttern zu müssen, versetzte sie in Panik. Würden wir das Essen mögen? Würden die Mengen reichen, um uns satt zu machen? Auch das war uns bereits vertraut.

Es war eine sehr gemütliche Wohnung mit Küche, Badezimmer und zwei Zimmern. Natalja entschuldigte sich für die alten Möbel – alles wunderschöne Antiquitäten aus dunkel glänzendem Holz. Wir versicherten ihr, solche Möbel seien in Amerika sehr beliebt und wertvoll. Sie schnaubte und schüttelte ungläubig den Kopf, als wolle sie sagen: Warum sollte jemand so alte Sachen mögen? Laken und Kopfkissenbezüge, von Nataljas Mutter genäht, die bis zu ihrem Tod hier gewohnt hatte, waren mit kunstvoller Spitze, Schiffchenarbeit und Häkeleinsätzen verziert. Sie waren von außerordentlicher Schönheit, aber Natalja konnte sich nicht vorstellen, warum wir Dinge bewunderten, die von Hand gefertigt und nicht im Laden gekauft waren.

Am Abend, nachdem Natalja gegangen war, sahen wir uns nach unseren Schlafgelegenheiten um. Unsere Freude über die eigene Wohnung erhielt einen erheblichen Dämpfer, als wir feststellten, daß es nur ein schmales Bett in einem Raum und eine noch schmalere Klappliege im Wohnzimmer gab.

»Na ja, wenigsten können wir noch ein Weilchen plaudern, bevor wir uns in unsere getrennten Betten zurückziehen«, sagte ich, auf der Kante der Liege sitzend. Wir sprachen über unsere Sorgen, wie wir mit einer »dynamischen« Zweieinhalbjährigen fertigwerden sollten. In den letzten Monaten hatte ich gezögert, meine Befürchtungen laut zu äußern. Ich wollte nicht, daß Casey seine Meinung in bezug auf Alesia änderte; ich hatte Angst, daß wir die Adoption nicht durchziehen würden, falls ich irgendeine Unsicherheit erkennen ließ. Außerdem waren wir nach der grundsätzlichen Entscheidung so damit beschäftigt, alles für Alesia vorzubereiten, daß keine Zeit blieb, irgend etwas außer der Planung für den jeweils nächsten Tag zu besprechen. Jetzt, da nur wenige Kilometer und Stunden uns von unserer ersten Begegnung mit ihr trennten, fühlte ich mich endlich sicher genug, um mir meine Sorgen von der Seele zu reden. Ich stellte fest, daß man *völlig* sicher sein kann, den richtigen Weg gewählt zu haben, und trotzdem Angst vor der eingeschlagenen Richtung haben kann.

Ich fand es interessant, daß wir uns überhaupt keine Sorgen um den Umgang mit Alesias Behinderungen machten. Abgesehen von unserer Hoffnung, daß wir ihr die richtige Art Schuhe mitgebracht hatten, verschwendeten wir an ihre körperlichen Probleme keinen Gedanken. Uns beide schreckte eher die Aussicht, ein agiles Kleinkind in der Familie zu haben. Wie konnte eine Zweijährige soviel Beklommenheit auslösen? Von besonderen körperlichen und emotionalen Problemen einmal abgesehen, muß man jedes zweijährige Kind ständig herumtragen, einfangen und im Auge behalten. »Dynamische« Zweijährige sitzen nie still und sagen zwar gerne »nein«, hören das Wort selber aber nicht so gern. Casey wirkte erleichtert, als er hörte, daß auch ich solche Ängste hatte, obwohl ich mich so sehr zu diesem Kind hingezogen fühlte. Es hatte ihn tatsächlich belastet, mich so sicher und zuversichtlich zu sehen. Der Gedanke, daß er sich als einziger Sorgen machte, hatte ihn beunruhigt. Jetzt, da er wußte, daß ich seine Bedenken teilte, fühlte er sich gleich viel besser. Wir umarmten uns, und ich staunte darüber, daß das Eingeständnis unserer Ängste uns noch enger zusammengebracht hatte.

Casey erzählte mir leise und ehrfurchtsvoll, er habe das Gefühl, daß Alesia nicht nur unserer Familie, sondern der Welt insgesamt ihren Stempel aufdrücken würde. Er wußte nicht genau, wie oder wann, aber er spürte es ganz eindringlich. Wir waren gemeinsam entschlossen, unserem Herzen zu folgen, und wußten, auch ohne sie je leibhaftig gesehen zu haben, daß Alesia schon jetzt unser Kind war. Irgendwie hegten wir den festen Glauben, daß diese Adoption vom Schicksal gewollt war.

In diesem kleinen, warmen Apartment in Jekaterinburg, mitten in der Nacht, während der kalte, sibirische Wind draußen ums Haus pfiff, gestanden wir uns ein, daß die Annahme dieses Kindes uns harte Arbeit, Anpassungsbereitschaft, Kosten und Mühen abverlangen würde. Segen und Fluch unserer Erfahrung war es, daß wir wußten, wie hart es sein würde, aber auch, welch unglaubliche Glücksmomente uns erwarteten. Wir konnten es kaum erwarten, sie kennenzulernen, aber wir gönnten uns eine letzte Nacht des Philosophierens über das Unbekannte.

17. Kapitel

Begegnung mit Alesia

Aufklärungsblatt zu gesundheitlichen Risiken, November 1994

Ich/wir bestätige(n), vollständig über die mit einer Auslandsadoption verbundenen Risiken infolge unbekannter leiblicher Eltern und sonstiger Informationsmängel oder unzuverlässiger Untersuchungsergebnisse aufgeklärt worden zu sein. Diese(s) Kind(er) wurde(n) uns in der Erwartung eines guten Gesundheitszustands auf der Grundlage der verfügbaren Untersuchungsergebnisse und Informationen vermittelt ... Wir erkennen hiermit die medizinischen Grundsätze des ... an und verzichten auf jede Haftbarmachung für Krankheiten und Gesundheitsstörungen, die nicht zuverlässig diagnostiziert werden können.

Die Begegnung mit Alesia war eine außergewöhnliche Erfahrung. Obwohl ich eine solche Begegnung innerhalb eines Jahres nun schon zweimal erlebt hatte, war ich in mancher Hinsicht immer noch eine nervöse »Erstgebärende«. Wir fuhren bis zum Tor eines von großen Wohnblocks umgebenen Gebäudes. Schnee bedeckte den kleinen Hof; hier und da ragten Spielgeräte aus niedrigeren Schneewehen.
Wir wurden in das Büro der Direktorin geführt und zu unserer Überraschung mit einer Betreuerin und – einem Videofil-

mer – bekannt gemacht. Anstatt uns mit Alesia selbst bekanntzumachen, sollten wir uns ein Video von ihr ansehen. Das Kind auf dem Fernsehschirm hatte vage Ähnlichkeit mit unseren Fotos von Alesia. Sie wurde von einer Frau auf dem Arm gehalten, dann abgesetzt und begann sofort davonzustapfen, wurde aber jedesmal wieder umgedreht und zurückgebracht. Sie begann zu weinen; offenbar hatte sie Angst vor dem Kameramann. Danach sahen wir nur noch Großaufnahmen ihrer fehlenden Finger und des mißgebildeten Fußes. Das Ausmaß von Alesias Fehlbildungen und ihre Lungenkapazität wurden uns sehr detailliert und in Farbe vorgeführt. Es war zum Verrücktwerden, ein Video von ihr anzusehen, während ich wußte, daß sie irgendwo in diesem Gebäude auf uns wartete. Ich möchte sie einfach nur leibhaftig sehen, hätte ich ihnen gern gesagt, aber aus irgendeinem Grunde war es ihnen sehr wichtig, daß wir uns zuerst das Video anschauten. An diesem Punkt wußten wir schon, daß es besser war, unsere Gastgeber nicht vor den Kopf zu stoßen.
Endlich begleitete man uns in ein Spielzimmer, wo Alesia wartete. Da stand sie in einem hübschen rosa Kleidchen, dessen gesmoktes Vorderteil mit den Worten »I love Mummy« bestickt war. Es waren noch mehr Leute da, aber ich nahm sie überhaupt nicht wahr. Ich sah nur meine Tochter.
Ich starrte sie an. Sie starrte zurück. Ihre großen braunen Augen sagten: Ich kenne dich. Du bist meine Mutter. Ich erkannte sie auch. Ich hatte sie immer schon gekannt. Es fühlte sich an, als müßte mein Herz vor Freude bersten. Ich kniete mich hin, sie kam in meine Arme und ich hielt sie fest, während diese Spannung uns beide durchströmte. Obwohl ich mich bemühte, keine Vergleiche zwischen den »Erstbegegnungen« anzustellen, fiel mir auf, daß Alesia nicht so demonstrativ anhänglich war wie Ana. Aber sie hatte im Gegensatz zu Nadja auch keine Angst vor uns. Alesia benahm sich uns gegenüber von dem Augenblick an, in

dem wir den Raum betraten, völlig unbefangen und wollte uns alles in ihrem Reich zeigen. Casey und ich verbrachten die nächste halbe Stunde damit, mit ihr zu spielen. Dann, viel zu rasch, wurde sie fortgebracht, um etwas anderes anzuziehen und zu ihrer Gruppe zurückzukehren. (Das Kleid war Gemeinschaftseigentum und wurde nur zu Besuchen neuer Eltern getragen. Zwischen den Adoptionsbesuchen wurde es sorgfältig in einer mit Seidenpapier ausgelegten Schachtel aufbewahrt.)

In Alesias Altersgruppe waren nur noch Jungen; die Mädchen waren schon alle adoptiert worden. Meine Erfahrung lehrte mich, daß Jungen viel schwerer zu vermitteln sind als Mädchen, besonders Jungen über zwei Jahre. Ich bin nie so recht dahintergekommen, warum das so ist. Vielleicht ist der Charakter eines unbekannten Jungen beängstigender als der eines unbekannten Mädchens. Ein Mann meinte einmal, es läge sicher daran, daß meist die Frauen die treibende Kraft der Adoption seien und sie ihr »kleines Mädchen« haben wollten. Uns war es passender erschienen, ein Mädchen zu adoptieren, weil sie ein Zimmer mit Meghan teilen würde. Und nach Nadja schienen sich die anderen Adoptionen einfach so zu ergeben.

Ein Junge sah mich an und fragte: »Kannst du mir eine Mutter mitbringen?« Ich hatte gehofft, diese Frage nie wieder hören zu müssen – sie versetzte mir jedesmal einen heftigen Stich. Dieser Junge würde vermutlich nie adoptiert werden, erfuhren wir, weil sein Vater im Gefängnis saß und sich weigerte, die Papiere zur Adoptionsfreigabe zu unterzeichnen. Die gewaltige Aufgabe, ein Zuhause für alle bedürftigen Kinder zu finden, gibt einem oft ein schreckliches Gefühl der Hilflosigkeit. Auf jedes Kind, das adoptiert wird, kommen Hunderte, vielleicht Tausende, die zurückbleiben. Das kann abstumpfend wirken. Wenn man sich mit der Geschichte eines Kindes befaßt – und sei es auch nur flüchtig –, wird das

Kind real. Man hätte die Möglichkeit, ihm oder ihr zu helfen. Braucht *dieses* Kind mich dringender als *jenes* Kind? Was passiert mit dem Kind, das zurückbleibt?
Wir nahmen Alesia an diesem Tag noch nicht mit. Wir sollten am nächsten Tag zu einem weiteren Besuch kommen; dann würden wir Alesia mitnehmen können. Obwohl es Casey und mir schwer fiel, ihr auf Wiedersehen zu sagen, wußten wir aus unserer Erfahrung mit Nadja, daß dies wesentlich besser war, als sie sofort nach der ersten Begegnung aus der gewohnten Umgebung zu reißen. Alesia umarmte uns beide fest, schien sich aber sonst keine großen Gedanken zu machen.
Selbst bei dieser kurzen Begegnung konnten wir erkennen, daß Alesia die Anführerin ihrer Gruppe war. Und im Gegensatz zu der Erfahrung mit Nadja schienen die Betreuerinnen hier in Alesia vernarrt und ließen ihr mehr Freiraum, als wir es bisher erlebt hatten. (Dies allerdings an den Maßstäben russischer Kinderheime gemessen und nicht mit Laxheit zu verwechseln.) Wir erfuhren, daß die Betreuerinnen Alesia oft mit ins Personalzimmer nahmen, wo sie mit ihren Haarbürsten und Lippenstiften spielte und ihnen Gesellschaft leistete, während sie sich nach ihrer Schicht fertigmachten, um nach Hause zu gehen.

Am nächsten Tag spielten die Kinder im Freien, als wir ankamen. Selbst bei bitterer Kälte werden die Kinder zum Spielen nach draußen geschickt. (Wenn sie auf warmes Wetter warten würden, kämen sie kaum je an die Luft.) Sie waren so dick eingepackt, daß wir Alesia nicht entdeckten. Nur die Augen guckten aus den dicken Woll- und Stoffbündeln heraus. Ein Junge fiel hin und war in seiner Winterkleidung so unbeholfen, daß er nicht wieder aufstehen konnte. »Helft mir«, quietschte er auf Russisch. Eine Betreuerin lief zu ihm und stellte ihn wieder auf die Füße, und sofort stapfte er von dannen, um sich seinen Freunden anzuschließen. Ich weiß nicht, wie sie die Treppen zu ihrem Klassenzimmer hinaufkamen, als sie nach drinnen gingen. Dort wurden sie aus den ganzen Kleidungsschichten geschält und auf ihre Töpfchen gesetzt. Als alle fertig waren, wuschen sie sich die Hände und setzten sich zu ihrem Mittagessen aus Suppe und Brot. Alesia sah immer wieder zu uns herüber und schlang ihr Essen so schnell wie möglich in sich hinein – sie wollte keinesfalls etwas verpassen. Nach dem Essen gingen die Jungen zum Nachmittagsschläfchen in den Schlafraum.

Als alle Jungen im Bett lagen, ging Alesia zu ihnen, um sich zu verabschieden. Sie ging zu dem ersten Jungen und umarmte ihn fest. Dann begann sie auf Russisch auf ihn einzureden und drohte ihm mit dem Zeigefinger. Schließlich gab sie ihm zu unserer Bestürzung einen kräftigen Klaps auf den Kopf. Der Junge zuckte zusammen, wehrte sich aber nicht. Dann lächelte er sie an, und sie lächelte zurück. Die Betreuerinnen schien dieses Verhalten völlig kaltzulassen. Tatsächlich wiederholte Alesia dieses Abschiedsritual bei jedem einzelnen Kind: eine Umarmung, eine Ermahnung und ein Klaps auf den Kopf. Dann marschierte sie aus dem Raum, ohne sich noch einmal umzusehen – sie war aufbruchbereit. Die Betreuerinnen ihrerseits sahen betrübt aus, als sie sich aufstellten, um sich von Alesia zum Abschied umarmen zu lassen. Offensichtlich war sie wirklich ihr besonderer Liebling.

Wir zogen Alesia ihre neuen Sachen an und verteilten unsere Geschenke. Wie es in diesem Kinderheim üblich war, hatte Leda Sekt und Schokolade mitgebracht, und wir tranken auf Alesias glückliche Zukunft. Man überreichte uns die Aktie eines örtlichen Unternehmens, die Alesia bei ihrer Aufnahme ins Kinderheim von der Regierung erhalten hatte. Ob sie etwas wert war, konnten man uns nicht sagen, aber wer weiß?

Casey und ich können kaum erwarten, daß sie alt genug wird, um zu erfahren, daß sie Aktionärin eines Unternehmens in Sibirien ist.

Als wir zurück in die Wohnung kamen, legte ich Alesia zu einem Nachmittagsschläfchen ins Kinderbett. Natalja saß am Küchentisch und weinte leise vor sich hin. Sie tat mir leid, und ich machte ihr Zeichen, mit mir ins Schlafzimmer zu kommen, wo wir beide schweigend die schlafende Alesia betrachteten. Natalja liefen die Tränen übers Gesicht, und ich umarmte sie. Sie nahm das russisch-englische Wörterbuch und führte mich in das andere Zimmer, während sie immer noch vor sich hinschniefte. Sie versuchte, die Wörter zu finden, die sie mir vermitteln wollte, doch es gelang ihr nicht. Ihre starken Gefühle schienen den ganzen Raum zu erfüllen, und ich fragte mich, was eine solche Reaktion ausgelöst hatte. Dachte sie an ein anderes kleines Kind? Hatte sie ein Kind verloren? Hatte sie selbst ein Kind weggegeben? War sie traurig, daß Amerikaner ein russisches Kind mitnehmen wollten? Ich begann ebenfalls zu weinen. »Ich werde gut auf sie aufpassen«, sagte ich auf Englisch, obwohl ich wußte, daß sie meine Worte nicht verstehen konnte.

Dann begann sie auf Russisch mit mir zu sprechen, während wir beide weinten. Ich saß und hörte zu und versuchte, ihre Gefühle zu verstehen, da ich ihre Worte nicht verstehen konnte. Nachdem sie lange auf mich eingeredet hatte, schlug sie ein Wort nach und zeigte es mir – das Wort »Verantwortung«. Sie schien mir sagen zu wollen, daß Alesia eine große Verantwortung bedeute und daß ich ihr eine gute Mutter sein müsse. Ich müsse die Verantwortung verstehen, die dieses Kind mit sich bringe!

Ich zeigte ihr das Wort »besonders« und sagte: »Alesia ist ein besonderes Kind.« Sie stimmte mir zu. Ich zeigte ihr das Wort »glücklich« und zeigte auf mich selbst. Ich zeigte ihr

das Wort »vergessen« und sagte ihr, daß Alesia Rußland bestimmt nicht vergessen würde. Natalja schien darüber froh, und ich glaube, sie sagte mir, daß Nadja helfen würde, die Verbindung aufrechtzuerhalten, daß die beiden einander helfen würden. Wir weinten noch etwas, und ich sagte ihr in meinem gebrochenen Russisch, ich hätte Alesia sehr lieb. Schließlich holte ich mir einige Papiertücher, und sie holte ein Taschentuch heraus, und wir bemühten uns, unsere Augen zu trocknen. »*Charascho babuschka*«, sagte ich zu ihr. »Sie werden einmal eine gute Großmutter.«
Später erzählte uns Leda, daß sich Natalja wie eine Taufpatin fühle, die ein Kind in die Welt hinausschicke – sie war glücklich für das Kind, war aber gleichzeitig sehr traurig und empfand ein Gefühl des Verlusts. Ich fühle mich immer noch geehrt, daß Natalja gewillt war, so tiefe Empfindungen mit mir zu teilen, einer Fremden aus einem fernen Land.

Auch wenn er bald durch unseren Flug von Moskau zurück in die Staaten in den Schatten gestellt werden sollte, war der Rückflug von Jekaterinburg die schlimmste Flugreise, die ich bis dahin erlebt hatte. Alesia wußte nicht, was los war, und hatte natürlich noch nie in einem Flugzeug gesessen. Sie legte nicht die Ehrfurcht und Neugier an den Tag, die Nadja und Ana gezeigt hatten. Sie wollte nur auf eigene Faust herausfinden, was ein Flugzeug war. Sie verstand nicht, warum sie auf meinem Schoß bleiben sollte. Ihre Begeisterung, mich zur Mutter zu haben, war bereits Geschichte. Als wir schließlich in der Luft waren, tat sie das, was Zweijährige unter einer solchen Belastung gemeinhin tun: Sie machte in die Hose. Und das war kein normaler Haufen, das waren Absonderungen eines Gedärms, das große Veränderungen durchlebte. Waren wir von allen guten Geistern verlassen? Warum hatten wir nicht daran gedacht, Sachen zum Wechseln ins Handgepäck zu tun? Sobald ich konnte, ging ich mit ihr in die winzige Toilette, um sie etwas zu säubern. Die Toilettenpapierrolle war leer. Meine kleinen Erfrischungstücher waren dieser Bescherung nicht gewachsen. Ich verteilte, mehr von der Bescherung auf mir selbst, als ich los wurde. Dies war auch für Alesia keine angenehme Erfahrung, und sie tat ihr Unbehagen lautstark kund. Casey und ich bemühten uns abwechselnd nach besten Kräften, sie zu trösten und zu beruhigen. Den Rest des Fluges hielten sich Flugpersonal und Mitpassagiere von uns fern. Die Toiletten des Moskauer Flughafens waren mir noch nie so prachtvoll erschienen wie nach unserer Landung, als ich mit Alesia hineinging und ein paar frische Sachen aus unseren Taschen zerrte. Pracht ist relativ.

Die nächsten Tage verbrachten wir wieder bei Andrej und seiner Familie, füllten Formulare aus und gingen mit Alesia zur ärztlichen Untersuchung. Jetzt kam ich auch endlich dazu, mir ihre Hand und ihren Fuß genauer anzusehen. Der einzige ganze Finger an ihrer rechten Hand war der kleine Finger, und dieser hatte ein straff gespanntes Stück Haut um die Fingerwurzel, das aussah, als hätte man es mehrfach mit einem Gummiband umwickelt. Sie hatte einen Daumenstumpf und einen Ringfingerstummel, aber da, wo die anderen Finger hätten sein sollen, waren nur kleine Höcker. Es sah aus, als ob die Finger gleich unter der Haut verborgen lägen und hervorspringen würden, wenn man ihre Hand etwas drückte. Ich stellte auch fest, daß nicht nur ihr linker Fuß mißgebildet war – klein, deformiert, von verkrusteten Schwielen überzogen und ohne richtiges Fußgelenk –, sondern daß auch ihr rechter Fuß nur zwei Zehen hatte: die beiden äußersten. Ich betrachtete eine breite, wulstige Narbe, die im Zickzack um ihren linken Unterschenkel verlief und, wie uns die Direktorin des Kinderheims mitgeteilt hatte, von einer Operation herrührte, die zwecks besserer Durchblutung des Fußes durchgeführt worden war.

Ich muß zugeben, daß es mir am Anfang jedesmal kalt den Rücken runter lief, wenn ich Alesias Hände und Füße ansah. Weil sie so ungewohnt aussahen, hatte ich das Gefühl, sie müßten sie stören, ihr vielleicht sogar wehtun. Es war für mich schwer vorstellbar, daß etwas, das für mich so merkwürdig aussah, sich für sie richtig anfühlte. Wenn man beobachtete, wie sie mit Gegenständen, Spielzeug und Kleidern umging, sah es nie so aus, als müsse sie irgend etwas kompensieren. Ich war erstaunt über ihre Gewandtheit und ihren Einfallsreichtum.

Die russische Ärztin, die Alesia untersuchte, versicherte uns, daß die amerikanischen Ärzte in der Lage sein würden, ihren Fuß operativ wiederherzustellen. »Sie haben die Technik dafür«, wiederholte sie mehrfach. »Sie ist ein sehr gesundes kleines Mädchen.« Tatsächlich war Alesia während der gesamten Untersuchung kooperativ und reizend. »Gott sei Dank«, seufzten wir, »können wir für die medizinische Behandlung sorgen, die sie braucht.«

Unseren Jedes-Mal-wenn-wir-in-ein-fremdes-Land-reisen-um-ein-Kind-zu-adoptieren-Riesenkrach hatten wir zwei Tage vor der Abreise. Wir waren erst eine Woche in Rußland, aber es fühlte sich an wie eine Ewigkeit. Wir litten unter der Enge des winzigen Zimmers, das wir jetzt auch noch mit Alesia teilten. Sie zum Einschlafen zu bringen, war das Schwierigste am ganzen Tag. Ich wollte mit ihr in unserem Bett liegen, bis sie einschlief, und sie dann in ihr Kinderbettchen legen. Casey wollte, daß sie lernte, im Kinderbett einzuschlafen. Ich wollte nicht, daß sie weinte. Er glaubte, daß sie sich durch das Weinen selbst beruhigte. Ich bin sicher, daß die beiden russischen Frauen des Haushalts sich sehr zusammenreißen mußten, um sich aus unseren allabendlichen Streitereien herauszuhalten. Mir fehlten die russischen Wörter, um Alesia zu trösten, wie sie es taten, aber ich war ihre Mutter und wollte mich selbst um sie kümmern. Casey und ich hätten einander helfen sollen. Statt dessen verstrickten wir uns in einen erbitterten Willenskampf.

»Du willst nicht, daß ich unser Kind tröste«, flüsterte ich im boshaftesten Ton, den ich aufbringen konnte. »Ich kann nicht glauben, daß du so gefühllos bist.« Unsere Gastfamilie hielt sich gleich hinter der geschlossenen Tür auf, und ich hatte Sorge, sie würden uns hören, trotz Alesias lautem Weinen. »Willst du, daß sie die ganze Nacht weint?«

»Willst du sie von jetzt an jede Nacht im Arm halten?« flüsterte er nicht weniger gehässig zurück. »Ich lasse nicht zu, daß dieses Kind unsere Familie zerstört.«

»Ich kann nicht glauben, daß du denkst, eine unschuldige Zweijährige könnte unsere Familie zerstören. Was ist das für eine Familie, die dadurch zerstört wird, daß ich unser Kind im Arm halte?!«

»Dieses Kind wird uns das letzte bißchen Energie rauben, das wir noch übrig haben!«

»Gut, das kann sie haben!«

»Du bist unvernünftig und hysterisch!«

»Du bist unvernünftig, und ich wäre nicht hysterisch, wenn du dich nicht so aufführen würdest!«

»Na gut, ich sehe, daß mit dir im Moment nicht zu reden ist.«

»Und ich habe überhaupt keine Lust, mit dir zu reden.«

»Gut!«

»Gut!«

Den Rest der Nacht verbrachte ich damit, meine Scheidung und meine Zukunft als alleinerziehende Mutter von vier Kindern zu planen.

Es dauerte einen ganzen Tag, bis wir in der Lage waren, unseren Streit beizulegen. Jetzt, da wir den Dampf unserer aufgestauten Emotionen größtenteils abgelassen hatten, fiel uns wieder ein, daß wir immer noch im gleichen Boot saßen. Außerdem war Alesia mitten in unserer Auseinandersetzung von selbst eingeschlafen.

An unserem letzten Tag in Rußland mußten wir bei der amerikanischen Botschaft die endgültige Genehmigung einholen, Alesia mit nach Hause zu nehmen. Der Raum war voll mit Dolmetschern, Adoptionssachbearbeitern, Eltern, Kindern, Babys und Stapeln von Wintermänteln, Mützen und Fäustlingen. Jedes Grüppchen repräsentierte eine erstaunliche Geschichte von Mut und Beharrlichkeit – dies war ihre letzte Hürde. Wir alle wollten die Sache nur hinter uns bringen und dann raus hier, tauschten aber während des Wartens unsere Geschichten aus.

Wir lernten ein Paar kennen, das nach Rußland gekommen war, um ein Kind zu adoptieren, und jetzt mit achtzehn Monate alten Drillingen zurückreiste! Eine andere Frau hielt ein Baby mit riesiger Gaumenspalte auf dem Arm. Wenn der kleine Junge lächelte, spaltete sich sein Gesicht von der Nase bis zum Kinn. Er war ein außerordentlich fröhliches Baby. Sie erzählte uns von einem Arzt, der sich anerboten hatte, die erforderliche Gesichtsoperation auszuführen. »Ich weiß, das klingt verrückt«, sagte die Frau zu uns und drückte ihr Baby an sich, »aber ich werde sein riesiges Lächeln vermissen.«

Als wir fertig waren, suchten wir zur Feier des Tages den Moskauer McDonald's auf. Nie wieder wird mir ein Schokomilchshake so gut schmecken. Als Alesia abends mit leichtem Durchfall auf dem Topf saß, schüttelten Galja und ihre Mutter den Kopf darüber, daß wir dieses Kind mit amerikanischem Fast food fütterten.

Die beide Frauen verwendeten viel Zeit darauf, mir beizubringen, wie ich mit Alesia richtig umgehen sollte. Andrej dolmetschte mir, daß ich meinem Kind nur Baumwoll-Nachtwäsche kaufen dürfe. Sie waren entsetzt, daß ich Alesia in Kunstfaser-Schlafanzüge stecken wollte. Ich versuchte ihnen zu erklären, daß Schlafanzüge nach den amerikanischen Vorschriften nicht leicht entflammbar sein dürfen und daher nie aus reiner Baumwolle sind, aber sie akzeptierten diese fadenscheinige Ausrede nicht. Sie zeigten mir die richtige Methode, ihre Sachen in der Badewanne auszuspülen und zum Trocknen aufzuhängen. Ich paßte gut auf, obwohl ich wußte, daß ich Waschmaschine und Trockner benutzen würde, sobald wir erst wieder zu Hause waren. Am Morgen unserer Abreise wurde ich in die Küche zitiert und in der richtigen Zubereitung von Haferbrei unterwiesen, den Alesia bis zum Alter von einundzwanzig als einzige Frühstücksnahrung erhalten sollte. Sie gaben mir eine Packung mit, damit ich nicht die falsche Sorte besorgte. »Er muß warmgemacht werden! Alesia darf nur warmes Frühstück bekommen. Versprechen Sie's – ein warmes Frühstück!« Ich senkte die Augen und dachte an die Mikrowellen-Hafergrütze, die dieses Kind erwartete, wenn es erst meiner alleinigen Fürsorge ausgeliefert war.

Wir waren auf dem Weg nach Hause. Das klingt so einfach. Es war qualvoll. Uns mit Alesia und all unserem Gepäck durch den Flughafen zu manövrieren, war nicht leicht (obwohl wir uns etwas besser fühlten, als wir das Paar mit den achtzehn Monate alten Drillingen erspähten, wie sie versuchten, ihr Gepäck einzuchecken, ohne die Kinder aus den Augen zu verlieren). Als wir erst einmal auf unseren Plätzen saßen, dachten wir, es könnte uns nichts mehr passieren aber unsere wahren Probleme fingen gerade erst an. Unsere wundervolle Tochter war kurz davor, sich in ein kleines Ungeheuer zu verwandeln. Der Flug von Jekaterinburg nach Moskau hätte uns eine Warnung sein sollen, daß der Heimflug nicht leicht werden würde, aber auf das Ausmaß der emotionalen Prüfung, die uns bevorstand, waren wir nicht gefaßt. Beim Start verwandelte sich Alesia plötzlich in einen zappelnden, kreischenden Dämon mit unglaublichen Kräften.

Wir erlebten ungebändigte, primitive Angst, die sich in einem vierzehn Kilo schweren Körper manifestierte. Alesias gesamte Überlebensinstinkte kamen zum Vorschein. Sie war voller Entsetzen. Sie wollte von uns weg, wollte aber auch von uns im Arm gehalten werden. Wenn wir sie zu beruhigen versuchten, wand sich ihr Körper bei unserer Berührung in Qualen. Wenn wir sie allein auf ihren Sitz setzten, brüllte sie, weil sie zurück auf den Schoß wollte, nur um dann wieder um sich zu treten und sich loszureißen, wenn wir ihr zu nahe kamen. Ich hatte durchaus Erfahrung mit hysterischen Anfällen im Flugzeug. Meghan hatte mich frühzeitig darin trainiert, als ihr auf einem Flug zu meinen Eltern eine Ohrentzündung, von der wir nichts wußten, zu schaffen machte. Ich hatte rund 5000 Kilometer mit Hätscheln und Gurren verbracht und mich ununterbrochen bei allen Mitreisenden entschuldigt. Damals hatte ich das für eine heroische Leistung gehalten, aber es war nichts im Vergleich zu Alesia. Casey muß mit Ana ähnliches erlebt haben, nachdem ich Kolumbien verlassen hatte, und ich konnte mich in seine Qualen jetzt plötzlich einfühlen, statt ihn nur zu bemitleiden. Mitleid ist viel einfacher.
Einmal gelang es Alesia, sich aus meinen Armen zu winden und den Gang hinunterzulaufen. Ich folgte ihr, und sie führte mich den einen Gang entlang, durch die Bordküche hindurch und den anderen Gang wieder zurück. Sie schuf sich ihren eigenen kleinen Rundkurs. Während sie sich im »Hoppelschritt« fortbewegte und ich ihr folgte, beruhigte sie sich etwas. Eine Stunde lang liefen wir auf und ab, auf und ab. Casey und ich wechselten uns mit dem Hinterhertrotten ab. Die anderen Passagiere begannen sie zu begrüßen und nach ihrem Namen zu fragen, wenn sie vorbeikam. Eine Frau reichte mir einen Becher Wasser, als sei ich eine Marathonläuferin mitten im Rennen. So kam ich mir auch vor. Ich betete, daß Alesia das Herumlaufen satt bekäme, was mir dann

leid tat, als es soweit war. Sie kehrte zu ihrer beängstigenden Halt-mich-halt-mich-nicht-Brüllerei zurück und gab dem Ganzen einen zusätzlichen Dreh, indem sie anfing, mich zu beißen und zu kratzen. Bald waren meine Arme voller Zahnabdrücke. Die Stewardessen versuchten, sie mit Keksen und anderen Leckerbissen zu besänftigen. Sie fragten mich immer wieder: »Wie können wir Ihnen helfen?«

»Ich wünschte, ich wüßte es.«

Alesia spuckte uns ins Gesicht. In diesem Moment kam mir das Anspucken wie eine wesentlich größere Beleidigung als alles Beißen und Kratzen vor. Ich verspürte das instinktive Bedürfnis, einfach zurückzuspucken. Zum Glück konnte ich mich zurückhalten. Statt dessen begann ich zu weinen.

Als Casey gerade an der Reihe war, bot uns ein russischer Mann seinen Rat im Umgang mit Kindern an. »Ich bin Vater«, sagte er, »ich kenne mich mit Kindern aus. Ich denke, ich kann Ihnen helfen.« Casey ließ es ihn versuchen. Er redete auf Russisch auf Alesia ein. Sie brüllte noch lauter und trat ihn vor die Brust.

Während ich Alesia in der Bordküche auf dem Arm hielt (um den umsitzenden Passagieren eine Atempause zu gönnen), kam eine Frau zu mir und sagte: »Ich bin ein Medium. Ich spüre, daß von diesem Kind eine große Kraft ausgeht.«

»Oh ja, da haben Sie recht«, sagte ich. »Und Sie sollten erst mal spüren, wie sie beißt!«

»Ich werde ihr beruhigende Energie senden«, sagte sie mit freundlichem Lächeln. »Das wird helfen.«

»Danke sehr.« Wir waren bereit, jede Art von Hilfe anzunehmen. Ich bin sicher, Passagiere aller Glaubensrichtungen und spirituellen Überzeugungen beteten für dieses Kind – und für starken Rückenwind!

Ich war noch nie so glücklich gewesen, New York zu sehen. Viele Mitpassagiere verabschiedeten sich im Vorbeigehen von Alesia. Mehrere Stewardessen sagten: »Alles Gute«, als

wir das Flugzeug verließen. Ein Mann sah uns nur an und sagte: »Puh!«
Und wir mußten immer noch nach San Francisco weiterfliegen.
Fester Boden unter den Füßen schien auf Alesia beruhigend zu wirken. Wir ließen sie in der Flughafenwartehalle umherwandern, während wir auf unseren Weiterflug warteten. Caseys Schwester kam zum Flughafen, um ihre neue Nichte kennenzulernen. »Ist die süß«, rief sie aus.
»Oh ja«, erwiderten wir völlig erschöpft, »sie kann sehr süß sein.«

18. Kapitel

Das Leben mit vier Kindern

20. November 1994
Letzte Nacht habe ich geträumt, ich wäre mit den Mädchen in irgendeiner Klinik. Ich konnte mich nicht erinnern, welche von ihnen ärztliche Behandlung brauchte, deshalb hatte ich sie alle mitgebracht. Nachdem wir durch lange Korridore gegangen waren, kamen wir schließlich zu zwei großen Räumen mit Schränken und Spielzeug. Die Mädchen stoben auseinander und fingen an herumzulaufen und zu spielen. Ein Arzt, eine Therapeutin und eine Krankenschwester kamen herein und fragten mich, zu wem wir wollten. Ich sagte: »Nun, ich glaube, Ana braucht etwas Hilfe mit dem Sprechen und einige Untersuchungen.« Dann erinnerte ich mich an Nadja, und mir wurde klar, daß sie irgend etwas brauchte – war mir aber nicht sicher, was. Dann dachte ich über Alesia nach. War sie nicht dran, ihren Fuß untersuchen zu lassen? Sicher brauchte auch Meghan irgend etwas. Aber so sehr ich mich auch bemühte, gelang es mir nicht, das richtige Kind dem richtigen Arzt zuzuordnen. Ich konnte mich nicht erinnern, wer was brauchte und wo sie alle waren. Es war ein Riesenchaos. Ich versuchte, Casey von einem Münztelefon aus anzurufen, erwischte aber immer wieder die falsche Nummer. Schließlich wachte ich auf – völlig ausgelaugt.

Alesia gefiel der Flug von New York nach San Francisco nicht besser als ihre bisherigen Flüge, aber nach zwölf Stunden Reise zeigte sie doch gewisse Ermüdungserscheinungen. Sie biß nicht mehr bis aufs Blut, und als wir die Rocky Mountains überquerten, war sie endlich eingeschlafen. So erlebte unsere Familie am Flughafen eine ruhige, leicht benommene Alesia. Alesia zeigte sich von ihren Geschwistern wenig beeindruckt. Ich glaube, ihr war nicht klar, daß wir alle im gleichen Haus lebten. Auf dem Weg zur Gepäckabholung sah ich aus wie eine Mutterente mit vier Entlein, die alle versuchten, sich an mir festzuklammern, um mich am Wegschwimmen zu hindern. Meghan, Nadja und Ana konzentrierten sich mehr darauf, Casey und mich im Auge zu behalten, als darauf, die Bekanntschaft ihrer neuen Schwester zu machen. Ich glaube, ich selbst war immer noch völlig betäubt von unserem Flug durch die Hölle. Eigentlich hätte ich Lust gehabt, auf den Gepäckwagen zu klettern und mich zu meinem großen, gemütlichen, amerikanischen Bett fahren zu lassen, um eine Woche lang durchzuschlafen. Aber uns erwartete noch eine Feier und vier Mädchen, die sich wahrscheinlich die nächsten fünfzehn Jahre nicht beruhigen würden.

In diesen ersten Tagen nach unserer Rückkehr mußten sich alle sehr umstellen. Alesias »Flitterwochenphase« muß sich an dem Tag, an dem wir sie in Rußland kennenlernten, abgespielt haben. Ihre starke Persönlichkeit kam in allem, was sie tat, zum Ausdruck. Ich fand es toll, wie sie sich in jeder Situation durchsetzen konnte, aber bei ihren Schwestern machte sie sich damit gar nicht beliebt. Statt sich eine Weile zurückzuhalten und zu beobachten, wie unser Familienleben funktionierte, stürzte sie sich mitten hinein und drückte ihm ihre eigene Prägung auf. Aber ihre Energie war so ansteckend, daß sie bald ein wichtiger Bestandteil in den Spielen der Mädchen wurde. Alesia machte alles, was sie tat, mit ganzem Einsatz, auch das Spielen. So versuchte sie, mit ihrer typischen Alesia-Technik – zwei Hopser auf dem rechten Fuß und ein langer Schritt mit dem linken – den Flur entlangzusausen.

Nach einer Weile schien Alesia Gefallen daran zu finden, daß sie jetzt Schwestern hatte, aber sie war so daran gewöhnt, den Ton anzugeben, daß sie bald mehr Befehle erteilte als entgegennahm. Während Meghan das nicht mitmachte (und sich in ein Buch oder ein anderes Zimmer zurückzog), schienen Nadja und Ana – zumindest ein paar Monate lang – die diktatorische Art der Zweijährigen gutmütig hinzunehmen.

Alesia mochte abends immer noch nicht einschlafen und zögerte es so lange wie möglich hinaus. Wir entwickelten ein ausgefeiltes Ritual, um sie abends zur Ruhe zu bringen, aber es dauerte oft über eine Stunde. Die ersten paar Wochen ließen wir sie in einem Kinderbettchen in unserem Schlafzimmer schlafen, doch wir wußten, daß dies langfristig keine Lösung war. Sie würde sich bald daran gewöhnen müssen, mit ihren Schwestern in einem Raum zu schlafen, so daß Casey und ich unsere Privatsphäre zurückhaben konnten. Ich wußte allerdings nicht, wie die anderen Mädchen einschlafen sollten bei dem Aufruhr, den sie veranstaltete, um sich selbst zu beruhigen. Wie Nadja schaukelte sie sich schließlich in den Schlaf, doch anstatt leise vor sich hinzusummen, sang sie dabei aus vollem Halse.

Wir konnten bald weitere Auswirkungen von Alesias Ankunft beobachten. Ana und Nadja machten beide nachts ins Bett, und Ana machte sich oft auch tagsüber naß. Meghan bekam Alpträume von Autounfällen, Flugzeugabstürzen, Erdbeben und anderen Katastrophen, die sich ihrer Kontrolle entzogen. So traten bei mir zwischen Lakenwechsel, Beschwichtigung der Operndiva und Tröstung nach schlechten Träumen allmählich Symptome von Schlafmangel auf. Das ging so weit, daß ich, wenn mich gerade mal keines der Mädchen brauch-

te, unmittelbar vor Erreichen der REM-Phase aufwachte und mich fragte, was fehlte.
Ana wollte jetzt ständig im Arm gehalten werden. Aber Alesia wollte ihre neue Mama nicht teilen. Sie stritten oft und heftig darum, wer auf meinem Schoß sitzen durfte. Wenn ich sie überzeugen konnte, daß genug Platz für beide sei, stritten sie darum, wem das größte Stück Schoß zustände. Dann mischten sich Nadja und schließlich auch Meghan in den Streit ein, und für drei oder vier war tatsächlich nicht genug Platz. Was schon mit drei Kindern eine schwierige Situation gewesen war, wurde mit vieren noch schwieriger. Meine Lösung war einfach: Ich setzte mich nur noch selten hin.
Thanksgiving rückte näher, und trotz der schwierigen Lage waren wir doch wirklich dankbar für unser intensives und oft chaotisches Familienleben. Ich wäre allerdings auch sehr dankbar gewesen, eine ganze Nacht ungestört durchschlafen zu können. Ich setzte das Anliegen auf meinen etwas verfrühten Weihnachtswunschzettel.

Wir beeilten uns, Alesias medizinische Behandlung in die Wege zu leiten. Zuerst gingen wir zu Dr. Morgan zu einer gründlichen Untersuchung und den üblichen Parasitentests. Sie überwies uns zu Dr. Rinsky am Lucille-Packard-Kinderkrankenhaus, der sich ihren Fuß ansehen sollte. Dafür, daß Alesia bei ihrer ersten Begegnung mit Dr. Rinsky erst seit zwei Wochen in den Vereinigten Staaten war, verhielt sie sich bei der Untersuchung recht kooperativ. Sein Urteil über ihren Fuß fiel jedoch anders aus, als wir es erwartet hatten.
»Alesias Fuß ist nicht richtig entwickelt«, sagte uns Dr. Rinsky. »Ich kann versuchen, ihn über die nächsten zehn Jahre operativ wiederherzustellen. Er sähe dann zwar einem normalen Fuß wesentlich ähnlicher, wäre aber nicht sehr funktionsfähig. Sie müßte diverse Male operiert werden und würde trotzdem ihr Bein nie richtig gebrauchen können. Die andere

Möglichkeit besteht darin, den Fuß knapp oberhalb des Fußgelenks zu amputieren und eine Prothese anzupassen, die ihr den normalen Gebrauch des Beins erlaubt.«
Nach ein paar weiteren Fragen fiel unsere Entscheidung rasch: Amputation. Uns war klar, wie wichtig es für Alesia war, sich ungehindert bewegen zu können. Wir baten Dr. Rinsky, die Amputation durchzuführen, und beteten, daß Alesia unsere Entscheidung gutheißen würde, wenn sie älter war. Obwohl sie sich durch ihren funktionsuntüchtigen Fuß noch nie hatte aufhalten lassen, hatte sie auch noch nie ohne hinderliches Hinken laufen oder tanzen können. Mit einer Prothese würde sie sich auf die Dauer frei bewegen können.
Andererseits: Was für eine schreckliche Operation für ein Kind, das gerade erst lernte, seinen Eltern zu vertrauen. Wie konnten wir ihr verständlich machen, was mit ihr passierte, wo wir nicht einmal eine gemeinsame Sprache hatten? Wie viele Zweijährige würden so etwas überhaupt verstehen? Wir dankten Gott für unser willensstarkes, dynamisches Kind. Wir wußten, daß sie die Charakterstärke hatte, das, was vor ihr lag, zu überstehen.
Eine erste Operation würde notwendig sein, um den Schwielenaufbau unten am Fuß zu entfernen. Wenn das glattginge, riet man uns, die Amputation danach so bald wie möglich durchführen zu lassen. Im Dezember wurde Anas Adoption vor Gericht für endgültig rechtskräftig erklärt. Wir hatten die gleiche Richterin wie bei Nadja, aber diesmal hatten wir auch noch Alesia dabei. Wir waren genauso unorganisiert wie bei Nadjas Termin – trotz unserer guten Vorsätze, in Zukunft ordentlicher zu sein. (»Bis bald«, sagten wir im Gehen, was die Richterin kein bißchen zu überraschen schien.) Ana war stolz auf ihre Bescheinigung und die ganze Beachtung, die sie bekommen hatte, aber obwohl wir mehrfach versuchten, ihr zu erklären, was vor sich ging, schien sie die Bedeutung dieses Gerichtstermins nicht zu erfassen. An diesem Abend bekam

sie einen Weinkrampf und wollte sich nicht von uns trösten lassen. Wir konnten nur neben ihr sitzen und warten, daß der Anfall vorüberging. Sie war so voller widerstreitender Emotionen. Wir waren jetzt wichtig für sie, und sie hatte Angst, irgend jemanden in ihrem Leben zu wichtig werden zu lassen. Jeder, der ihr bisher im Leben wichtig gewesen war, hatte sie verlassen. Sie schützte sich, indem sie uns aussperrte – und sehnte sich doch so verzweifelt nach unserer Liebe. Ich hätte ihr so gern verständlich gemacht, daß sie unsere Liebe nicht verlieren würde, aber diese Vorstellung war für sie noch nicht faßbar.

Alesia beobachtete Anas Weinkrampf aus der Sicherheit des Flurs heraus. Sie kannte die Sprache der Tränen. Wahrscheinlich hatte sie bei anderen Kindern noch nie einen Anfall erlebt, der mit ihren mithalten konnte, und ich denke, daß Anas Heftigkeit ihr Angst einjagte. Ich bemerkte, daß Ana und Alesia sich nach diesem Vorfall näherzukommen schienen. Vielleicht weil Alesia erkannt hatte, daß in Ana die gleichen heftigen Gefühle schlummerten und nur darauf warteten hervorzubrechen. Nadja war einige Tage später mit einem Ausbruch an der Reihe. Meghan wollte da natürlich nicht zurückstehen und half Nadja durch häufige Wutausbrüche ihrerseits, ihre Technik im Türenknallen zu perfektionieren. In einem Telefongespräch mit Marge während dieser emotionsgeladenen Zeit stöhnte ich darüber, daß die Mädchen reihum explodierten. »Sie lassen mir nie mal eine Pause zwischen ihren Ausbrüchen«, sagte ich.

»Ist es nicht nett, daß sie sich abwechseln«, antwortete sie gutgelaunt. »Stell dir vor, wie unmöglich es wäre, sich um sie zu kümmern, wenn sie alle gleichzeitig ausrasten würden.«

Ich mußte mich ihrer Logik beugen und ihren Optimismus anerkennen, obwohl ich auf etwas mehr Mitgefühl gehofft hatte. Meine Kinder halfen einander, wenn sie selbst nicht gerade mit einem Tobsuchtsanfall an der Reihe waren. Sie

zankten zwar oft um Caseys und meine Aufmerksamkeit, aber wenn eine von ihnen gerade ihren Koller hatte, hielten sich die anderen zurück und gaben uns die Zeit, sie so gut wie möglich zu beruhigen.
Casey und ich versuchten dafür zu sorgen, daß jedes Kind etwas eigene Zeit unabhängig vom Rest der Familie bekam. Wir nannten das »besondere Zeit«. Es half, die Konkurrenzgefühle, die jede von ihnen hatte, wenn wir alle zusammen waren, etwas im Zaum zu halten. Wenn ich einkaufen ging, nahm ich immer eines der Kinder mit. Meghan und ich gingen mittwochs nach ihrem Tanzunterricht oft zum Abendessen aus. Wenn eines der Mädchen einen Arzt- oder Zahnarzttermin hatte – was dauernd der Fall war –, reservierte ich davor oder danach etwas Zeit, um etwas Besonderes mit ihr zu unternehmen. Die Aussicht, etwas mit Mama allein zu unternehmen, machte die gefürchteten Arztbesuche fast zu etwas Erfreulichem.

Am Abend vor Alesias erster Operation wanderte ich mit dem Mobiltelefon im Haus auf und ab, um mich von meiner Mutter per Ferngespräch beruhigen zu lassen. Casey konnte nicht mit uns ins Krankenhaus kommen. Dies war das erste Mal, daß eines der Kinder eine größere medizinische Behandlung über sich ergehen lassen mußte, ohne daß wir beide dabei waren. Die Operation sollte angeblich eine simple Sache sein. Sie mußte nicht über Nacht im Krankenhaus bleiben, würde aber eine Vollnarkose bekommen. Das Lucille-Packard-Kinderkrankenhaus ist eine hochmoderne Klinik in Palo Alto auf dem Gelände der Stanford University. Bei Dr. Rinsky war Alesia in den besten Händen.
Ich war trotzdem nervös.
Im Krankenhaus hielt ich Alesia im Arm, während der Anästhesist erklärte, daß er ihr ein leichtes Beruhigungsmittel geben würde, und mir die Maske für die Vollnarkose zeigte. Ich

gab Alesia die Maske, und sie probierte sie an einer Puppe aus. Selbst unter Beruhigungsmittel war Alesia, als man ihr die Maske über Mund und Nase legte, keine gefügige Patientin. Anfangs wehrte sie sich, doch schließlich gab sie ihr Bemühen, wach zu bleiben, auf. Ich wußte, wie sie das Einschlafen haßte. Als man mich bat, im Nebenzimmer zu warten, dröhnte das Blut in meinen Ohren. Ich hatte Kopfschmerzen. Ich dachte an ihre frühere Operation in Rußland. Hatten sie sie damals so vorbereiten können? Ich hatte Geschichten über mangelnde Versorgung mit Narkosemitteln gehört und daß man Kinder in Erwachsenenbetten festschnallte, damit sie nicht herausfielen. Welche Art von Krankenhäusern stand den Heimkindern offen? Erinnerte sie sich heute an diese andere Operation? Würde sie nach dem Aufwachen starke Schmerzen haben?

Alesias Schreie schreckten mich aus meinen Grübeleien auf. Ich erkannte sie sofort und war schon fast aus der Tür, als eine Krankenschwester hereingerannt kam und mich hastig zum Aufwachraum brachte. »Sie ist schreiend aufgewacht«, sagte sie. »Versuchen Sie, sie zu beruhigen.« Alesia lag auf dem Rücken in einem Krankenbett, das rundum von Metallgittern umgeben war. Sie streckte die Arme nach mir aus, wehrte sich aber, sobald ich sie im Arm hatte. Sie riß mir die Brille vom Gesicht und schleuderte sie durchs Zimmer. Sie fing an, mich anzuspucken, aber ihr Mund war trocken. Das machte sie wütend, und sie begann, mich zu kratzen, versuchte mich zu beißen und riß an ihrem Infusionsschlauch. »Was ist mit ihr los?« schrie eine Krankenschwester. »Ich habe noch nie erlebt, daß ein Kind sich so aufführt. Warum ist sie so bösartig?«

Ich antwortete nicht. Ich hatte alle Hände voll zu tun. Zum Glück eilte uns eine andere Krankenschwester zu Hilfe. »Sie ist nicht bösartig«, sagte sie und sah die erste Krankenschwester streng an. »Sie hat Angst.« Sie zog mir einen Stuhl her-

an, damit ich neben Alesia sitzen konte. »Meine Güte, ist das ein kräftiges Kind.« Sie lächelte mich an.
Wenn auch mein Körper und mein Ego etwas beschädigt waren, gab mir ihr Lächeln doch das beruhigende Gefühl, daß mit Alesia alles in Ordnung kommen würde. »Ja«, antwortete ich, während ich Alesias Arme und Beine so hielt, daß sie mir nicht weh tun konnte, »*sie ist ein sehr kräftiges Kind.*«
Es dauerte vierzig Minuten, aber schließlich beruhigte sich Alesia. Casey hatte etwas verpaßt.

Zu der Zeit hatte ich sehr lebhafte Träume. Oft träumte ich, in einem Aufzug eingeschlossen zu sein. So sehr ich mich auch abmühte, ich brachte ihn nicht dazu, richtig zu funktionieren. Die Türen öffneten sich immer zwischen den Stockwerken, so daß nicht genug Platz zum Durchkriechen blieb. Der Traum endete immer damit, daß der Aufzug sich losriß und in schwindelerregendem Tempo in den Schacht stürzte. Unmittelbar vor dem Aufprall wachte ich mit wild klopfendem Herzen auf.
Ich träumte auch, ich wäre wieder in Iowa und wohnte im Haus meiner Mutter. In meinem Traum sah ich mich nach einer eigenen Wohnung um und dachte darüber nach, mir einen Job zu suchen. Aber ich fühlte keinen Druck, irgend etwas zu tun. Ich dachte darüber nach, vielleicht zu einer Verabredung zu gehen, ins Kino zu gehen, eine alte Romanze wiederaufzunehmen. Dann fiel es mir plötzlich ein: Ich hatte ja einen Mann und vier Kinder, die in Kalifornien auf mich warteten! Ich sollte sie wirklich mal anrufen, dachte ich mir, aber dann müßte ich Casey sagen, wann ich nach Hause komme. Wäre es falsch, noch ein paar Abende auszugehen und vielleicht noch eine Weile hier zu wohnen, bevor ich zurückfahre?
Wie kann ich sie anrufen? Was, wenn sie umgezogen sind? Nun ja, vielleicht nehme ich doch diesen Job an. Dann wachte ich auf und blickte zu Casey hinüber, um zu sehen, ob er

mich dabei ertappt hatte, wie ich von einem Leben ohne Verantwortung träumte. Wenn ich die Augen ganz schnell wieder zumache, dachte ich, kann ich vielleicht noch für eine Weile zurückkehren.

Ich brauchte keinen Freudianer oder Jungianer, um zu erkennen, daß meine Träume durch Streß ausgelöst waren. Seit ich Alesia nach Hause gebracht hatte, erinnerte mich mein übereifriges Gewissen ständig daran, daß ich dieses Kind ja so dringend gewollt hatte und jede unserer Adoptionen schließlich unsere Entscheidung gewesen sei, so daß ich nun niemanden um Hilfe bitten brauchte. Wir stützten uns jetzt schon so sehr auf Familie und Freunde, um den Alltag durchzustehen, daß ich mich nicht wohl fühlte bei dem Gedanken, ihnen noch mehr von ihrer Zeit abzuverlangen, nur damit ich mich einmal hinsetzen und mich entspannen könnte. Wie man in Iowa sagt: Ich hatte mein Bett gemacht, jetzt mußte ich auch darin liegen. Ach, wenn ich das nur könnte – in einem Bett liegen, meine ich. Angesichts all dieser Träume muß ich natürlich auch gelegentlich geschlafen haben. Es fühlte sich nur nicht so an.

Man erzählte uns, wie besonders – wie großartig – wir seien. »Diese Kinder haben so viel Glück, daß Sie sie in Ihre Familie aufgenommen haben!« bekamen wir oft zu hören.

»Wir sind diejenigen, die Glück haben«, war unsere Standardreplik, die bei mir aus tiefstem Herzen kam. Die Bemerkungen der Leute waren mir unangenehm. Schließlich hat uns nie jemand erzählt, Meghan habe besonderes Glück, daß ich sie zur Welt gebracht hatte.

Ich *fühlte* mich nicht wie etwas Besonderes. Und ich wußte, daß ich nicht unbedingt so eine großartige Person war, wie ihre Bemerkungen nahelegten. Ich schrie meine Kinder genauso an wie andere Eltern – wahrscheinlich viermal so oft. Ich begann darüber nachzudenken. Mußte ich ein großartiger und besonderer Mensch sein, damit diese Adoptionen funktionierten? In dem Fall war ich mir nicht sicher, der Sache gewachsen zu sein. Zum Glück hat sich inzwischen herausgestellt, daß »beharrliche Normalität« offenbar auch ausreicht.

Manchmal denken Leute überhaupt nicht darüber nach, was sie fragen.

»Welche ist denn Ihre richtige Tochter?« fragen Leute, die von unserer Familie gehört haben, uns aber nicht besonders gut kennen (meist in Hörweite der Mädchen).

»Sie sind alle unsere Kinder«, antworten wir.

Den meisten wird dann klar, daß sie etwas Falsches gesagt haben, aber wenn sie nicht aufhören, uns nach unserer *richtigen* Tochter zu fragen, sehen wir ihnen direkt in die Augen und wiederholen mit Nachdruck: »Sie sind alle unsere *richtigen* Kinder.« Ich habe den Mädchen gesagt, es sei unsere Aufgabe, Menschen – Kindern und Erwachsenen gleichermaßen – etwas über Adoptivfamilien beizubringen.

Einmal sah ein kleines Mädchen erst Ana, dann mich an und fragte: »Warum ist ihre Haut dunkel und deine nicht?«

»Weil sie ein Glückskind ist«, erwiderte ich.

»Das ist einfach so«, sagte Ana und hielt meine Hand ganz fest.

Ein anderes Mal, auf einem Busausflug, fragte ein Kind aus Nadjas Klasse, das wußte, daß sie adoptiert war: »Wieviel haben Sie für Nadja bezahlt?«

»Sie ist unbezahlbar«, antwortete ich fröhlich. Nadja strahlte.

»Genau«, sagte sie.

Abends fragte mich Nadja, was »unbezahlbar« bedeute.

Und so wurde es wieder Weihnachten. Diesmal kamen nicht so viele auswärtige Besucher wie im Vorjahr, um mit uns zu feiern. Nach all der Aufregung der vergangenen achtzehn Monate war es schön, sich ganz auf unsere neue Familie zu konzentrieren – eine in sich geschlossene Welt voller Liebe.

Casey fuhr mit den Mädchen in die Santa-Cruz-Berge, um unseren Weihnachtsbaum zu schlagen. Während wir ihn schmückten, erzählte ich den Mädchen zu jedem Christbaumschmuck eine Geschichte. Zur Wintersonnenwende zündeten wir eine Kerze an und erzählten uns reihum, was uns im vergangenen Jahr besonders glücklich gemacht hatte.

Meghan und Nadja fungierten als Weihnachtsberaterinnen für Ana und Alesia. »Ihr müßt erst einschlafen, sonst kommt der Weihnachtsmann nicht«, sagte Nadja weise. Meghan genoß es, diejenige zu sein, die über den Weihnachtsmann »Bescheid« wußte (zwinker, zwinker), und half uns, für ihre Schwestern eine festliche Weihnachtswunderwelt voller Geschenke zu schaffen.

Am Heiligabend lasen wir die Weihnachtsgeschichte vor und versuchten, unseren Mädchen, die noch nie mit Religion zu tun gehabt hatten, die Sache mit dem Jesuskind zu erklären. Ich war nicht sicher, ob sie den Begriff »Gottes Sohn« so richtig verstanden.

»Vielleicht war das Jesuskind adoptiert«, schlug Ana vor.

19. Kapitel

Krankenhäuser

25. Dezember, 1994

Erster Weihnachtstag. Morgen wird Alesia operiert. Ich wünschte, ich könnte sie vor den Schmerzen bewahren, die ihr bevorstehen, aber das ist ein Geschenk, das ich ihr nicht machen kann. Ich versuche immer wieder, mir Alesias Amputation vorzustellen. Manchmal male ich mir aus, wie es sich aus ihrer Perspektive anfühlen muß:

Meine neuen Eltern bringen mich ins Krankenhaus. Als ich das Haus verlasse, habe ich meinen Fuß noch. Meine Eltern übergeben mich den Ärzten und ich schlafe ein. Als ich aufwache, ist mein Fuß weg und ich habe Schmerzen. Machen alle Eltern so was?

Alesia machte einen zufriedenen Eindruck, als wir ins Krankenhaus fuhren, obwohl ich sie um 5 Uhr morgens hatte wekken müssen. Ich hatte nicht viel geschlafen, und man sah es mir an. Casey und ich hatten uns am Vorabend noch gestritten. Fröhliche Weihnachten. Er erkundigte sich nach dem Zeitplan für die Operation, um seine Arbeit um sie herum zu planen. Ich war verärgert, daß er sich nicht vorher informiert hatte und erst um halb zwölf am Abend vorher nachfragte! Eins führte zum anderen, und bald ließen wir unsere Ängste aneinander aus – das wurde allmählich zu einem Leitmotiv unseres Lebens. Am Morgen aber konzentrierten sich unsere Gedanken auf Alesia, und das hieß, einander zu unterstützen.

Für Casey und mich ist es das Warten, das wir so schwer gemeinsam aushalten. In akuten Krisen sind wir ein gutes Team.

Als wir in die Operationsabteilung kamen, zog Alesia ab ins Spielzimmer, als ob der ganze Laden ihr gehöre. Sie fand wohl, daß ihr dies nach ihrer ersten Operation zustehe. Sie spielte eine Weile, wurde vom Anästhesisten untersucht, dann gingen wir zurück ins Spielzimmer, um zu warten. Minuten später knallte Alesia mit Anlauf gegen die Bücherregale – mit dem Gesicht. Sie brüllte, und wir kühlten ihr Gesicht mit Eis. Der Morgen fing nicht gut an. Auf ihrer Wange bildete sich ein großer Bluterguß – sie sah aus, als hätte sie den Kampf schon aufgenommen.

Sie bckam einen Beruhigungssaft, von dem sie einen großen Teil in Richtung der Krankenschwester spuckte. Arme Krankenschwester. Später würde ich dran sein.

Wir baten den Arzt, ihr mehr Medikamente zu geben – in der Hoffnung, daß ihre Reaktion dann weniger heftig ausfallen würde als nach der letzten Narkose. »Habe ich erwähnt, daß sie letztes Mal eine heftige Narkosereaktion hatte?« fragte ich ihn noch einmal. Ich konnte mich nur zu gut an die Szene nach der letzten Operation erinnern und wünschte mir keine Wiederholung der Vorstellung.

»Ja, Mrs. Conroy, ich habe es auch in ihren Unterlagen gelesen. Machen Sie sich keine Sorgen, wir geben ihr eine Medikation, die ihre Schmerzen lindert und ihr außerdem jede Erinnerung an den Eingriff nehmen wird.«

»Toll«, sagten wir, »können wir auch etwas davon haben?«

Zuerst dachten wir, das Beruhigungsmittel wirke nicht. Alesia spielte ganz normal und scheinbar unbeeindruckt weiter, aber ich blieb dicht hinter ihr für den Fall, daß sie das Gleichgewicht verlor. Der Arzt kam herein und sagte, sie wären in fünf Minuten soweit, mit der Operation zu beginnen. Ich hatte Zweifel, daß *Alesia* dann soweit wäre, aber als ich das nächste Mal auf sie herabschaute, sah sie drein wie ein Flower-power-Kind in Woodstock. Sie schien völlig fasziniert von den Farben eines Märchenschlosses aus Plastik. Hey, cool, Mann, sagten ihren Augen. Casey und ich mußten einfach lachen. Sie starrte gebannt auf das Markenschild und neigte sich näher und näher, bis ihr Kopf den Schloßbalkon berührte. Dann sah sie zu mir auf, lächelte mich strahlend, aber recht dämlich an und kippte in meine Arme. Mit halbgeschlossenen Augenlidern flüsterte sie: »Kille, kille, kille ...«, und verstummte dann. Auch wenn *ich* noch nicht bereit war, sie gehen zu lassen, war *sie* ganz offenbar bereit fürs Traumland. Mein Herz zog sich zusammen, als ich ihr nachsah, wie sie den Gang hinuntergerollt wurde. Hatten wir die richtige Entscheidung getroffen?

Casey und ich warteten. Casey döste vor sich hin, während ich ein *People*-Magazin las. Wir warteten und warteten. Nach fast drei Stunden kam die Krankenschwester, um uns mitzuteilen, daß Dr. Rinsky fast fertig sei und es Alesia gut gehe. »Gott sei Dank«, flüsterte ich und bereitete mich auf das postoperative Gefecht vor. Diesmal wollte ich da sein, wenn sie aufwachte. Als wir in den Aufwachraum kamen, war Alesia noch duselig, aber wach genug, um leise zu weinen. Sie streckte die Arme nach mir aus, und ich stellte mir vor, daß sie sich fragte, warum wir dies zugelassen hatten. Eine Unmenge von Schläuchen hingen aus ihrem Fuß, ihrer Hand und ihrem Arm. Ein Beutel füllte sich mit ihrem Blut; neben dem Bett hing eine Infusion. Ihr linkes Bein war dick verbunden, und ihre linke Hand, an der sie ebenfalls einige operative Korrekturen vorgenommen hatten, war von den Fingern bis zum Ellbogen mit Mull umwickelt.

Alesia begann lauter zu weinen und mit den Beinen zu strampeln, während ich sie festhielt und sanft auf sie einredete. Casey versuchte sie mit beruhigenden Worten zu trösten. Dr.

Rinsky sagte mir, ich solle Alesias Bein lieber nicht festhalten, weil ihr dies nur noch weher tue. Zwei Krankenschwestern bemühten sich, Morphium in die Infusionsflasche zu spritzen. Eine dritte Krankenschwester holte mir einen Stuhl zum Sitzen, damit ich mich besser zu Alesia herunterbeugen konnte, die allmählich außer sich geriet. Sie grabschte nach meiner Brille und warf sie auf den Boden. (Wann würde ich lernen, sie selbst abzunehmen?) Sie wand sich und suchte eine bequeme Position, konnte aber keine finden. Ich konnte nicht richtig an sie herankommen, ohne dabei mehrere Schläuche abzudrücken. Es war ein ziemliches Chaos, aber schließlich – mit Hilfe von Casey, den Krankenschwestern und einem Kirschlutscher – beruhigte sich Alesia etwas.

An Alesias restlichen Krankenhausaufenthalt kann ich mich nur noch verschwommen erinnern. Meine lebhafteste Erinnerung ist die an einen Kinder-Bollerwagen mit roten Holzgittern rundherum, der mit einem Infusionshalter ausgestattet war. Wir stopften Kissen und Alesias viele Schläuche und Beutel in den Wagen und legten sie dann vorsichtig in die Mitte. Das Krankenhaus ist um einen Innenhof herumgebaut, und die einzelnen Abteilungen liegen an einem Wandelgang der um diesen Hof herumführte. Wir begannen, Alesia in ihrem Wagen rund um den Innenhof zu ziehen, wobei wir andere Kinder in anderen Wagen passierten. Die Wagen waren bei den kleinen Patienten sehr beliebt – die Bewegung linderte ihre Schmerzen und ihre Langeweile. Ob der Architekt geahnt hatte, daß dieser Korridor zur permanenten Wanderstrecke für Eltern und ihre rekonvaleszenten Kinder werden würde. Erst zog Casey den Wagen, dann ich, immer rundherum. Immer wenn sie Schmerzen hatte, ging es rund und rund. Wir haben mit diesem kleinen roten Wagen in der Nacht bestimmt fünfzehn Kilometer zurückgelegt.

Kinder erholen sich erstaunlich schnell. Schon am nächsten Tag durften wir nach Hause gehen.
»Erschrecken Sie nicht, wenn Sie denn Stumpf sehen«, sagte Dr. Rinsky. »Er wird ein bißchen nach rohem Hackfleisch aussehen.«
»Okay«, antwortete ich. (Sie meinen, ich muß ihn ansehen?! hätte ich gern gefragt.)
Wenn es um die Verletzungen von anderer Leute Kindern ging, hatte ich immer Nerven wie Drahtseile. Als Erzieherin im Kindergarten mußte ich mit einer Dreijährigen in die Klinik, um ihre Hand nähen zu lassen. Ich sang ihr Lieder vor, um sie von den schmerzhaften Betäubungsspritzen abzulenken. »Dieser Doktor kann so gut nähen«, sagte ich, »ich wette, daß er all seine Kleider selbst näht.« Das Mädchen lächelte. »Vielleicht näht er dir ein Kleid für deine Katze, wenn er mit deiner Hand fertig ist.«
»Doch nicht für eine *Katze*«, kicherte sie.
Der Doktor sagte: »Sie sind sicher nicht ihre Mutter; dafür sind Sie viel zu ruhig.«
Jetzt war ich die Mutter. Allein bei der Vorstellung, Alesias Verbände zu wechseln, drehte sich mir der Magen um. Ich hatte Angst, Alesia könnte meinen Widerwillen bemerken. Ich hatte Angst, ihr wehzutun oder etwas Wichtiges zu vergessen. Aber ich mußte mich zusammenreißen. Ich hatte keine Wahl.
»Lassen Sie sie nicht zuviel machen«, ermahnte uns der Doktor, bevor er ging.
Klar.
Zwei Tage später schlitterte sie, das Bein hoch in die Luft gestreckt, auf dem Hintern über die Holzböden und jagte ihre Schwestern durch Raum. Lassen Sie sie nicht zuviel machen.

Die Mädchen interessierten sich sehr für Alesias Operation, und am Anfang waren sie sehr hilfsbereit, wenn es darum ging, sie zu füttern (da sie an der rechten Hand nur einen Finger hatte und ihre linke Hand bandagiert war, war der Umgang mit einer Gabel oder einem Löffel eine ziemliche Herausforderung). Aber nach einer Weile wurde ihre invalide Schwester ihnen langweilig, und Alesia entwickelte Methoden, selbst zurechtzukommen. Sie war sehr erfinderisch, wenn es darum ging, Gegenstände aufzuheben und von einem Ort zum anderen zu bewegen. Um ein Spielzeug vom Boden aufzuheben, stellte sie es zunächst mit Hilfe ihrer Unterarme senkrecht, schob es dann am Tischbein hoch und schließlich mit dem Knie über die Tischkante. Sie beklagte sich nie und bat mich auch nie, etwas für sie zu tun. Sie war wild entschlossen, alles selbst zu machen, und wir ließen sie gewähren.

Nach der Operation blühte Alesia auf. Sie war kontaktfreudig und freundlich zu jedermann. Sie zelebrierte immer noch ihre fast allabendlichen Anfälle, aber tagsüber war sie eine reine Freude. Sie begann, englische Wörter aufzuschnappen, auch wenn niemand außerhalb der Familie verstand, was sie sagen wollte. Von all unseren Kindern hatte sie am meisten Probleme mit der englischen Aussprache. Wir lernten rasch, ihre einzigartige Sprache zu interpretieren, und gewöhnten uns an, ihr erst zuzuhören und ihr das Gesagte dann in »unser Englisch« zurückzuübersetzen.

Wir gingen wöchentlich zu Dr. Rinsky, der erklärte, der Stumpf schiene gut zu verheilen. Am Anfang wollte Alesia möglichst wenig mit Dr. Rinsky zu tun haben. »*Ne bolno*!« schrie sie, was heißen sollte: Tu mir nicht weh.

»Nicht *bolno*, heute will ich nur gucken«, antwortete er.

Sie mochte ihren Stumpf nicht ansehen und schaute weg, wenn ich ihren Verband wechselte. Am Anfang fühlte ich mich unbehaglich und unbeholfen, wenn ich versuchte, den Verband um die Wunde zu wickeln. Aber mit der Zeit ging es mir und Casey, der abwechselnd mit mir Krankenschwester spielte, in Fleisch und Blut über. Selbst Alesia begann, diese ruhige Zeit, in der wir ihren Stumpf reinigten, Salbe auftrugen und ihn wieder in Mull und Verbände wickelten, zu genießen. Wir freuten uns schon auf den Tag, an dem sie ihre erste Prothese bekommen sollte.

Ende Januar war ich gerade dabei, Alesias Stumpf zu reinigen, als die Wundnaht plötzlich aufplatzte. Ich versuchte, meine Panik zu verbergen, während ich mir die Sache genauer ansah. Ich konnte ihren Unterschenkelknochen sehen. War das wirklich Knochen? Mütter sollten die Knochen ihrer Babys nicht zu sehen bekommen, außer vielleicht auf einem Röntgenbild. Da sollten eigentlich Haut und Muskeln und alles mögliche zwischen mir und ihren Knochen sein. Was war los? Ich rief Casey an. Ich rief das Krankenhaus an. »Tut mir leid, Sie zu belästigen« – ich atmete tief durch – »aber ich kann die Knochen meines Kindes durch die offene Wunde sehen! Das ist doch sicher nicht in Ordnung.« Ich bin sicher, daß die Krankenschwester am anderen Ende meine sachkundige Ausdrucksweise zu würdigen wußte. Sie holte sofort den Arzt ans Telefon. Die Wunde war nur oberflächlich verheilt – nicht innerlich. So mußte Dr. Rinsky am nächsten Tag einen weiteren Eingriff vornehmen, um den Stumpf wieder zu verschließen, bevor sich der Knochen oder der umgebende Bereich entzündete. Dies war nun schon Alesias dritte Operation. Und wir waren erst seit dreiundsiebzig Tagen ihre Eltern.

Ich möchte gern glauben, daß Alesia wußte, daß diese Operationen zu ihrem Besten waren. Diesmal mußte sie länger im Krankenhaus bleiben. Als Meghan, Nadja und Ana zu Besuch kamen, waren sie sehr beeindruckt von der offenbar unbegrenzten Versorgung mit Lutschern und dem großen Spielzimmer, das ihnen genauso offenstand wie den Patienten.

»Könnte ich bitte einen Termin machen, um meinen Blinddarm entfernen zu lassen?« fragte Meghan eine der Krankenschwestern.

»Das ist das wahre Leben«, sagte Nadja zu Ana.
Nach ein paar Wochen durfte Alesia nachts ohne Verband schlafen. Eines Abends lag sie neben mir, während ich im Bett lag und las. Zum ersten Mal betrachtete sie ihren Stumpf eingehend. Sie starrte ihn an und begann, ihn vorsichtig mit den Händen zu berühren. Ich legte mein Buch beiseite, sah sie an und sagte: »Weißt du, er wird wirklich langsam besser. Er ist eigentlich recht hübsch.« Ich legte meine Hand kurz darauf und nahm sie dann wieder weg. Sie griff nach meiner Hand und legte sie wieder auf ihren Stumpf. Ich ließ meine Hand da und begann, die Nähte und Krusten zu berühren. »Das ist ein Teil von dir, und deshalb habe ich ihn auch lieb«, sagte ich behutsam.
Ich wußte, daß Alesia nicht alle Wörter kannte, die ich benutzte, aber sie verstand mich. Die Entstellung, die uns vorher so beängstigend erschienen war, wurde einfach zu einem weiteren Teil von Alesia.
»Es ist mir egal, ob mein Baby ein Junge oder ein Mädchen wird, solange es zehn Finger und zehn Zehen hat« – ich erinnerte mich, wie ich das gesagt hatte, als ich mit Meghan schwanger war. Jetzt wußte ich, daß auch zehn Finger und zehn Zehen nicht so wichtig sind.
Ich gabe Alesias Stumpf einen Kuß. »Dein Bein ist wunderschön«, sagte ich, und so merkwürdig es klingen mag, das stimmte wirklich. Von da an wollte sie immer helfen, ihr Bein zu versorgen. Es war wieder ihres.

Sobald Dr. Rinsky sicher war, daß die Operationswunde richtig verheilte, wurde Alesia ein Gips angepaßt. Da wir sie ganz offensichtlich nicht im Zaum halten konnten, entschied er sich für einen möglichst robusten Hemmschuh – was einen Gips anstelle eines Verbandes bedeutete. Er mußte vier Wochen lang jede Woche aufgeschnitten und neu angefertigt werden, danach weitere zwei Monate lang alle drei Wochen.

Nach einigen Wochen liebte Alesia ihren Gips, weil sie noch nie etwas gehabt hatte, das einem normalen Bein so ähnlich war. Die Assistenzärzte, die den Gipsverband anlegten, begannen bald, das untere Ende mit zusätzlichem Gips zu verlängern, um ihre Haltung auszubalancieren. Es gibt kaum etwas Gefährlicheres als eine eigensinnige Zweijährige mit einem Gipsbein. Wenn Alesia schlecht gelaunt war, taten wir besser daran, uns von ihrer neuen Waffe fernzuhalten. »Nein! Du darfst nicht treten! Untersteh dich, mit diesem Bein nach mir auszuschlagen, junge Dame!«

Auch wenn Alesia selbst sich um ihre fehlenden Finger und den amputierten Fuß keine Gedanken zu machen schien, gingen andere Leute nicht immer so unbefangen damit um. So waren wir einmal in einem Bekleidungsgeschäft, wo die Mädchen wild herumstoben und Alesia ihnen, so flink wie möglich, über den Boden nachkroch. Ihr herunterhängendes Hosenbein verbarg das Fehlen ihres Fußes vollständig. Auf der einen Seite ragte ein Fuß mit Schuh heraus, auf der anderen Seite schleifte bloß das Hosenbein nach. Ein Mann kam mit seinem kleinen Mädchen in den Laden und begann, mit Alesia zu spielen. Er kitzelte sie und sagte: »Huch, da hat jemand seinen Fuß verloren. Irgendwer hat deinen Fuß geklaut. Wo ist dein Fuß hin? Du hast deinen Fuß verloren.«
Alesia lächelte, sie hatte ihren Spaß daran. Dann sagte Ana, die daneben stand, zu dem Mann: »Du hast recht; der Doktor hat ihren Fuß abgeschnitten.«
Da wurde ihm plötzlich klar, daß Alesia nicht bloß die Hose herunterrutschte, wie er gedacht hatte, sondern daß ihr Fuß tatsächlich ab war. Sein Gesicht lief dunkelrot an. Alesia machte das nichts. Sie genoß die Aufmerksamkeit. Sie wußte, daß sie keinen Fuß hatte. Na und?

20. Kapitel

Laufen lernen

2. Februar 1995

Nadja stampft herum. Sie knallt die Tür. Wenn ich sie bitte, etwas zu tun, steht sie einfach nur da. Wenn ich ärgerlich werde, wird sie aggressiv. »Ich tu's ja schon«, brüllt sie, aber ohne sich zu rühren – sie provoziert mich, bis ich das Gefühl habe durchzudrehen. Ich versuche, mit all meinen Mädchen freundlich zu sprechen. Für gutes Benehmen verteile ich kleine Belohnungen wie einen Vierteldollar oder einen Besuch beim Burger King (obwohl Meghan mich jetzt darüber belehrt, daß wir Burger King und McDonald's boykottieren müssen, weil sie die Regenwälder zerstören). Ich habe mittlerweile beschlossen, daß ich mich nicht allein auf positive Verstärkung verlassen kann, um die Mädchen davon abzuhalten, einander umzubringen. Das einzige, was funktioniert, ist eine räumliche Trennung, aber das Haus ist nicht groß genug, um sie alle getrennt unterzubringen.

Obendrein habe ich gestern den ganzen Tag geputzt, und das Haus sieht immer noch aus wie ein Katastrophengebiet. Am letzten Wochenende habe ich die Wäsche gemacht: Zwei geschlagene Tage lang habe ich nur Wäsche gewaschen – rein und raus, rein und raus. Ich mußte einen ganzen Korb voll Wäsche wieder zurücktragen, weil ich nicht dazu gekommen bin, sie zu waschen.

Ende des Winters brach der Benehmenskodex in unserem Haus völlig zusammen. »Es sieht aus, als hätten die Insassen die Leitung des Irrenhauses übernommen«, sagte eine Freundin.

»Vielen Dank für den Hinweis.«

Ich weinte häufig. Ich konnte nichts dagegen machen. Ich hatte keine Kontrolle mehr über meine Tränenkanäle. Je heimischer und kräftiger Alesia wurde, desto heftiger stritten und zankten Meghan, Nadja und Ana. Meghan widersprach allem, was wir sagten.

»Warum kann meine Freundin nicht bei mir übernachten?« fragte sie.

»Weil morgen Schule ist.«

»Nein, das ist es nicht, es ist, weil ich zu viele Schwestern habe!«

Oder:

»Kannst du heute abend mit mir gehen, ein Paar neue Jeans kaufen?«

»Nicht heute abend, Meghan.«

»Warum, wegen meinen Schwestern?«

»Nein, weil es neun Uhr ist und die Läden zu haben.«

»Du gehst überhaupt nicht mehr mit mir einkaufen; du bist viel zu beschäftigt mit all meinen Schwestern.«

Für jedes Problem wurden ihre Schwestern verantwortlich gemacht. Meghan hatte zu viele Hausaufgaben wegen ihrer Schwestern. Sie hatte keine Freundinnen mehr – wegen ihrer Schwestern. Sie hatte nichts anzuziehen – wegen ihrer Schwestern. Ihr Haar saß nicht – wegen ihrer Schwestern. *Nichts war mehr so, wie es sein sollte – wegen ihrer Schwestern!*

Auch Ana hatte Probleme, vor allem damit, sich an eine neue Schwester zu gewöhnen, die dauernd ins Krankenhaus mußte und jede Menge Beachtung erhielt. Sie hatte schon früher regressives Verhalten an den Tag gelegt, das einem wesentlich jüngeren Kind entsprochen hätte, doch jetzt wurde es noch schlimmer. Ihre Erzieherin im Kindergarten machte sich Sorgen. Ana konnte nicht mal mehr eine Minute stillsitzen. Uns fiel das hauptsächlich am Abendbrottisch auf. Sie konnte nicht lange genug sitzenbleiben, um zu Ende zu essen. Manchmal fiel sie mitten im Bissen vom Stuhl. Sie rutschte erst nach der einen Seite ab, dann nach der anderen. Sie stand mehrmals auf, um aufs Klo zu gehen, und blieb dann eine Weile stehen, wenn sie zurückkam. Tischmanierentraining, Bitten und sogar Drohungen halfen da nichts. Sie war körperlich außerstande, länger als einen Augenblick ruhig zu bleiben.

Sie konnte auch nicht auf meinem Schoß sitzen. Sie schien an meiner Zuwendung nur interessiert, wenn eines der anderen Kinder sie wollte. Wenn ich versuchte, sie in den Arm zu nehmen oder nach ihrer Hand griff, entzog sie sich. Aber wenn eine ihrer Schwestern kuscheln wollte, dann wollte sie ihren Platz einnehmen.

Ana begann sich brennend für Babys zu interessieren. »Hat Babys Mama es lieb?« fragte sie, wenn sie ein Kleinkind sah. Sie war so neugierig, daß ich fürchtete, sie würde zu dem Baby in den Buggy klettern. »Wechselt die Mama seine Windeln? Gibt die Mama ihm das Fläschchen? Kann ich ein Fläschchen haben?« Sie starrte die Mutter des Kindes an, als versuche sie herauszufinden, ob diese Mutter ihr Baby liebevoll behandelte.

Sie verfiel in düstere Stimmungen, die weder Casey noch ich vorhersehen oder verhindern konnten. Sie schnitt Grimassen und zankte mit einer ihrer Schwestern, bis diese so sauer wurde, daß sie losbrüllte oder nach ihr schlug. Dann lehnte sie sich zurück und wartete darauf, daß ihre Schwester Ärger kriegte. Meghan war ein ideales Opfer. Ana wußte, daß sie bei der geringsten Provokation ausrastete.

»Ana, du Vollidiotin!« schrie Meghan. »Laß mich zufrieden, du blöde Kuh!«
»Was ist los?« fragte ich, als ich ins Zimmer kam.
»Ana hat meine Filzstifte kaputt gemacht, obwohl ich ihr gesagt habe, daß sie nicht damit spielen soll.«
Für Meghan war dies ein weiterer Übergriff auf ihr Eigentum. Ich sah zu Ana hinüber. Man konnte fast einen Heiligenschein über ihrem Kopf schweben sehen. »Ich habe nichts gemacht«, sagte sie zuckersüß.
»Oh. ... du Miststück ...« schrie Meghan und stürzte sich auf sie.
»Sei ruhig, Meghan.«
»Warum, Mama? Ich hab' gesehen, wie sie's getan hat. Ich hab' gesehen, wie sie meinen Filzstift kaputt gemacht hat. Sie hat's mit Absicht gemacht!« Fassungslos über soviel Ungerechtigkeit schrie Meghan nun mich an. »Immer hältst du zu ihr! Nie hörst du mir zu! Niemand hört mir zu! Niemand hat mich lieb! Ich wünschte, ich wäre gar nicht auf der Welt!«
»Meghan, beruhige dich und hör auf, mich anzubrüllen. Wir können das klären«, sagte ich und versuchte, nicht laut zu werden. All das wegen einer Packung Filzstifte?
»Nein, können wir nicht. Ist doch eh allen egal. Mein Leben ist ruiniert, und dir ist es ganz egal.«
»Geh in dein Zimmer, bis du dich beruhigt hast.«
»Fein, bestraf mich noch! Ich glaub' es einfach nicht! Ich hasse dich!«
»Geh in dein Zimmer.«
Meghan stampfte davon und knallte unterwegs so viele Türen wie möglich.
»Ana«, sagte ich, »hast du mit Meghans Filzstiften gespielt?«
»Nein.«
»Wie sind sie dann hier auf den Tisch gekommen?«

Jedes der Mädchen versuchte, seinen Platz in diesem neuen Familiengefüge herauszuarbeiten und zu verstehen. Ich sah sie in Rollen hineinrutschen, die mir nicht gefielen: Meghan, die ungerecht behandelte, aggressive Schwester, Najda, die Zu-gut-um-wahr-zu-sein-Schwester, Ana, die hyperaktive, hinterlistige Schwester und Alesia, die verwundete, fordernde Schwester. Ich wünschte mir, daß sie auch die anderen wichtigen Seiten ihrer Persönlichkeiten entwickelten, die in letzter Zeit weniger zutage traten: Meghan, die Künstlerische und Frühreife, Nadja, die Sensible und Kreative, Ana, die Überschwengliche und Abenteuerlustige, und Alesia, die Zähe und Lebensfrohe.
Casey und ich gaben uns größte Mühe, positives Verhalten zu loben, auch wenn es im Rückblick etwas übertrieben scheinen mag – »Alesia, du wolltest mich gerade wieder beißen und hast es dann doch gelassen; das ist toll!« –, und weniger wünschenswertes Verhalten herunterzuspielen – »Meghan, ich kann dir nicht zuhören, wenn du mich anschreist.«
»Nadja, es ist unser Job, darauf zu achten, daß alle ihre Jakken anziehen, nicht deiner.« Wir begannen, unseren Kindern beizubringen, was es heißt, eine Familieneinheit zu sein – mit Vorteilen *und* Verantwortung. Dadurch waren Casey und ich gezwungen, unsere eigenen Vorstellungen von Familie klarer zu formulieren als je zuvor. Als Meghan ein Einzelkind war, konnten wir ihr Moral, Ethik und richtiges Benehmen so beibringen, wie es sich aus ihren Lebenserfahrungen gerade ergab. Doch bei unseren anderen Töchtern mit ihren begrenzten und sehr unterschiedlichen Lebenserfahrungen hatten wir noch viel Nachholarbeit zu leisten. Als wir die Problematik schließlich klarer durchschauten, konnten wir beginnen, drei Dinge in ihrem Bewußtsein zu verankern:

☆ Casey und ich würden von jetzt an für immer ihre Eltern sein – sie hatten uns auf lange Sicht am Hals, ob es ihnen paßte oder nicht.
☆ Wir würden sie immer liebhaben, egal wie blöd sie sich benahmen.
☆ Jeder, der die Regeln und Erwartungen der Familie mißachtete, hatte mit logischen Konsequenzen zu rechnen.

Wir hatten keine Wahl – wir mußten Ernst machen. Schließlich waren wir jetzt in der Minderheit.

Sowohl für Alesia, als auch für den Rest der Familie, wurde es Zeit, daß Alesia selbständig laufen lernte. Auch wenn Alesia schon seit einigen Monaten auf ihrem Gipsbein herumlief, würde sie ihr Bein erst richtig gebrauchen können, wenn sie eine Prothese bekam.
Wonach wähle ich die Person aus, die meinem Kind ein neues Bein machen soll? Welche Fragen stellt man? Weder Casey noch ich hatten eine Ahnung, wie wir den besten »Prothesenmacher« finden sollten. Würde Alesias körperliche Leistungsfähigkeit von unserer Wahl abhängen? Dr. Rinsky überwies uns an eine Klinik, die mit dem Kinderkrankenhaus in Palo Alto zusammenarbeitete, aber wir wollten nach Möglichkeit jemanden finden, der näher an unserem Wohnort war. Caseys Hausarzt erzählte uns von einem Mann namens Mike Norrell, der eine von seinem Vater gegründete Prothesenwerkstatt betrieb.
Während wir auf Mike warteten, warf ich einen Blick in seine Werkstatt. Ich traute meinen Augen nicht. Regale und Werkbänke säumten drei der vier Wände, sie waren von oben bis unten mit künstlichen Körperteilen – Armen, Beinen, Füßen – verschiedenster Größe und Gestalt gefüllt. In einer Ecke war auf einer Werkbank ein Bein fest in eine Schraubzwinge eingespannt. (Der Anblick gab mir das Ge-

fühl, als sei mein eigenes Bein eingeklemmt.) Auf dem Boden lagen fleischfarbene Plastikteile. In kleinen Schachteln sortierte Muttern und Schrauben warteten auf ihre Aufgabe bei der Anfertigung eines neuen Knies für irgend jemanden. Es sah aus wie ein guter Ausgangspunkt für die Suche nach einem Prothesenbauer für Alesia. Ich weiß nicht, ob wir die richtigen Fragen stellten, aber Mikes Antworten gefielen uns. Er war ruhig, aber selbstbewußt und sehr stolz auf seine Arbeit.
»Nichts ist unmöglich. Jedes fehlende Körperglied ist eine Herausforderung. Wie können wir die bestmögliche Funktion mit der optimalen Form verbinden? Wenn ich nicht finde, was ich brauche, entwerfe ich es selbst«, sagte Mike.
Ich wußte, wenn es um mich ginge, würde ich kein anonymes Bein vom Fließband wollen. Ich mochte Mikes kreativen Stil. Alesia würde die Belastungsgrenzen der Prothese sicherlich voll austesten.

Als ich Alesia mit zu Mike nahm, vermaß er als erstes ihre Beine. Jedes Maß mußte vom selben Punkt der Hüfte abgenommen werden – ganz exakt. Leider hielt Alesia nicht lange genug still, um irgendeine Art von Exaktheit zu gewährleisten. Schließlich konnten wir unter Zuhilfenahme diverser Lutscher (und einiger Drohungen meinerseits) darangehen, einen Abdruck von ihrem Stumpf zu machen. Mike zog einen Nylonstrumpf über den Stumpf (dann mußte sie natürlich auch einen am anderen Bein haben, genau wie Mami) und umwickelte den unteren Teil des Beins bis hinauf zum Knie mit einer Gipsbinde, die er etwas antrocknen ließ und dann wieder abstreifte. Von diesen Abdruck würde er ein Innenfutter aus einem elastischen, aber festen, schaumgummiähnlichen Material anfertigen, das zwischen Stumpf und Kunststoffprothese kommen sollte. Das Futter bekam an einer Seite einen senkrechten Schlitz, damit man es weit genug öffnen

konnte, um es über das abgerundete Ende des Beinstumpfs zu schieben. Durch das Aufschieben der Prothese schloß sich der Schlitz, so daß das Futter fest saß (aber nicht so fest, daß es wehtat). Alesia würde ihr Bein also nicht mit irgendwelchen Gurten oder Riemen befestigen müssen.
Alesia würde auch einen besonderen Fuß bekommen – aus einem speziellen, elastischen Material, wie man es auch für Sprungbretter verwendet. Es dauerte etwa sechs Wochen, bis Bein und Fuß fertig waren, aber dann war der große Tag da, und ich konnte mit Alesia zur Anprobe kommen!
Nicht nur wir waren aufgeregt. Das gesamte Norrell-Büropersonal versammelte sich, um zu sehen, wie Alesia ihr Bein bekam. Es waren ein paar kleinere Anpassungen notwendig – oben wurde etwas abgeschnitten, damit die Prothese besser saß, und die Sohle ihres anderen Schuhs mußte etwas erhöht werden, um die bei der Prothese vorgesehene Wachstumszugabe auszugleichen –, aber bald durfte sie mit der Prothese den Gang entlanggehen. Nach den ersten paar vorsichtigen Schritten und einigen weiteren Korrekturen lief sie, tanzte sie, hüpfte sie – und strahlte vor Vergnügen.
Nein, ich habe die ersten Schritte meines Babys nicht verpaßt – ich sah sie an jenem Tag in Mikes Büro. Alesia hatte endlich zwei funktionsfähige Beine und Füße.
»Rausgehen!« schrie sie und steuerte auf die Tür zu.
»Wart auf mich!«
Das Wettrennen hatte begonnen. Seither ist sie nicht mehr zu halten.

Wir gingen die anderen Mädchen von der Schule abholen, um ihnen Alesias neue Errungenschaft vorzuführen. Ich trug sie auf dem Arm, weil es mit ihrer neugewonnenen Bewegungsfreiheit offenbar unvereinbar war, freiwillig in die gleiche Richtung zu gehen wie ich. Als wir zu Nadjas Klassenzimmer kamen, machte ich Miene, sie abzusetzen.

»Ups, Mami«, sagte sie.
»Was?« Ich sah nach unten. Ihr Bein war weg. »Oh, Alesia, wo ist dein Bein?«
Alesia zeigte in Richtung Schulhof.
»Es ist abgefallen?« fragte ich einfältig.
Ihr 6000 Dollar teures Bein war weg? Es war noch keine Stunde alt! Ich packte sie und lief den Weg zurück. Tatsächlich, da – mitten auf dem Schulhof – lag ein funkelnagelneues ... Bein. Wäre das nicht eine Überraschung gewesen, wenn gerade ein Kind auf dem Weg zum Klassenzimmer vorbeigekommen wäre? Wir brauchten offensichtlich noch etwas Übung und vielleicht noch ein Paar Socken in der Prothese, damit sie fester saß.

Für andere Kinder war Alisias Bein ein Gegenstand ständiger Neugier. Kinder kamen zu ihr, um es zu berühren. Sie fragten sie, was das sei und warum sie es habe. Sie war und ist immer sehr nüchtern, was die ganze Sache angeht. Sie beantwortet die große Frage einmal – »Das ist mein Bein« –, und dann will sie nicht weiter belästigt werden.
Eines Tages, als sie sich schon an ihr neues Anhängsel gewöhnt hatte, waren wir im Park. Ich stieß sie auf der Schaukel an, da kam eine Gruppe von Kindern und scharte sich um uns.
»Was ist das?« fragte mich ein Mädchen und zeigte auf Alesias Prothese.
»Das ist ihr Bein«, antwortete ich.
»Warum ist das ihr Bein?« fragte ein Junge.
»Was ist mit ihrem richtigen Bein passiert?« fiel ein anderes Kind ein.
»Tut es weh?«
»Woraus ist es?«
Alesia sah sich nach mir um und lächelte. »Okay!« rief sie und schaffte es bei ihrem nächsten Vorwärtsschwung irgend-

wie, die Prothese abzuwerfen und durch die Luft fliegen zu lassen. Die Kinder machten große Augen und hielten sich die Hand vor den Mund. Das erste kleine Mädchen stieß einen Schrei aus. Alesia lachte nur ...

... und dann begannen die Kinder ebenfalls zu lachen. Eines der Kinder holte ihr Bein zurück und ich zog es ihr wieder an, während alle zusahen. Danach stellten die Kinder keine Fragen mehr. Sie fanden Alesia einfach nur supercool.

21. Kapitel

Für immer eine Familie

18. Juni 1995
Heute guckte ich aus dem Fenster und sah, wie Meghan den Mädchen das Radschlagen beibrachte. Sie zankten sich nicht, brüllten sich nicht an und machten auch nichts kaputt. Ist dies vielleicht das schwache Licht am Ende eines sehr langen Tunnels, auf das ich gewartet habe?

Ich kann nicht sagen, wann es passiert ist. An einem Tag waren wir eine Familie von Fremden mit einem leiblichen und drei adoptierten Kindern. Am nächsten waren wir eine Familie wie alle anderen. Ich faßte Hoffnung, daß unser Leben eines Tages wieder zu bewältigen sein würde. Wir waren jetzt eine Familie – eine Einheit. Sechs individuelle Persönlichkeiten, die als ein Ganzes zusammenlebten. Es ist eine Bindung entstanden, die durch alle Streitigkeiten, Spannungen und Unsicherheiten, durch Lachen, Trost und fröhliche Feiern hindurch immer Bestand haben wird.
Casey und ich haben unsere Anwartschaft auf Heiligsprechung verloren. Wir sind langweilige, normale Eltern wie alle anderen, die wir kennen. Unsere Familie und Freunde wissen, daß wir die letzten Jahre ohne sie nicht hätten überleben können. Heilige sind wesentlich selbständiger.
Meine Beziehung zu Casey ist auf eine so harte Probe gestellt worden wie nie zuvor. Manchmal ist Casey bedrückt wegen

der hohen Schuldenlast, die wir durch Adoptionen, Operationen und Arbeitsausfall angehäuft haben. Jede Adoption hat uns zwischen 15 000 und 20 000 Dollar gekostet – wesentlich mehr als die 10 000 Dollar, die uns bei unserem ersten Termin mit Bee einen solchen Schrecken eingejagt hatten. Wir haben jede nur mögliche Darlehensquelle angezapft. »Wir werden bis in alle Ewigkeit Schulden haben«, seufzt er.

»Nicht bis in alle Ewigkeit«, korrigiere ich ihn lächelnd. »Bloß die nächsten zehn bis zwanzig Jahre.«

Er lächelt meist nicht zurück.

Ich mache mir auch Sorgen, mehr um unser Durchhaltevermögen als ums Geld, aber ich weiß, daß wir es irgendwie schaffen werden. Wir haben die Rollen getauscht, Casey und ich. Jetzt verkörpere ich unser »Gottvertrauen«, und er betrauert, daß er die Kontrolle über unsere ausufernde Familie verloren hat. Wie eine meiner Freundinnen sagen würde: »Auch das geht vorüber.«

Wir mußten beide unsere Vorstellungen von Ehe und Familie überprüfen und neu bewerten. (Wie hätte es auch anders sein können, da unsere gesamte Familienstruktur durcheinandergewirbelt wurde?) Aber diese Prüfung gibt auch Kraft. Da wir diese eindrucksvolle Menge an Veränderungen überlebt haben, bin ich zuversichtlich, daß wir alles überleben können. Casey und ich haben zusammen daran gearbeitet, unsere Kinder heimzuholen, und wenn die erforderlichen Umstellungen auch hart und mitunter schmerzlich waren, ist der Lohn doch jede Minute des Umbruchs wert gewesen.

Ich bin nicht mehr der gleiche Mensch, der sich einst vor einer Ewigkeit ein zweites Kind wünschte. Ich habe erfahren, daß ich zu viel mehr fähig bin, als ich je geglaubt hätte, und daß man Liebe nicht für eine Selbstverständlichkeit halten darf. Jeder von uns hat sich während dieses Wachstumsschubs unserer Familie enorm weiterentwickelt.

Meghan wird oft gefragt, wie ihr das Leben mit ihren neuen Schwestern gefällt. »Gar nicht«, antwortet sie manchmal. Aber jedes Nicht-Familienmitglied, das sich mit ihren Schwestern anlegt, bekommt es mit ihr zu tun. In der vierten Klasse schrieb sie diesen Aufsatz über sich und ihre Familie.

Hallo. Ich bin Meghan Conroy. Ich komme aus einer sehr adoptionsfreudigen Familie. Ich bin das einzige leibliche Kind in meiner Familie, weil alle meine Schwestern adoptiert sind. Zwei meiner Schwestern sind aus Rußland und eine ist aus Kolumbien.
... Meine Mutter und mein Vater müssen viel reisen, wenn sie Kinder adoptieren. In Rußland haben sie russisches Essen und Trinken probiert. Sie sind nicht zum Vergnügen hingereist, aber sie haben sich trotzdem gut amüsiert.
... Wenn ich meinen Schulabschluß habe, gehe ich aufs College, um Journalistin oder Reporterin zu werden. Danach werde ich mindestens ein Jahr lang bei einer Zeitung arbeiten, bis ich eine bessere Stelle finde. Ich werde erst heiraten, wenn ich richtig alt bin, also mindestens siebenundzwanzig oder so, und ich werde keine Kinder bekommen.

Während wir dabei waren, Alesia zu adoptieren, kam Meghan einmal zu mir und fragte: »Mama, könntest du mir eine Liste von allen Kindern besorgen, die in russischen Kinderheimen leben?«
»Wozu brauchst du die denn?« fragte ich, von ihrem Interesse überrascht.
»Damit ich jedesmal, wenn wir eins adoptieren, den Namen abhaken kann.«
Sie ist immer noch in der Gewöhnungsphase. Jetzt, da Meghan mit Lichtgeschwindigkeit auf die Pubertät zusteuert,

schwankt sie zwischen der Freude an ihren neuen Schwestern und dem dringenden Wunsch nach einer eigenen Wohnung in New York, wo niemand weiß, daß sie eine Familie hat.

Als sich die Dinge nach Alesias letzter Operation allmählich beruhigten, traten Anas »Verwundungen« deutlicher zutage. Eines Tages fand meine Mutter einen Stapel Schulbücher ganz hinten in Anas Kommodenschublade. Insgesamt fanden wir in verschiedenen Schubladen versteckt über fünfundzwanzig Bücher aus ihrem Kindergarten. Nadja vermißte einen Teil ihres Taschengelds. Ich hatte Ana im Verdacht, aber Nadja war sicher, Ana würde *niemals* etwas von ihr klauen. Ich fand das Geld später in Anas Sparschwein. Zwei Tage danach bekam ich einen Anruf von der Kindergartenleiterin: Sie hatten Ana erwischt, wie sie Geld aus dem Essensgeldumschlag eines Jungen stahl. Als man sie zur Rede stellte, leugnete sie alles und behauptete, sie habe keine Ahnung, wie das Geld in ihre Hosentasche gekommen sei, obwohl ein anderes Kind beobachtet hatte, wie sie es nahm. Ich holte die völlig verschreckte Ana aus dem Büro der Leiterin ab, erklärte ihr, daß Stehlen falsch und absolut unakzeptabel sei, und ließ sie den Rest des Nachmittags in ihrem Zimmer darüber nachdenken. Sie vergoß eimerweise Tränen der Reue. Ich war mir sicher, daß sie nach diesem Martyrium keinen Diebstahl mehr begehen würde.
Am nächsten Tag fand ich in ihrem Rucksack ein Kinderportemonnaie und ein Spielzeug, das ich noch nie gesehen hatte. »Wo hast du das her?« fragte ich.
»Hat meine Freundin mir geschenkt«, antwortete sie.
»Deine Freundin hat dir ein Portemonnaie mit fünf Dollar geschenkt?«
»Ja! Warum glaubst du mir nicht?«
»Nun, dann muß ich die Mutter deiner Freundin anrufen und ihr sagen, daß wir so ein Geschenk nicht annehmen können.«

»Nein! Das kannst du nicht. Vielleicht ist es aus Versehen da reingekommen.« Ana bekam es mit der Angst zu tun.
»Ana, bitte sag mir die Wahrheit«, sagte ich in ruhigem Ton.
»Tu ich doch!« schrie sie und begann zu weinen.
Die Erzieherin bestätigte, daß das Portemonnaie und das Spielzeug gestohlen waren. Ich fand eine Kindertherapeutin, die Erfahrung in der Arbeit mit adoptierten Kindern hatte. Nachdem ich ihr Anas Geschichte und die Diebstähle kurz geschildert hatte, sagte sie: »Es klingt, als ob Ana jetzt fast so lange bei Ihnen ist, wie sie je bei einer Familie war. Vielleicht bereitet sie sich auf den Abschied vor. Sie rafft zusammen, was sie brauchen könnte, falls Sie sie wegschicken.«
Das klang logisch. Und es brach mir das Herz.
»Machen Sie Ana klar, daß sie jetzt ein wichtiger Teil Ihrer Familie ist und daß die Mitglieder Ihrer Familie nicht stehlen«, fuhr die Therapeutin fort. »Geben Sie ihr keine Chance, Sie anzulügen, indem Sie sie nach den Dingen fragen, die Sie finden. Machen Sie es zur Regel, täglich in ihren Rucksack zu schauen, während sie lernt, nicht zu stehlen. Lassen Sie sie alles, was Sie finden, mit einer Entschuldigung zurückgeben. Machen Sie ihr klar, daß Sie verstehen, wie schwer es ihr im Augenblick fällt, nicht zu stehlen. Versichern Sie ihr, daß Sie ihr helfen werden, ein Mitglied der Familie zu sein. Sprechen Sie oft über zukünftige Familienfeiern und über ihren Platz als Familienmitglied.«
»Ana«, sagte ich am Abend, als wir allein waren. »Ich hab' dich lieb und will dir helfen, ein Mitglied dieser Familie zu sein. Ich werde dir helfen, mit dem Stehlen aufzuhören.«
Ana sah mich an, und ihre Augen füllten sich mit Tränen. Schließlich flüsterte sie: »Aber was ist mit meiner nächsten Mama?«
»Ach, Ana«, rief ich und umarmte sie, obwohl sie sich in meinen Armen steif machte. »Ich werde immer deine Mama sein! Ich bin für immer und ewig deine Mama. Ich habe dich

ganz, ganz lieb. Du bist ein wichtiger Teil unser Familie und wirst es immer sein.« Casey hörte den Aufruhr und kam ins Zimmer. Ana begann zu schluchzen. Casey nahm uns beide in den Arm. Wir hielten uns alle umschlungen. »Ich hab' dich auch lieb«, sagte Casey. »Wir werden dich immer liebhaben, egal, was passiert.«

Es war eine läuternde Erfahrung. »So schwer es war, das anzuhören«, sagte ich später, als Ana eingeschlafen war, zu Casey, »versteht sie jetzt vielleicht, daß wir sie nicht verlassen werden.«

Am nächsten Tag klaute Ana ihrem Cousin Ashton Geld und Süßigkeiten. »Diebin«, brüllte er, als er sie auf dem Diebesgut sitzend ertappte.

Die Sache würde nicht einfach werden.

Durch beständige Rucksackdurchsuchungen, Therapie, Liebe und Bestätigung ihres Platzes in unserem Leben konnten wir Anas Drang, für zukünftige Notfälle zu horten, mittlerweile zügeln. Als sie mich neulich dabei erwischte, wie ich Casey versicherte, ich würde keine Schokolade mehr essen, sagte sie streng: »In dieser Familie wird nicht gelogen.« Damit bewies sie ein tiefes Verständnis nicht nur unserer Familienregeln, sondern auch meiner Eßgewohnheiten.

Eines Tages sagte Ana zu Casey, daß sie ihn liebhabe. Wir starrten sie beide fassungslos an. »Habe ich das richtig gehört?« fragte ich voll ungläubiger Begeisterung.

Ana errötete, senkte die Augen und nickte.

»Ich hab' dich auch lieb!« rief Casey, und wir klatschten uns in die Hände und tauschten Umarmungen und Küsse aus. Ana war so stolz auf sich, daß sie geradezu glühte.

Alesia spielt immer noch gerne »Beinstreiche«. Letztes Weihnachten ging ich mit den Mädchen in einen Handwerksladen in der Nähe, wo an diesem Tag der Weihnachtsmann Hof hielt. Es war noch früh, und wir waren die einzigen Besucher für den Weihnachtsmann. Er hob Alesia, Ana und Nadja alle zusammen auf seinen Schoß und hörte zu, wie sie ihre Wunschlisten herunterrasselten. Da mir klar war, daß das eine Weile dauern könnte, sah ich mich etwas im Laden um, während die Mädchen mit dem Weihnachtsmann beschäftigt waren. Zwei Minuten später hörte ich ein lautes »Ohhh, Ho, Ho, Ho!«, und die Bedienung kam auf der Suche nach mir gerannt. »Ich fürchte, ihrer Tochter ist das Bein abgefallen«, sagte sie atemlos. »Ist das in Ordnung?«

Ich eilte zurück und fand Alesia, die ihr Bein aus ihrem Overall herausgezogen hatte und es gerade dem Weihnachtsmann unter die Nase hielt, damit er es genauer betrachten konnte. »Siehst du, wie ich das mache?« fragte sie vergnügt.

»Du sollst dein Bein doch anbehalten«, mahnte Nadja.

Vermutlich fand Alesia, da dies ihr erster Besuch war, sollte der Weihnachtsmann gleich alles über sie erfahren.

Im Januar meldete ich Alesia zum Tanzunterricht an. Ich hatte einen Riesenspaß daran, ihr ein winziges Trikot zu kaufen und Ballettschuhe zu besorgen, die sowohl auf ihren rechten Fuß als auch auf ihre Prothese passten. Ich war genauso aufgeregt wie sie, als ich sie bei ihren Lehrerinnen, Miss Lisa und Miss Marie, abgab. Alesia hatte Meghan, Ana und Nadja beim Tanzunterricht zugesehen, jetzt war sie endlich selbst an der Reihe. Sie verschwendete keine Sekunde mit Schüchternheit, sondern stürzte sich, wie erwartet, sofort mitten ins Geschehen. Ich liebe es, ihr beim Tanzen zuzusehen.

Unwillkürlich mußte ich Vergleiche zwischen Anas und Alesias Anpassungsprozeß anstellen und erkennen, daß seelische Verletzungen viel schwerer zu überwinden sind als körperliche.

Neulich sah ich, wie eine mir unbekannte Mutter Nadja beim Basketballspiel mit ihrem Sohn zuschaute. Ich verspürte das plötzliche Bedürfnis, zu ihr zu sagen: Noch vor wenigen Jahren wußte meine Tochter nicht einmal, was ein Basketball ist, und hatte noch nie Turnschuhe getragen. Sicher würde sich die Frau fragen, wovon ich überhaupt rede, aber ich würde weitererzählen. Ich würde ihr klarmachen wollen, was dieses Spiel für mein Kind bedeutet. Ich würde sie ermahnen wollen, dankbar für ihr Kind zu sein. Ich würde mich selbst ermahnen wollen, dankbar für das Geschenk zu sein, das unsere Kinder für Casey und mich bedeuten.

Wenn Sie die Geschichte meiner Tochter kennen würden, wüßten Sie, was es für sie bedeutet, mit Ihrem Kind Basketball zu spielen – zu rennen, zu lächeln und zu spielen, genau wie Ihr Kind rennt, lächelt und spielt.

Nadja hat etwas, von dem sie nicht glaubte, daß sie es je haben würde. Sie hat eine Mama, einen Papa, drei Schwestern, einen Großvater und Großmütter – eine ganze Familie – für immer und ewig.

Erfahrungen

Marina Picasso

DIE VERGESSENEN KINDER

In Vietnam lernt Marina Picasso, die Enkelin Pablo Picassos, das unfaßbare Elend der Kriegswaisen kennen und beschließt sofort, ihnen zu helfen. Ungeachtet der Kosten läßt sie Kinderdörfer für diese von der Welt Vergessenen bauen. Doch als sie auch noch drei der Waisen adoptiert, ändert sich ihr Leben von Grund auf ...

BASTEI LÜBBE

Marina, die Enkelin von Pablo Picasso, hat in ihrer Kindheit schrecklich unter ihrem tyrannischen Großvater gelitten. Als sich ihr Bruder Pablito das Leben nimmt, erleidet Marina einen Schock, von dem sie sich nie ganz erholen kann.
Als sie Jahre später ein Kind adoptieren möchte, reist sie nach Asien. Angewidert vom Kinderhandel in Thailand und entsetzt über das Elend der Kriegswaisen in Vietnam, brechen ihre eigenen traurigen Kindheitserinnerungen wieder auf. Und Marina spürt, daß sie den von der Welt vergessenen Kindern helfen muß ...
Ein Buch, das Pablo Picasso von einer nahezu unbekannten Seite zeigt und zugleich ein Dokument der Menschlichkeit ist.

ISBN 3-404-61403-8

BASTEI LÜBBE